아름다운 벤

자폐를 가진 내 아들

아름다운 벤

자폐를 가진 내 아들

Sue Lehr 지음 | 김지련 옮김

Σ 시그마프레스

아름다운 벤 : 자폐를 가진 내 아들

발행일 | 2015년 1월 20일 1쇄 발행

지은이 | Sue Lehr
옮긴이 | 김지련
발행인 | 강학경
발행처 | (주)시그마프레스
디자인 | 이상화
편집 | 김성남
등록번호 | 제10-2642호
주소 | 서울시 영등포구 양평로 22길 21 선유도코오롱디지털타워 A401~403호
전자우편 | sigma@spress.co.kr
홈페이지 | http://www.sigmapress.co.kr
전화 | (02)323-4845, (02)2062-5184~8
팩스 | (02)323-4197

ISBN | 978-89-6866-200-3

Beautiful Ben - My Son with Autism

＊ 책값은 책 뒤표지에 있습니다.

이 도서의 국립중앙도서관 출판예정도서목록(CIP)은 서지정보유통지원시스템 홈페이지(http://seoji.nl.go.kr)와 국가자료공동목록시스템(http://www.nl.go.kr/kolisnet)에서 이용하실 수 있습니다.(CIP제어번호 : CIP2015000924)

수는 늘 얼굴에 미소를 띠고 진지하게 눈 맞춤을 하면서 남의 말을 들어 주는 상냥한 사람입니다. 그녀의 수업을 들었던 모든 학생들은 수가 자신들이 만났던 교수들 중 단연 최고의 선생님이라고 주저 없이 말하곤 했습니다. 저도 어떻게 하면 좀 더 학생들과 좋은 관계를 유지할 수 있을까 늘 고민하는 사람으로서 수는 특별한 뭔가가 있는 것 같고 그 뭔가를 배울 수는 없을까 하고 생각하곤 했습니다. **아름다운 벤 : 자폐를 가진 내 아들**, 이 책의 번역을 마치면서 나는 수의 '특별한 무언가'는 벤이었음을 깨달았습니다. 아직은 통합교육이 자리 잡지 못했던 시절에 특별한 아이 벤을 키우면서 수는 다른 누구도 경험할 수 없을 것 같은 많은 고통과 놀라움, 좌절과 행복을 맛보았던 것 같습니다. 수뿐만 아니라 그녀의 가족 모두 벤과 함께 성장하면서 누구보다도 남을 이해하고 잘 보살필 수 있는 사람이 된 것입니다.

그녀와 가족들, 그리고 벤은 아직은 자폐증이 무엇인지, 어떻게 자폐를 가진 말도 못하는 아이가 일반 학급에서 비장애 아동과 함께 배우고 생활할 수 있는지 많이 알려지지 않았던 시절을 겪어 내고 자신들의 경험으로부터 어떻게 벤을 장애를 가지지 않은 사람들과 더불어 살게 할 수 있는지 알아내었습니다. 그들의 생생한 경험이 이제는 한국에 있는 장애 아동들과 장애를 가지지 않은 아동들을 둔 모든 가정에, 현재 한국 사회의 일원인 모든 이에게 작은 보탬이 되기를 소망합니다. 배척하고 분리시키고 비하하기보다는 격려하고 감싸안으면서 우리 모두의 아이들로, 장애가 있든 없든 모든 아이들의 몸과 마음이 건강하게 자라나서 자기가 할 수 있는 방식으로 이 사회에 기여할 수 있도록 우리 어른들이 돌보는 것이 '정상'이 되는 데 이 책이 보탬이 되었으면 좋겠습니다.

장애라는 것이 뭔가가 고장난, 고쳐야만 하는, 혹은 기능이 온전치 못한 것을 뜻하는 게 아니라 그저 '다름'을 뜻하는 말이 될 날이 오겠지요. '다른' 아이들도 존중받고 동등한 기회를 갖게 되는 건강한 사회가 멀지 않았기를 바라 봅니다.

번역을 마치면서
2015년 미국 뉴욕 주에서
김지련

지은이의 글

이 글을 쓰는 동안 나는 벤이 온실이라고 부르는 내 방에 앉아 있다. 내 컴퓨터는 나의 지혜와 우리의 이야기를 기대하면서 매일 밤 빛나고 있었다. 내 창을 통해서 나는 내 정원과 새 모이집과 그리고 가장 중요한 나의 호수를 바라볼 수 있다. 버지니아 울프는, 우리 여성 작가들은 그 안에서 글을 쓸 수 있는 우리만의 방이 있어야 한다고 했다. 나는 그것을 가지고 있지만, 이제야 나는 중요한 것은 방이 아니라 이 방을 풍요한 장소로 만드는, 나와 함께 이 방에 있는 사람들이었다는 것을 깨달았다. 내가 글을 쓰는 동안 나의 가족, 나의 친구들, 그리고 이 책이 가능하도록 만들어 준 사람들이 나와 함께 있었다. 혼자서는 할 수 없는 일이었다.

나는 이 이야기, 벤의 이야기와 우리의 이야기를 내가 이해하는 방식으로 말했다. 다른 사람들은 이것을 다르게 받아들였을지도 모른다. 만약에 원한다면, 그들은 그들의 방식으로 이야기할 수 있을 것이다. 이건 '내 이야기'이다.

우리의 이야기는 부당함과 편견, 인종차별, 그리고 열등함과 우월함

사이의 대결에 대한 분노로 가득 차 있다. 나는 내 감정과 분노에 대해 사과하지 않겠다. 나는 벤을 상처 입힌 사람들을 부드럽고 점잖게 대하는 것이 무척이나 어렵다는 것을 안다. 하지만 나는 그중 많은 사람들은 자신들이 무슨 짓을 하고 있는지를 모르고 있다는 것도 알았다. 그들은 자신들이 옳다고 믿고, 나는 다르게 생각하는 것이다. 하지만 나 자신의 성찰 속에서 때때로 나는 그런 것들이 달랐기를 소망한다.

벤이 자폐증으로 진단을 받았을 때, 우리는 우리의 인생이 어떻게 풀려 나갈지 전혀 몰랐다. 그의 자폐는 우리가 이해할 수 있는 방식으로는 전혀 설명할 수 없는 수수께끼였다. 돌이켜보면, 아마도 그게 좋은 일이었을지도 모른다. 하지만 나는, 만약 우리를 계속해서 도와준 우리의 친구들, 사람들이 없었다면 우리가 살아남지 못했을 것임을 이제 확실히 안다. 내가 어떻게 이 사랑과 우정의 빚을 갚을 수 있을까? 나는 독자들에게 그들의 이름을 말할 수도 있고, 하고도 싶지만, 아마도 독자들은 그들이 매일 우리의 힘이 되고 우리를 살아남게 하는 데 얼마나 중요한 역할을 했는지는 이해하지 못할 것이다.

수년 동안 알아 왔던 장애 아동의 부모님들, 나는 당신들의 용기와 회복력에 감사합니다. 그분들은 부모 운동을 위한 자유의 투사였습니다. 우리가 어려움에 처하거나 싸우고 있을 때, 우리는 그 싸움을 진정으로 착하고 열성적인 사람들과 벤과 같은 사람들을 믿기 때문에 자신들의 직업을 걸었던 사람들의 도움 없이는 할 수 없었을 겁니다.

벤의 인생은 벤이 무슨 말을 하고 싶은지를 들어 주고자 했고, 진정으로 벤을 사랑했던 교사들과 학교 행정가들, 전문가들, 그리고 친구들이 보호해 주었습니다. 우리를 사랑해 주고 벤을 사랑하고 존중해 주서서 감사합니다. 그리고 무엇보다도 벤의 친구가 되어 주셔서 감사합니다.

개인적으로, 저를 여러 방면에서 지지해 주셨던 분들이 있습니다. 당신들은 진정한 친구였습니다. 나에게 베풀어 주신 것들에 대해서는 뭐라 감사드릴지 모르겠습니다.

그리고 마지막으로, 셰리와 크리스티안, 그리고 페니와 디에게―너희들과 너희 아이들을 사랑한다. 그리고 너희들은 나의 기쁨이다. 너희들이 늘 거기에 있어 주었지. 나는 이 생을 너희들과 살아왔고 너희 없이는 이 이야기를 쓸 수 없었다. 그리고 벤과 밥―당신들이 있어 주었음에 감사합니다. 그리고 내가 이 이야기들을 쓸 수 있게 허락해 주어서 감사합니다.

수 리어(Sue Lehr)

차례

소개 – 우리 가족 이야기

이 책은 우리가 입양한 혼혈 아들, 벤에 관한 것이다. 벤은 지금 서른여섯 살이고, 1978년 네 살 때 자폐라고 진단받았다. 벤은 아주 복잡하고 복합적인 아이였는데, 우리는 벤을 어떻게 데리고 살고 벤에게 어떻게 적응하는지를 배웠지만 다른 사람들은 그렇지 못했다. 고등학교에 다닐 때 벤은 신체적 보조를 통한 타이핑을 이용하는 '촉진적 의사소통facilitated communication'으로 우리와 대화하는 법을 배웠다. 우리의 이야기는 고등학교 수업을 위해 벤이 타이핑한 숙제와 함께 시작된다.

약간의 배경 설명

결혼 초기에 남편과 나는 가정을 찾기 어려운 혼혈 아동을 입양하기로 결정했다. 1961년 우리가 처음 만났을 때, 서로에 대해 그리고 인생 전반에 대해 점점 더 알아 갈 그 당시는 격동의 시기였다. 시민운동, 베트남 전쟁, 케네디 대통령과 바비 케네디의 암살, 그다음 마틴 루터 킹의 암살, 여성 혁명, 그리고 우리가 대학 수업 시간에 배운 것들은 우리의 믿음을 뒤흔들고, 우리 자신을 위해 사고하도록 종용하고, 우리가 믿어 왔던 것에 도전하고, 우리 자신과 우리의 미래, 우리가 알아가고 있는 세상에 대한 생각을 재정립하게 했다. 남편과 나는 전쟁에 반대하는 행진을 하고, 평화에 대해 소리를 높이고, 인종차별주의에 반대하고, 정치적으로 활발한 단체에 들어가면서 사회운동가가 되었다. 사실상 우리는 모든 것에 의문을 가졌다. 우리는 함께 이야기하면서 수많은 시간을 보냈다. 이런 토론은 우리를 무기력하게 했다. 우리는 보다 개인적인 수준에서 어떻게 하면 세상을 보다 나은, 모든 사람들에게 친절하고 더 부드러운 곳으로 변하게 할지 알아내려고 노력했다. 우리를 지배하는 황금의 법칙은 '당신이 대접받고 싶은 대로 남을 대접하라'였다.

우리의 첫아이인 셰리는 1968년에 태어났으며, 그로부터 거의 5년이 지난 후에 우리는 페니를 입양했다. 페니는 생후 4개월이었고, 10대 부모 사이에서 태어났다. 아이의 엄마는 흑인과 미국 원주민의 혼혈이었고, 아빠는 아일랜드 사람이었다.

'가정을 찾기 어려운' 입양아 벤은 고작 생후 5개월 때 우리 가족이 되었다. 아기 벤은 우리의 행복한 가정에 딱 맞는 것 같았다. 하지만 얼마 지나지 않아 우리는 이 아이가 괜찮은 건지 걱정스러운 점을 발견하기 시작했다. 벤의 시력은 사시 때문에 나빠져 있었다. 한쪽 눈이 코 쪽으로 더 돌아가 있는 것이었다. 소아과 의사는 벤이 자라면서 괜찮아질 거라고 했다. 유아기 동안 벤은 남편이 재직하고 있던 대학 부속의 아동 발달 교실에 다녔다. 3학년과 4학년 학생들이 벤의 발달에 대해 공부하고, 벤이 걷고 말하고 노는 것에 대한 발달 과정을 기록했다. 그들은 벤이 일주일에 한 번 방문하는 것을 좋아했고, 벤도 그 혼돈스러운 관심을 좋아했다. 아무도 걱정하지 않았다. 우리는 벤이 '정상'이라고 생각했다.

벤의 눈이 좋아지지 않는 것 같아서 우리는 벤을 안과 의사에게 데리고 갔다. 하지만 그것은 끔찍한 사건이었다. 그 일로 인해 우리는 벤의 발달을 새롭게, 그리고 보다 이성적인 눈으로 보게 되었다. 결국 다른 의사가 벤의 눈 문제를 해결하기 위한 안경을 처방했는데, 확실히 벤은 협조적이지 않았다. 계속 안경을 벗어 버리거나 그냥 떨어뜨리는 것이었다. 우리는 계속 안경을 찾아서 벤의 코 위에 얹어 주곤 했다. 시간이 지나면서 벤의 눈은 좋아지는 것 같았다.

벤이 세 살이 되었을 때, 우리는 벤을 장애 아동만을 위한 유아원에 보냈다. 그 즈음에 우리는 벤의 발달이 어떤 면에서는 정상이 아님을 알아챘다. 벤은 걸을 수 있었지만 걸음걸이가 서툴렀다. 그리고 장난감 같은 것들을 집어 들기는 했지만 가지고 놀지는 않았다. 진짜 단어를 말하는 경우는 아주 드문 대신에 말이 안 되는 소리를 내면서 그것을 즐기는 것 같았다. 사회적으로 벤은 아주 무관심했다. 수줍어하며 도망을 가지는 않았지만 아무런 관심이 없어 보였다. 벤은 관심을 받고 싶어 하지도 않았다. 하지만 자기 자신만의 방식으로 노는 것을 좋아했다. 훗날 그는 '자기 자신의 세상 안에서 노는 것'을 좋아한다고 설명했다.

네 살이 좀 넘었을 무렵인 1978년, 벤은 진형직인 자폐증으로 진단받았다. 이 진단을 받아들이기가 어려웠지만 이로 인해 앞으로 다가올 문제들을 조금은 예측할 수 있게 되었다. 적어도 우리는 예측할 수 있다고 생각했다. 장애 아동만을 위한 유아원에서의 2년 동안 우리는 벤의 결함에 대해 알게 되었고, 이 아이의 미래에 대해 심각하게 고민하게 되었다. 남편과 나는 이 아이의 삶이 자폐로 정의되는 것을 원치 않았다. 우리는 벤이 비장애아인 다른 아이들이 갖는 모든 기회를 누리기를 바랐다. 벤의 두 누나를 키운 경험 덕분에 우리는 벤에게 어떤 삶이 가능한지 알 수 있었다. 하지만 그런 삶을 가능하게 하려면 우리가 매우 신중해야 하고, 완강해야 하며, 참을성 있게 시도해야 한다는 것을 깨닫기 시작했다. 우리는 이것이 예상보다 훨씬 힘들다는 것을 거의 알지 못했다. 우리가 생각지도 못한 너무나 많은 어려움이 있었다.

벤이 비장애 아이들과 함께 학교를 다닐 수 있도록 우리는 새로운 동네로 이사를 했다. 벤은 '주오니오Jowonio'('자유롭게 하다'라는 뜻의 미국 원주민 말)라는 학교를 다니게 되었는데, 이 학교는 함께 배울 때 모든 아이들이 혜택을 받을 수 있다고 여겨지는 곳이었다. 이 학교의 행정부와 교직원들은 학생들이 각자 공헌할 수 있는 것의 가치를 인정받는 복합적인 사회에서 진정한 시민이 될 것이라고 기대하고 있었다. 주오니오는 벤과 같은 아이들이 사회로 들어가기 전에 결함을 고쳐야만 한다고 주장하는 '장애의 결함 모델'을 거부하는 곳이었다. 남편과 나는 벤과 우리를 위해 이 질 높은 인생을 좋다고 생각했고, 우리는 순진하게도 이 학교에만 보내면 모든 것이 잘되리라고 믿었다.

우리의 새집은 뉴욕 주 북쪽 한 시골의 작은 호숫가에 자리 잡고 있었다. 새 이웃들은 우리 가족을 환영했고 벤은 이웃의 일부가 되었다. 벤은 아이들의 생일 파티에도 가고 길에서 아이들과 놀기도 하면서 우정을 쌓아 갔다. 벤이 주오니오를 다니던 2년은 우리에게 정말 행복한 시간이었다.

남편과 나는 처음 만났을 때부터 여행을 좋아했고 시골 구석구석을 돌아다녔다. 아이가 셋이 된 후에도 우리는 미국 구석구석과 유럽까지 긴 캠핑 여행을 다녔다. 벤도 여행을 좋아했고 심지어 어떤 여행 중에는 기저귀를 떼기도 했다. 여행은 우리에게 진정한 도전이기도 했지만 즐거운 일이기도 했다. 한편으로 이런 여행은 벤이 커 가면서 우리가 맞닥뜨리게 될 위험과 도전의 비유 같기도 했다.

남편과 나는 어떻게 하면 두 딸에게 피해를 주지 않고 벤이 성공할 수 있도록 도울 수 있는지 오랜 시간 깊이 이야기하곤 했다. 우리는 딸들이 자기 동생을 부끄러워하거나 불쌍하게 생각하지 않고 사랑하기를 바랐다. 그래서 우리는 벤을 위한 경험이 즐겁고 교육적이도록 딸들의 도움을 구했다. 우리는 딸들이 벤에게 모범이 되기를 바랐고, 아이들은 그것을 아주 훌륭히 해냈다. 딸들은 벤의 성공과 성취를 기뻐하고 자랑스러워했으며, 한 번도 벤을 의심하지 않았다.

그러는 몇 년 동안 남편과 나는 장애인을 돕는 몇몇 전문 기관에 참여하게 되었다. 초기에는 남편이 지역 기관의 기관장 위원회에서 일하더니 곧 주(州) 사무소에서 일하게 되었다. 1970년대 후반에 뉴욕 주지사가 지역 발달 센터의 방문위원으로 남편을 임명했는데, 그 발달 센터는 정신지체와 발달장애를 가진 아동과 성인을 위한 기숙사식 시설이었다. 방문위원으로서 남편은 이 시설을 자주 방문하고 행정과 그들이 제공하는 보호를 관찰하게 되었다. 우리는 이런 종류의 시설을 이미 잘 알고 있었지만, 이제 이 시설을 새로운 시각으로 명확히 보게 되었다. 그곳은 앞으로 벤이 살게 될 곳이 절대로 아니었다.

우리는 벤이 앞으로 어디에서 살게 될지 몰랐지만 언젠가는 집을 떠나라라는 것을 알고 있었다. 우리가 영원히 살 수 있는 것도 아니고, 우리는 벤이 너무 의존적이 되어서 우리 없이 혼자서는 살지 못하는 것을 바라지 않았다. 이런 기관의 회원인 다른 부모나 가족을 만났을 때, 나이 든 부모가 장애가 있는 성인 자녀의 손을 잡고 이끄는 것을 보면 우리는 움츠러들고 말았다. 우리는 벤이 그렇게 되지 않기를 바랐다. 우리는 또한 우리 딸들이 영원히 벤의 보호자가 되는 것도 바라지 않았다. 우리는 어떻게 해야 할지는 몰랐지만, 벤이 안전하고 자유롭기 위해 필요한 모든 도움을 받으면서 독립적으로 살 수 있도록 최선을 다하기로 했다. 이 바람을 이루기 위해 딸들을 포함해 남편과 나는 벤에게 필요한 게 무엇인지 찾아보기 시작했다.

우리가 처음부터 직관적으로 알고 있었던 것 중의 하나는 벤이 자기 또래 친구들 사이에 있어야 하고, 친구들과 비슷한 경험을 해야 한다는 것이었다. 벤은 매년 할로윈 때 변장을 하고 사탕을 얻으러 다니고, 동네 아이들과 함께 활동에 참여했다. 동네 아이들은 벤에게 '밖에 나가 노는 것'을 가르쳤고, 심지어 남편과 내가 벤에게 새로운 것을 시도하게 허락하도록 요구하기도 했다. 우리는 어떤 일이 생길지 두려웠지만, 만약 벤이 자폐 증상을 넘어서서 자신을 보아 줄 진정한 친구를 사귄다면 벤의 앞날은 괜찮을 것 같았다. 극단적으로 어려운 일이긴 했지만, 우리는 한 발짝 물러서서 누나들과 친구들이 벤을 도와주도록 내버려 두었다.

이렇게 긍정적인 일들이 일어나는 동안 벤은 주오니오를 졸업하고 동네 초등학교에 들어가게 되었다. 그 초등학교의 철학은 주오니오와 확연히 달랐고 얼마 후 우리는 어려움에 부딪히게 되었다. 이 학교는 벤이 가지고 있는 복잡한 특성을 받아들일 준비가 되어 있지 않았으며, 학교 행정부처는 교사와 교직원에게 필요한 교육과 지원을 해 줄 여력이 없었다. 적어도 처음에는 선생님들이 노력을 했으나 오래가지 않았다. 남편과 나는 벤이 다른 또래 아이들과 일반 교실에서 완전히 통합되어 교육받도록 노력하고 있었는데, 이 학교는 아이들의 결함을 기준으로 학급을 분리하는 방식을 쓰고 있었다. 그리고 싶지는 않았지만 우리는 길고 고통스러운 법정 싸움[1]을 통해 이를 끝내게 되었다. 이런 법정 싸움에서는 승자가 없게 마련이다. 모두가 동의한 한 가지는 벤이 이 학교에 있어서는 안 되겠다는 것이었다. 결과적으로 벤은 이웃의 도심 학교에 있는, 주오니오를 모델로 한 자폐 아동 통합 프로그램에 들어가게 되었다. 물론 가끔 어려움도 있었지만 벤은 이 새 학교에서 훌륭한 경험을 많이 할 수 있었다.

나는 시러큐스대학교의 특수교육과 박사과정에 다니기 시작했고, 지역 전문대학에서 장애가 있는 성인을 위한 프로그램의 관리자로 일하고 있기도 했다. 이곳에서의 경험과 벤의 일을 통해 나는 더 많이 배워야 한다고 깨닫게 되었다. 그러던 중 나는 한 연구 과제를 하게 되었는데, 이 프로젝트를 통해 전국의 장애아를 가진 부모들과 연락을 하게 되었다. 대학원에 다니는 동안 나는 시러큐스대학교에 있는 촉진적 의사소통 기관에서 일했는데, 이를 통해서도 더 많은 장애아 부모 및 가족과 연결되었다.

벤은 1992년에 졸업할 때까지 시러큐스 시 도심 학군의 자폐 아동

---

1 역자 주 : 미국 특수교육법에 명시된 과정에 의거해서 학부모가 학교의 결정이 옳지 않다고 생각할 때 항의하여 조정을 이끌어 내는 법적 과정

통합 프로그램에 다녔다. 벤이 촉진적 의사소통을 배운 것은 이 기간 동안이었다. 벤은 방과 후 단체 활동에 참여하고, 학교 신문에 칼럼도 쓰고, 졸업생 댄스파티에도 가고, 졸업식에도 갔다. 우리는 정말 자랑스러웠다.

벤의 고등학교 졸업에 대해 들떠 있기는 했어도 우리는 벤의 인생이 앞으로 훨씬 더 복잡해지리라는 것을 잘 알고 있었다. 앞으로 벤은 어떻게 시간을 보내게 될까? 무엇을 할까? 친구들이 대학에 가거나 군에 입대하는 바람에 벤은 외로워졌다. 게다가 시아버지가 뇌경색을 앓은 후 이사를 오셔서 우리와 함께 지내게 되었다. 할아버지와 벤은 사이가 좋지 않았다. 말하자면 집 안에서의 생활이 늘 긴장 상태였다.

벤이 독립해 나가겠다고 선언했을 때, 나는 직업을 가지고 있었고, 동시에 박사 논문을 쓰면서 합리적인 가정생활을 유지하려고 노력하는 중이었다. 그 당시 나는 벤이 독립하려는 이유가 할아버지와의 갈등 때문이라고 생각했는데, 나중에 알고 보니 벤에게는 그만의 이유가 있었다. 우리는 언제나 벤의 의사를 존중했고, 그래서 곧 어떻게 하면 그가 혼자 살 수 있을지 알아보기 시작했다.

시간과 돈이 들고 또 고통스러운 순간이 많았지만 결국 남편과 나는 벤을 위한 집을 샀다. 그 집은 예전에 벤이 다니던 학교의 이웃에 위치해 있었고, 벤을 돌봐 주기로 약속한 벤의 예전 선생님 집과도 가까웠다. 벤의 주도로 우리는 집에서 함께 살 사람을 구하는 광고를 냈다.

1995년 노동절 즈음에 두 젊은이를 동거인으로 하여 벤은 새집으로 들어갔다. 이 젊은이들은 둘 다 한 번도 자폐증을 가진 사람을 만나 본 적이 없었지만 시도해 보기로 했다. 벤은 그들을 좋아했고, 남편과 나도 그들이 마음에 들었다. 중증 장애인을 돕는 지역 인간 서비스 단체에서도 벤과 동거인들이 필요한 것이 무엇인지 알아내는 것을 돕기로 했다. 남편과 이 단체의 장은 오랜 친구였는데, 우리는 그녀의 가치관이 우리와 상당히 일치한다는 것을 알고 있었다. 즉, 벤과 동거인들은 자신들에게 무엇이 필요하고 필요하지 않은지를 결정할 주체가 되는 것이었다. 우리 모두는 벤에게 어떤 종류의 '직업'이 필요하다는 것도 알고 있었다. 하지만 그게 뭘까?

동거인들과 해당 단체의 도움으로 벤은 여러 가지 자원봉사일을 시도했는데 대부분은 실패로 돌아갔다. 그의 자폐적 행동이 큰 걸림돌이 되었다. 마지막으로 우리가 벤에게 무슨 일을 하고 싶은지 물었을 때 우리는 그야말로 기절초풍했다. 그러나 다시 한 번 우리는 벤의 의사를 존중해야 한다고 느꼈고, 목공일이 현실적일 수 있는지 알아보는 데 최선을 다했다. 벤이 필요한 기술을 배울 수 있을까? 안전할까? 벤 대신에 일을 하는 게 아니라 벤을 도와 일을 하는 사람을 찾을 수 있을까? 남편이 벤에게 전기 공구 사용법을 가르쳤고, 약 6개월 후 '벤 리어 회사'는 사업을 시작했다. 벤이 가구를 만든 지 이제 10여 년이 되었다. 벤의 기술은 점점 좋아졌고, 그의 사업은 천천히 그러나 확실히 성장해 왔다.

벤의 집을 무너뜨린 2004년의 화재 이후에, 그리고 10년간 함께 살았던 동거인이 이사를 가고 난 후 벤은 도심 바깥쪽의 새집으로 이사를 했다. 거기에서 벤이 오랫동안 꿈꿔 왔던 큰 가게를 새로 열게 되었다. 그러나 새로운 동거인을 찾는 게 고역이었다. 예닐곱 명이 시도했지만 아무도 오래 머물지 않았다. 자신의 선택으로 지금 벤은 혼자 살고 있으며 식사 준비, 청소 등의 일상생활은 매일 가족과 친구들이 도와주고 있다. 여기에 필요한 자금은 메디케이드[2]로 충당하고 있는데, 그래서 벤은 최소한의 비용만 쓰면서 살고 있다. 하지만 최소한의 비용만으로 사는 것은 벤이 원하는 것이기도 하다.

남편과 나는 은퇴하여 벤과 10마일 떨어진 곳에 살고 있다. 우리는 벤을 매일 보지는 않고 벤이 가끔 우리를 찾아온다. 이제 그는 우리처럼 그 자신의 삶을 갖고 있다. 우리 모두는 아직도 가족으로서 아주 가깝게 지낸다. 벤과 우리 딸들의 삶이 지금처럼 잘 유지되도록 우리는 매우 자세한 유서를 작성하고 법적인 신탁도 설정해 놓았다. 벤이 어릴 때 우리가 했던 결정이 옳은 것이었다고 우리는 확고히 믿는다. 앞으로 무슨 일이 생길지 전혀 예측할 수 없지만, 우리는 벤이 원하는 것 ─집, 일, 가족, 친구─을 가졌으므로 오늘날 그의 인생이 훨씬 풍요롭다는 것을 알고 있다.

2 　역자 주 : Medicaid. 건강보험과 비슷한 일종의 사회보장 연금

제 **1** 장

맛보기

초저녁이었다. 저녁 식탁을 막 치운 후였는데 우리는 나중에 접시를 식기세척기에 넣을 생각이었다. 지금은 숙제를 할 시간이었다. 식탁은 교과서와 공책, 과목별 폴더로 뒤덮여 있었다. 벤은 보통 자기가 앉는 자리에 앉아 노트북 컴퓨터를 자기 앞에 준비해 두고 있었다.

"수학Math과 보건Health 숙제가 있구나. 어떤 걸 먼저 하고 싶어?"

누나인 셰리가 벤에게 손을 내밀었다. 벤은 왼손을 이용해서 누나의 검지를 잡고 'H'를 타이핑했다.

"좋아, 보건부터 하자. 숙제는 네 성격을 가장 잘 묘사하는 물건을 하나 선택해서 그 물건이 어떻게 너를 대표하는지에 대한 짧은 에세이를 쓰는 거네."

셰리는 기다리면서 벤을 쳐다보았다.

"어떤 물건이 너를 대표한다고 생각해?"

다시 셰리가 손을 내밀었다. 벤은 잠시 동안 가만히 앉아 있다가 옅은 미소를 지었다. 그는 셰리의 손을 잡고 타이핑을 시작했다.

나는 음식이다. (I AM FOOD.)

어떤 종류의 음식? (WHAT KIND OF FOOD?)

그냥 일반적인 음식. (FOOD IN GENERAL.)

음식은 맛있다. (FOOD IS TASTY.)

"네가 쓰고 싶은 게 이게 다야?"

셰리가 물었다. 벤은 여전히 셰리의 손가락을 잡고 있었다. 각 글자를 친 후에 셰리는 부드럽게 벤의 손을 키보드로부터 당겨 주고 그가 다시 타이핑을 시작할 때까지 인내심 있게 기다려 주었다. 이제 셰리는 벤의 답을 기다리고 있었다. 벤이 다시 시작했다.

나는 맛있다. (I AM TASTY.)

나는 오팔색이다. (I AM OPALESCENT.)

나는 여러 가지 풍미가 있는 면이 있다. (I HAVE MANY FLAVORFUL SIDES.)

최고의 맛은 새장에서 키운 꿩고기다. (MY BEST FLAVOR IS CAGED PHEASANT.)

칠면조 농장에 가서 새장에서 키운 꿩고기에 대해 알아보라. (GO TO THE TURKEY FARM TO FIND OUT ABOUT CAGED PHEASANT.)

벤은 셰리의 손을 놓고 의자에 편히 앉았다. 미소가 더 번졌다. 우리는 모두 벤과 함께 미소를 지었다. 우리는 그의 재치와 창의력에 기뺐다.

'오, 세상에!' 하고 나는 생각했다. '이게 무슨 소리지?' 나는 추리를 하여 조금은 이해할 수 있었다. 추수감사절 무렵이어서, 일주일 전에 우리는 칠면조를 고르기 위해 칠면조 농장에 갔었다. 우리는 우리 안에 있는 동물들을 지나쳐 갔다. 아기 오리, 칠면조, 양, 송아지가 있었다. 하지만 적어도 내 기억에 꿩은 보지 못했다. 이런 생각을 하는 동안 나는 벤이 타이핑한 메시지에 보다 깊고 복잡하며 복합적인 의미가 있음을 깨닫기 시작했다. 새롭고 다른 벤을 발견하기 직전이었다.

감정적으로 나는 혼란스럽고, 흥분되고, 호기심이 생겼다. 벤은 네 살 때 자폐증이 있다고 이름 붙여졌고, 자라면서 확실히 그 진단에 어울리게 살아왔다.

하지만 그가 열여섯 살이 되었을 때 모든 것이 변했다. 벤은 논란 속에 있는 새로운 형태의 타이핑법 혹은 도움을 받아 가리키는 법을 배웠는데, 이는 말을 할 수 없는 사람들을 위한 것이었다. '촉진적 의사소통'이라고 불리는 이 방법은 벤과 우리의 삶을 급격하게 변화시켰다. 의기양양한 시기였지만, 우리는 결국 어떤 일이 일어날지 모르고 있었다.

제 **2** 장

우리의 삶에 관한 생각

그날 저녁 부엌에 서서 나는 우리가 얼마나 정신없는 삶을 살아왔는지 생각해 보았다. 나는 벤의 숙제를 셰리가 봐주던 것을 생생하게 기억하고 있다. 아이들 각각에 대해서도 생각해 보았다.

제일 큰 아이인 셰리는 1968년에 태어났다. 셰리와 벤은 여섯 살이나 차이가 나는데도 아주 친하게 지냈다. 큰아이는 벤이 필요하거나 원하는 것, 그리고 벤의 감정에 대해 직관적으로 알아차리는 감각을 가지고 있는 것 같았다. 150센티미터밖에 안 되는 셰리보다 벤이 훨씬 커졌는데도 셰리는 부드러운 음성, 상냥한 미소, 절대적인 사랑과 수용으로 벤을 차분하게 만들 수 있었다. 셰리는 벤을 두려워한 적이 한 번도 없었고, 특히나 자기 조절에 대해서는 벤이 최선을 다하도록 아주 높은 기대를 가지고 있었다. 벤이 촉진적 의사소통을 할 때, 셰리는 벤을 전적으로 믿고 있었기 때문에 쉽게 벤을 도와줄 수 있는 최초의 사람 중 하나였다.

대학을 졸업한 후 셰리는 집으로 돌아왔다. 좋은 직장이 있었지만, 나는 셰리가 곧 이사를 가리라고 생각하고 있었다. 셰리는 이미 대학원에 대해 이야기하고 있었다.

셰리 없이 나는 어떻게 생을 꾸려 나간단 말인가? 몇 년 전 셰리가 대학에 가기 위해 집을 떠났을 때 나는 그 아이를 몹시도 그리워했지만, 셰리가 하루 안에 운전해 갈 수 있는 거리에 있고 자주 전화하는 것으로 곧 합리화하여 나 자신을 위로했었다. 나는 벤에 관한 문제를 해결해야 할 때 셰리에게 많이 의지하고 있었던 것이다. 셰리가 떠났을 때, 나는 이것이 나뿐만 아니라 벤에게도 몹시 힘든 일일 것이라고 생각했다.

1973년에 둘째 페니를 입양했을 때, 페니는 딱 4개월이었다. 페니와 벤은 나이 차가 고작 20개월밖에 되지 않았다. 나는 페니가 벤에 대해 어떻게 느끼고 있는지 잘 알 수가 없었지만, 페니는 잘 참아 주었다. 적어도 나에게는 그렇게 보였다. 벤에게 이야기를 걸고 무시하지는 않았지만, 또 한편으로는 무관심하기도 했다. 후에 페니는 "벤은 내 동생이에요. 그게 뭐 어쨌다는 거예요?" 하고 물었다. 나도 모르겠다. 나는 이 아이에게 뭘 기대했는가.

나는 벤과 셰리가 함께 컴퓨터 앞에서 집중하며 일하고 있는 모습을 되새겨 보았다. 벤이 오른손 검지로 키보드를 누르는 동안 왼손을 구부려 셰리의 검지를 감싸고 있어서 셰리의 손이 사라진 듯 보였다. 셰리와 벤의 눈은 키보드에 고정되어 있었고, 나는 벤의 검지가 글자를 누르려고 이쪽저쪽으로 움직이는 것을 볼 수 있었다. 원하는 글자를 누르고 나서 다음 글자를 찾아 누르기 전에 벤은 자기 손은 재빨리 키보드로부터 멀리 끌어당겼다. 각 단어를 완성할 때마다 벤은 모니터를 쳐다보며 확인했다. 셰리는 벤이 다음 글자를 누를 준비가 될 때까지 그 아이의 손을 잡고 있었다. 문장이 끝날 때마다 벤은 자기 손을 셰리의 손에서 빼서 자신의 무릎 위에 놓았다. 셰리는 이런 짬에 자기 손을 털거나 팔을 문질러 근육이 뻣뻣해지지 않도록 했다. 참 평범하게 보이기도 하지만 지금 일어나고 있는 일은 진정으로 특별한 것이었다.

벤이 이렇게 글을 쓰고, 타이핑을 하고, 읽고, 의사소통을 하리라고 누가 믿었겠는가? 확실히 우리는 아니었다.

벤이 이 숙제를 한 것은 1986년의 일이었다. 벤은 그때 고등학교 2학년이었다. 격리된 특수반에 다니는 자기 학교의 다른 자폐아들과는 달리 벤은 비장애아들과 함께 일반 학급에 다니고 있었다. 오늘날의 정의에 따르면 벤은 언어, 인지, 동작, 운동 조절의 많은 어려움 때문에 전형적인 자폐 범주에서도 가장 심한 쪽의 극단에 놓여 있었다. 벤이 처음으로 자폐 진단을 받았을 때로부터 12년 뒤 촉진적 의사소통을 사용하게 되기 전까지 남편과 나는 자폐에 관해 배울 수 있는 모든 것을 배웠다. 하지만 우리가 배운 대부분의 정보는 우리를 불안하게 하는 것이었다. 벤과 같은 아이들은 기괴하고 괴팍한 행동 때문에 결국에는 주거 시설에 수용되어야 한다고들 했다. 우리는 그것을 받아들일 수 없었다. 우리는 벤에게 좋은 삶을 만들어 줄 수 있다고 생각했다. 벤이 많은 제한점을 가지고 있다는 것은 알고 있었지만 그가 행복하기를 바랐고, 우리가 줄 수 있는 가장 정상적인 어린 시절을 보냈으면 했다. 아이의 자폐 증상을 무시할 수는 없었지만 우리는 자폐가 우리 가정을 지배하게 놔두지도 않을 작정이었다.

나는 남편이 우리를 지켜보면서 문간에 서 있는 것을 발견했다. 그는 행동심리학자로서 훈련받은 사람이었으므로 벤의 자폐적인 행동을 흥미진진하게 그리고 좌절스럽게 생각했다. 하지만 촉진적 의사소통은 그에게도 정말로 수수께끼였다. 남편은 이것이 어떤 사람들에게는 효과가 있다는 것을 알고 있었지만 벤이 이런 방식으로 의사소통을 할 만큼 영리하다고 믿기 어려워했다. 몇 번의 증거를 보고 나서야 남편은 벤이 자신의 단어를 실제로 쓰고 있다는 것을 믿을 수 있었다. 벤이 자기 자신을 '오팔색opalescent'이라고 묘사하는 것을 본 것도 이런 경험 중의 하나였다.

남편은 나중에 "나는 그 말이 무슨 뜻인지도 몰랐어. 하지만 그것은 벤이 그 말의 철자를 알고 있다는 걸 보여 주었지."라고 설명했다.

무엇이 정상인가?

벤이 촉진적 의사소통을 쓰기 시작할 때까지 남편과 나는 벤이 정신지체도 가지고 있다고 생각했다. 정신지체는 전문 분야의 논문과 대부분의 의사들이 자폐와 관련이 있다고 하는 것이다. 벤을 알고 있는 몇몇 전문가들은 벤이 심각한 정신지체를 가지고 있다고 확신했다. 그들은 이를 '중증 정신지체'라고 불렀다. 내 생각엔 이렇게 부르는 게 정신박약보다는 좀 낫게 들리는 것 같았다. 가끔씩 벤이 어떤 말이나 행동을 해서 우리를 놀라게 하는 경우도 있었지만, 우리는 벤을 다른 아이들과 같이 '정상'으로 취급하지 않도록 배워 왔다.

하루는 둘째 페니가 이것에 대해 물었다. 매우 혼란스러운 질문이었다. "엄마, 엄마는 벤이 정상이었다면 어땠을까 하고 궁금한 적이 있어요?"

우리는 페니의 침실에 있었는데, 자기가 좋아하는 음악 테이프를 벤이 망가뜨려 놨기 때문에 페니는 아주 화가 나 있었다. 페니가 벤에게 비명을 지르는 소리를 듣고 나는 이층 애들 방으로 올라갔다. 페니는 주먹을 꽉 쥐고 벤의 방에 서 있었는데, 얼굴은 분노로 일그러지고 눈물이 그렁그렁했다. 페니는 빙빙 돌더니 복도를 달려 자기 방으로 갔지만 문을 꽝 닫지는 않았다. 나는 갈등이 정말 싫다. 나는 조바심이 나고 어지러워졌다. 자라면서 나는 너무나 많은 비명과 고함을 듣고 폭력을 보았다. 나는 언제나 갈등을 피할 수 있도록 노력했다. 나는 뭐라고 말해야 할지, 이 아이의 질문에 어떻게 대답해야 할지 몰라 페니 방의 문설주에 기대서 있었다. 나는 페니의 마음이 풀리기를 바라면서, 또한 내 마음도 좀 나아지기를 바랐다.

오디오 테이프의 잔해를 차가워진 국수 가닥처럼 어지럽게 손가락 사이로 늘어뜨리고 페니는 자기 침대에 앉아 있었다. 많이 우울해 보였다. 페니의 길고 진한 머리카락이 얼굴을 덮어 눈을 가리고 있었다. 나는 말을 하기 시작했다.

"얘, 벤이 너의 맘을 상하게 하려고 한 건 아닌 것 같아. 걔한테는 어려운….."

페니는 머리를 번쩍 쳐들고 놀랄 만큼 강렬한 눈빛으로 나를 보았다. 이 아이의 아름다운 회색 눈동자가 어두워져 있었다. 나는 숨을 쉴 수가 없었다.

"엄마는 언제나 벤을 위해 변명을 해요."

페니가 거의 속삭이듯 말했다. 페니가 잠시 숨을 고르는 동안 나는 천천히 깊은 숨을 쉬었다. 그러나 페니가 다시 한 번 물었을 때 내 머릿속은 다시 어지러워졌다.

"글쎄, 만약 벤이 정상이었다면 어땠겠냐고?"

페니의 목소리는 분노로 날카롭게 날이 서 있었다. 나는 정말 어땠을까 하고 생각하기 시작했다. '적어도 나중에 운전은 어떻게 할까, 미식축구를 하다가 다치진 않을까, 마약을 접하게 되면 어떻게 할까 하는 걱정은 안 해도 되겠지.' 생각하면서 나 자신을 위로했다. 나는 벤이 군대에 갈 수 없는 것에 대해 감사하고 있었다. 적어도 나는 다른 부모들이 하는 '정상적인' 걱정으로부터는 자유로웠다. 아니, 그렇다고 생각했다.

페니가 말하는 의미가 이런 게 아니라는 것을 나는 알고 있었다. 나는 페니를 위해 무슨 말을 해야 했다. 나는 벤이 '벤으로서'는 정상이라고 생각한다는 정도의 말로 대답을 했다. 내가 생각할 수 있는 최선의 대답이었다. 나는 애매한 말을 하고 있었고, 페니도 그것을 알고 있었다. 페니가 나를 쏘아보았다.

"아이고 엄마, 진심으로."

빈정거림이 매 단어마다 뚝뚝 흘렀다. 페니는 단념하듯 머리를 흔들더니 고개를 돌려 다른 곳을 보았다. 나는 쫓겨나듯 조용히 아이의 방을 나왔다. 벤의 방으로 천천히 걸어가면서 나는 벤의 자폐의 일부로 따라온 모든 문제에 대해 생각해 보았다. 나는 그것들을 어떻게 다루는지 배우고 있었고 벤의 엄마로서 잘하고 있다는 것을 알고 있었다.

하지만 지금과 같은 순간은 나를 정말 무기력하게 했다.

이것이 벤의 인생을 기괴하게 만드는 것인지를 알아낼 때까지 나는 자폐라는 것을 들어 본 적도 없었다. 우리는 사실 벤의 문제점이 다른 요소들의 조합 때문에 생긴 결과라고 생각했었다.

제 **3** 장

벤에게 무슨 일이 생기고 있지?

벤이 거의 돌이 될 때까지 우리는 벤이 보통의 다른 아이들처럼 발달하고 있지 않다는 사실에 관심을 기울이지 않았다. 우리는 벤의 느린 발달을 여러 가지 이유로 넘기고 있었다. 우리는 벤의 산전 관리가 아마도 안 좋았을 것이라고 추측했다. 또 벤은 덩치가 큰 아기였으므로 느린 발달이 자연스러운 것처럼 보이기도 했다. 우리는 또한 일반적으로 남아가 여아보다 느리다고 알고 있었고, 위의 두 아이가 딸이었기 때문에 벤을 더 느리게 느낄 수도 있다고 생각했다. 게다가 벤은 임시 보호 가정에서 우리 집으로 대륙을 횡단하는 이동을 하지 않았는가. 그 많은 중요한 변화가 이 어린아이에게는 어떤 식으로든 영향을 미쳤을 것이라고 우리는 생각했다.

그러나 벤의 한쪽 눈이 안쪽으로 쏠린 것은 걱정이 되었다. 사시는 아니었지만 벤의 눈은 확실히 초점이 맞지 않았다.

"아마 그게 이 아이의 문제일 거야. 가엾은 벤. 아마 잘 안 보여서 저런 행동을 하는가 봐."

특히나 소아과 의사가 이런 문제들이 자라면서 없어질 거라고 했기 때문에 이런 이유를 갖다 붙이기가 쉬웠다. 그는 벤에게 시킬 수 있는 어떤 훈련도 가르쳐 주지 않았지만, 내가 여러 번 요청하자 벤을 지역 안과 의사에게 보내 주었다.

지옥에서 온 안과 의사

유일했던 안과 방문은 정말 지독한 경험이었다. 우리는 대기실에서 오래도록 기다렸다. 나는 셰리와 페니를 데리고 오지 않은 것을 다행이라고 생각했다. 아마 지루해서 참지 못했을 것이다. 벤도 징징거리긴 했지만 그 애 탓이 아니었다. 마침내 우리 이름이 불렸을 때 나는 거의 참을 수 없는 지경이었다.

검안실로 안내되자 의사와 간호사가 기다리고 있었다. 나는 그들이 적어도 자기소개를 할 줄 알았는데 둘 다 아무 말도 하지 않았다. 간호사는 내가 앉아야 할 의자를 가리켰다. 벤은 내 무릎에 있었다. 간호사는 갑자기 어떤 안약을 아이의 눈에 뿌렸다. 아이가 움츠렸다. 간호사가 검안실의 불을 끄더니 한마디 말도 없이 벤을 내 품에서 데려 갔다. 그녀는 갑자기 벤을 거꾸로 들더니 아이의 머리를 자기 무릎 사이에 끼웠다. 내가 뭐라고 저항하기도 전에 의사가 불빛을 벤의 양쪽 눈에 번갈아 비추었다. 몇 초밖에 걸리지 않았다. 나를 쳐다보지도 않고 의사는 "이 아이의 뇌는 손상되었습니다. 내가 해 줄 것은 아무것도 없습니다." 하고 말했다. 그는 밖으로 나가 버렸다. 간호사가 벤을 나에게 건네주고 불을 켜더니 또한 나가 버렸다. 나는 몹시 놀라 완전히 얼어 버렸다.

나는 그 방을 어떻게 나왔는지 기억하지 못한다. 집으로 어떻게 운전해 왔는지 기억조차 나지 않는다. 내가 기억하는 것은 오직 그 충격과 고통뿐이다. 나는 이 의사가 명성이 높고, 흑인이며, 소아 환자를 다루기 때문에 선택했던 것이다. 나는 그 사람이 예민하고, 다정하고, 사려 깊고, 부드러울 것이라고 생각했다. 하지만 그는 무례하고, 거만하고, 못된 사람이었다. 이 의사는 벤과 나에게 너무나도 비인간적이었다. 나는 모욕감과 배신감을 느꼈다. 나는 무슨 일이 있었는지 남편에게 말하면서 흐느껴 울었다.

"이제 어떻게 할까?"

내가 할 수 있는 말은 이것뿐이었다.

"엄마, 왜 울어요?"

셰리의 얼굴에 당황함이 역력했다. 셰리는 내가 우는 것을 본 적이 없었다.

"모르겠어. 솔직히 나도 모르겠어."

내가 짜낼 수 있는 유일한 말이었다. 진정이 되고 나서 나는 벤을 입양할 당시를 생각해 보았다. 이것은 전혀 생각지도 못한 일이었다.

제 4 장

벤을 입양하다

페니가 돌이 될 무렵 남편이 대학으로부터 1년 동안의 안식년을 받게 되어 우리는 유타 주로 옮겨 갔다. 거기에서 남편은 학습 행동을 연구하는 저명한 행동심리학자와 일을 하기로 되어 있었다. 우리는 새로운 모험을 하게 된 것에 들떠 있었다. 그 당시에는 또 다른 아이를 입양하려는 의도가 전혀 없었지만, 우리는 그 지역 입양 기관에 연락해서 입양 절차와 조건에 대해 알아보고 있었다. 뉴욕 주에 있는 친구 하나가 다른 주(州) 간의 입양을 주선할 수 있기를 희망하고 있어서 그를 대신해 우리가 알아볼 수 있는 것은 알아보겠노라고 했던 터였다.

우리는 의도를 설명한 뒤 입양 담당자를 만났고 더 입양할 의사가 없다는 것을 재차 밝혔다. 당시 우리는 두 아이를 키우는 것만으로도 벅찼다. 우리는 그저 뉴욕에 있는, 입양을 원하는 가족들을 돕고 싶었을 뿐이었다. 우리는 입양 담당자에게 우리 가족에 대해, 그리고 친구가 바라는 것에 대해 이야기했다. 그녀는 몇 가지 질문을 하고 좀 더 알아보겠노라고 하면서 우리에게 팸플릿 몇 가지를 주더니 곧 다시 연락하겠다고 했다. 좋은 만남이었고 우리는 그 이상 아무것도 기대하지 않았다. 그런데 며칠 후 그녀가 다시 전화를 했다. 그때 그녀가 한 말은 우리가 전혀 예상치 못한 것이었다.

아이를 또 입양해? 지금?

"리어 부인, 우리에게 남자 아기가 있어요. 5개월 된 아기로 혼혈입니다. 이 아기에게 가정을 찾아 줘야 하는데 리어 씨 가족이 생각나더라고요. 저와 함께 의논해 보시겠습니까?"

나는 할 말을 잃었다. 입양할 의사가 없음을 상당히 분명하게 밝혔었지만 나는 이 이야기를 꼭 들어야 할 것만 같았다. 그 어린아이는 누구일까? 혼혈이라는 말을 듣고 나는 왜 아이가 입양 기관에 맡겨졌는지 알 수 있었다. 하지만 아이에 대해 더 알고 싶은 호기심이 생겼다. 나는 이미 내 마음 깊은 곳으로부터 우리가 그 아이를 데려오게 되리라는 것을 알았던 것 같다. 좀 더 알아보기 위해 나는 약속을 잡았다. 우리는 입양 담당자를 다시 만나게 되었는데 이번에는 내용이 달랐다. 우리는 한 달 이내에 다시 뉴욕 주로 돌아갈 예정이었다. 또 한 아이를 입양해야 할까? 할 수 있을까? 너무나 많은 의문점이 있었다.

그다음 3주 동안 회오리처럼 많은 일들이 일어났다. 아기의 타고난 인종과 아기의 부모가 청소년이라 태어나자마자 버려졌다는 말을 듣고 나서 아기가 왜 입양 기관에 오게 되었는지 궁금증이 풀렸다. 그 입양 기관은 이런 아기의 입양이 거의 불가능하다는 것을 알고 있었다. 계획에는 없었지만 우리는 안 된다고 할 수도 없었다. 남편은 이 어린 남자 아기에 대한 묘사가 페니와 매우 비슷하다고 생각했었다고 한다.

"유타 땅에 버려진 가엾은 혼혈 아기가 있어. 달리 무엇을 하겠어?"

심지어 우리는 그 아기를 본 적도 안아 본 적도 없었지만 입양하기로 했다. 그때는 물론 벤이 어떤 장애를 가지고 있는지 알지 못했다.

페니를 입양하기 전에 우리는 장애아를 입양하는 것에 대해 이야기하기도 했었다. 나는 그런 생각을 거의 즉시 떨쳐 버렸다. 장애아의 엄마라는 것은 내가 원하는 것도, 내가 할 수 있는 것도 아니라고 생각했다.

'내가 할 수 있을 것 같지가 않아. 어머니가 정신지체이던 내 사촌 에디 때문에 얼마나 고생을 했는지 잊었어? 나는 잘하지 못할 거야. 확실해.'

에디는 우리 집 근처의 장애 기숙학교에 살고 있었는데 자기 부모의 집과는 멀었다. 그는 우리 집을 자주 찾아왔는데, 우리 어머니에게 보였던 그의 여러 가지 문제점을 나는 기억하고 있었다. 나는 에디가 좋았다. 그는 내가 특별하다고 느끼게끔 하는 매력이 있었다. 하지만 에디는 아주 귀찮기도 했다. 그는 침을 많이 흘리고 괴팍하게 웃었다. 때때로 그는 무서우리만치 발작적인 짜증을 내기도 했다. 에디는 나보다 덩치도 크고 몸무게도 더 나갔다. 함께 수영장에 갔을 때 에디가 얼마나 뚱뚱하고 둔한지 창피하기 짝이 없었다.

에디는 나보다 두 살이 많았는데, 내가 열네 살이 되었을 때에는 두 개의 조그마한 하트가 새겨진 예쁜 팔찌를 주기도 했다. 참 상냥한 사랑의 표현이었다. 나는 그가 그 팔찌를 직접 골랐다는 것을 알고 있었고, 그의 사려 깊음에 감동받았다. 나는 에디가 안쓰럽다고 느꼈지만, 그것은 내가 그와 같은 아이를 원하는 것과는 달랐다. 물론 나는 우리가 그 사촌과 같은 아이를 입양할 수 있다고도 생각지 못했다. 나는 정말 순진했다.

벤, 우리 가족이 된 걸 환영해

1974년 5월 8일, 3주도 되기 전에 우리는 입양 기관에서 알려 준 곳으로 운전해 갔다. 입양 담당자와 만났던 장소에서 멀리 떨어진 작은 마을에 아주 큰 옛날 집이 있었다. 정문을 통해 들어갔을 때 우리는 무슨 일이 생길지 전혀 모르고 있었다. 셰리는 내 손을 잡은 채 작은 다람쥐 인형을 꽉 껴안고 있었고, 남편은 페니를 안고 있었다. 우리는 모두 눈을 크게 뜨고 긴장해 있었다.

대기실은 구식 응접실처럼 보였다. 속을 너무 채워 넣은 것 같은 의자와 낡은 소파, 탁자 위에는 잡지와 램프가 있고, 바닥에는 오래된 동양식 양탄자가 깔려 있었다. 집처럼 편안하게 느껴졌다. 나는 저 사람들도 나와 같은 목적으로 이곳에 온 걸까 하고 궁금해하면서 주변을 둘러보았다. 그런 생각을 하고 있을 때 안내하는 사람이 우리를 맞았다.

"좋은 아침입니다. 어떻게 도와 드릴까요?"

"네, 고맙습니다. 우리는 리어 가족입니다."

우리의 이름을 듣자마자 그녀는 멈춰 서더니 대기실에서 되돌아 나갔다. 그녀는 우리가 준비가 되는 대로 아기가 있는 개인 방으로 안내해 주겠다고 조용히 설명했다. 그녀는 몸짓으로 자기 책상으로부터 멀지 않은 문을 가리켰다. 부드러운 목소리로 그녀는 우리와 그 아기만 방 안에 있게 될 것이라고 다시 말해 주었다.

"결정하시기 전에 충분히 생각하세요. 원하시면 아기를 안아 보셔도 됩니다. 만약 아기를 데려가기로 결정하시면 가지고 오신 옷으로 갈아입히세요. 옷은 가져오셨죠?"

그녀는 친절해 보이긴 했지만 긴장하고 있었다. 나는 옷이 담긴 가방을 들어 보였다. 그녀는 고개를 끄덕이며 미소를 짓고 말했다.

"만약 아기를 데려가고자 하시면 옷을 갈아입힌 후 복도 끝에 있는 방문을 통해 나가시면 됩니다. 나중에 입양 담당자가 그다음 단계에 대해 연락드릴 겁니다."

우리는 기다렸다. 그녀는 침을 한 번 꿀꺽 삼키고 잠시 멈췄다가 다시 이어 말했다.

"만약 아기를 데려가지 않기로 결정하신다면 대기실로 돌아오세요. 제가 거기서 기다리고 있겠습니다. 그럼 이제 들어가셔도 좋습니다. 준비되셨나요? 제 말씀을 다 알아들으셨죠?"

우리는 소리 없이 고개를 끄덕였다. 그녀는 우리를 흐릿한 조명이 있는 방으로 안내하고는 벤치에 앉으라고 말했다.

앉아 있는 우리의 무릎에서 불과 몇 인치 떨어진 곳에 낡은 요람이 있었다. 우리의 눈이 어둠에 익숙해지자 커다란 아기가 요람에 똑바로 누워 자고 있는 게 보였다. 아기는 일회용 기저귀만 차고 있었다. 마치 새 차를 살까 말까 결정하는 것처럼 아기를 바라보는 것은 정말이지 이상한 느낌이었다. 나는 아기가 숨 쉬는 소리를 들을 수 있었다. 셰리와 페니는 아주 조용히 아기를 바라보고 있었다. 나는 그 아이들이 무슨 생각을 하고 있는지 몰랐지만, 아기가 이렇게 태어나는 거라고 생각하면 어쩌나 하는 우스운 생각이 들었다.

'어떤 아기들은 그렇지.' 하고 나는 생각했다. 하지만 이것을 아이들에게 어떻게 설명한담?

나는 이런 생각을 마음속에서 밀어내고 남편의 손을 꽉 쥐었다. 우리가 무엇을 기대하고 있었는지 모르겠다. 처음으로 그 아기를 가까이 들여다보았을 때 나는 정말로 충격을 받았다. 아기는 새까맣고 입술도 아주 두꺼웠다. 머리는 완전히 까까머리에 거대한 몸이 작은 요람에 거의 꽉 찼다. 페니는 이렇지 않았다. 훨씬 작고 섬세하게 보였다. 아기의 갈색 피부는 부드럽고 아름다웠다. 나의 마음이 질주하기 시작했다.

'나는 내 아들로 너를 원해. 나는 그걸 알아. 나는 네가 누군지 아직 모르지만 너는 내 아기야.'

나는 남편이 동의하고 있다는 것을 알 수 있었다. 우리는 서로 바라보며 미소를 지었다. 우리는 스스로 무엇을 하고자 하는지 알고 있었다. 얼마 동안인지는 정확히 모르겠지만 몇 분간 앉아 있다가 우리는 조용히 아기에게 옷을 입혔다. 옷이 좀 작았다. 5개월밖에 안 된 아기치고는 몸집이 컸다. 나는 아기를 들어 품에 안아 보았다. 아기가 약간 움직였지만 완전히 깨지는 않았다. 셰리가 살짝 아기의 발가락을 만져보고는 우리를 향해 웃었다. 남편이 페니를 안고 내가 새 아들을 안고 셰리는 우리를 따라왔다. 우리는 조용히 뒷문을 빠져나왔다.

"와, 애 꽤 무겁다." 하고 나는 속삭였다.

우리는 새 아기를 자동차 뒷자리의 이동식 아기 침대에 뉘였다. 아기는 눈을 떴지만 전혀 소리를 내지 않았다. 그저 멀뚱히 쳐다보며 침대에 누워 있었다. 아기의 눈은 크고 깊은 갈색 웅덩이 같았다. 페니와 셰리 둘 다 가지고 온 장난감을 아기 침대에 넣어 주었다. 아이들은 아기 침대 양쪽에 매달려 아기에게 장난감에 대해, 우리 집에 대해, 자기들 침실에 대해, 그리고 우리와 함께 사는 것이 어떨지에 대해 이야기해 주었다. 우리는 차를 몰고 나와서 그 지역의 공원으로 갔다. 셰리와 페니가 놀이터에서 노는 동안 남편과 나는 우리가 무슨 짓을 저질렀는지 생각하고 있었다. 물론 그렇지 않았지만, 우리는 옳은 일을 하고 있다고 생각했다.

우리는 새로운 아들을 벤이라고 이름 지었다. 강한 느낌의 이름이었다. 우리는 아기를 벤이라고 부르기로 결정했기 때문에 벤저민이라는 보다 공식적인 이름을 쓰는 것에 대해 생각조차 하지 않았다. 셰리나 페니와 마찬가지로 우리는 벤에게도 미들네임을 지어 주지 않았다. 우리는 만약 아이들이 나중에 새 이름을 원하면 덧붙일 수 있는 공간을 마련해 둔다고 생각했다. 하지만 새로 덧붙이는 이름을 처음부터 좋아했다고 거짓말을 하지는 않겠다. 적응하는 데 시간이 좀 걸렸지만 그리 길지는 않았다.

나는 아기의 귀에 대고 속삭였다.

"나는 네 부드러운 갈색 피부가 좋아. 네 아름다운 살색 피부. 사랑해, 아름다운 벤."

나는 아직도 벤에게 이 말을 한다. 머리카락이 거의 없기는 했지만 벤의 정수리 쪽에 금빛의 갈색 곱슬머리가 조금씩 올라오고 있었다.

벤의 부드러운 배는 초콜릿 푸딩 같았고, 나는 벤의 배를 간질이거나 그 위에 뽀뽀하기를 좋아했다. 아름다운 벤은 부드럽고 조용한 순둥이 였다. 반면에 페니는 키우기 힘들어서 이건 어쩌면 약간 안도해야 할 일인 것 같았다. 벤은 행복해 보였는데 우리에게는 그게 가장 중요한 문제였다.

벤은 출생 직후부터 임시 보호 가정에서 살았다. 입양 담당자는 벤을 정상 아프가APGAR 점수에 출생 시 4.4킬로그램의 건강한 아기라고 묘사했다. 벤의 어린 부모는 결혼하지 않은 상태에 한쪽은 백인 모르몬교도, 다른 한쪽은 흑인이었다. 입양 과정이 매우 신속히 이루어졌으므로 아기의 출생과 그 이후에 대한 병원 기록은 미처 준비가 안 되어 있었다. 입양 기관은 가능한 한 빨리 기록을 보내 주기로 약속했다. 우리는 그들을 믿었다. 우리는 벤이 처음에는 다른 기관으로 보내졌고 그의 서류가 다른 곳에 보관되어 있다는 것을 이해할 수 없었다. 아무도 우리에게 말해 주지 않았다. 벤의 분만이 정상적이었고 건강한 정상 남자 아기라고 들었을 때, 우리는 그 입양 기관의 대표가 정직하다고 생각했다. 우리가 그 '정상'이라는 결론이 정확한 것이 아님을 안 것은 훨씬 후의 일이었다.

벤을 집에 데려온 지 몇 주 지나지 않아 우리는 세 아이를 데리고 뉴욕 주를 향해 떠났다. 집으로의 여행은 상당한 모험이었다. 우리는 혹시나 국경에서 질문을 받게 될까 봐 벤의 입양 서류와 편지를 가지고 캐나다를 향해 북쪽으로 움직이기 시작했다. 아이 둘이 기저귀를 차고 있는 것은 기가 막힐 노릇이었는데, 유타 주를 떠나자마자 하루 만에 벤은 설사를 시작했다. 일회용 기저귀가 있다는 것에 감사했다.

캐나다의 로키 산맥을 넘고, 생전 처음 빙하를 구경하고, 온갖 여러 가지 종류의 새를 구경하면서 우리는 즐거웠다. 셰리와 페니는 자기들이 무엇을 보았는지 묘사해 주면서 새 남동생을 보살폈다.

"저거 봐." 셰리는 큰 나무나 푹신한 구름을 가리켰다. 페니는 "보, 보, 벤." 하고 따라 하면서 허공을 가리켰다. 남편과 나는 미소 지었다. 여행이 재미있을 것 같았다. 돌아오는 길에 관광도 했기 때문에 거의 2주가 걸려서 집에 도착했다. 내가 집을 정리하고 2학년에 올라가는 셰리를 준비시키는 동안 남편은 가을 학기를 준비할 수 있는 적기에 딱 맞춰 돌아왔다. 우리는 앞으로 무슨 일이 생길지 전혀 몰랐다.

그러나 1년이 채 안 되어 뇌 손상이라는 진단 가능성에 직면했다. 사실일까? 아마 그 안과 의사가 오진을 했으리라. 우리는 벤의 출생과 출산 전 관리에 대해 무엇을 알고 있지? 아마 의료 기록 어디엔가 도움이 될 만한 내용이 있을 것이다. 남편과 나는 무엇을 해야 할지 결정하기 위해 새벽까지 이야기를 했다.

행동할 시간 – 그런데 무엇을 해야 하는가?

우리는 이제 벤을 다른 시각으로 보도록 강요받고 있었다. 우리가 본 것은 놀랍기도 하고 슬프기도 한 것이었다. 벤은 8개월에 겨우 혼자 앉을 수 있었지만, 그것도 우리가 그 자세를 잡아 주어야만 했다. 벤은 똑바로 누워서 발가락이나 손가락을 자기 눈앞에서 뒤집으며 놀려고 애썼다. 돌 무렵까지 벤은 기지도 않았고, 스스로 서기 위해 지속적인 노력을 하지도 않았다. 도와주면 한 발짝이나 두 발짝을 떼기도 했지만 혼자서는 아무 시도도 하지 않았다. 남편은 벤이 아주 중요한 몇 가지 발달 단계를 이루지 못했다는 것을 알아차렸다.

우리는 무언가는 해야 했다. 나는 벤의 입양을 마무리해 준 유타 주의 변호사에게 전화를 했다. 나는 무슨 일이 일어나고 있는지 그에게 설명하고 입양 기관으로부터 어떤 정보라도 얻어 달라고 간곡히 부탁했다. 그는 안타깝게 생각하면서 시간이 좀 걸릴 테지만 무언가 알게 되면 내게 바로 연락하겠다고 했다. 나는 기다릴 수가 없었다. 얼마나 걸릴지도 모르는 일이었다. 나는 아무 도움도 얻을 수 없을 것처럼 느껴졌다.

이러한 상황에서 나의 분노와 두려움을 표출하는 한 통로는 신중하게 단어를 고른 사려 깊은 편지, 행동이나 답변을 요구하는 요점이 있는 편지를 쓰는 것이다. 이번 편지는 입양 기관에 보내기 위해 썼다.

"벤을 의사에게 데려가게 되었는데 벤의 의료 기록을 받지 못했다는 것을 알게 되었습니다. 벤에 관한 의료 기록이 절대적으로 필요합니다. 벤의 발달이 지연되고 있다고 생각할 만한 이유가 있는데, 벤의 출생과 영아기 발달 상황에 관해 알 수 없다면 적절한 평가가 불가능할 것입니다."(1975년 1월)

또한 우리는 벤의 발달을 이렇게 설명했다.

"벤의 대근육 운동 영역이 우리가 가장 우려하는 부분입니다.… 최근까지 우리와 눈 맞춤을 하지 않습니다."

그러나 우리는 이것을 벤의 사시 탓으로 돌렸다.

"안과 의사는 눈에 이상이 없다고 합니다. 만약 시각에 문제가 있다면 이는 뇌 손상 때문일 것이라고 합니다. 소아과 의사의 소견과 우리

부부의 걱정, 그리고 안과적 진단 때문에 우리는 벤의 발달이 지연되고 있다는 결론에 도달하게 되었습니다."

편지를 보내고 나서 우리는 유타 주의 변호사나 입양 기관의 답변을 기다렸다. 우리는 벤을 위해 무엇을 해야 하는지 알고 싶었다.

그러는 동안 소아과 의사가 종합적인 평가를 위해 우리를 지역 조기 발달 평가 센터로 보내 주었다. 왜 그는 좀 더 일찍 알려 주지 않았던 것일까? 그는 우리가 묻기를 기다렸다고 했다.

"세상에! 만약 우리가 계속 묻지 않았다면요? 얼마나 오랫동안 기다리려고 하셨어요?"

대답이 없었다. 우리는 약속을 잡았다. 우리는 벤이 기기나 걷기와 같은 새로운 기술을 배우도록 어떻게 도울 수 있는지 알고 싶은 것 이외에 다른 기대가 없었다. 우리는 어떤 특정한 진단을 기다리지는 않았다. 그저 뭘 해야 되는지 조언이나 듣고 싶었을 뿐이다. 우리는 벤이 정말로 뭔가 잘못되었다고는 생각지도 않았다. 정말 단지 조언을 원했다.

몇 주 후 심리학자, 언어치료사, 물리치료사, 의사 등의 전문가 팀이 벤을 살펴보았다. 거의 하루 종일이었다. 검사가 다 끝난 후에도 별말이 없었다. 우리는 지쳐 있었고 그들이 결론을 내리고 연락을 하겠지 하고 생각했다. 우리는 또한 그들이 서면으로 보고서를 보내 주거나 그들의 결론과 전략 등을 의논하기 위해 다시 약속을 잡게 될 것이라고 생각하고 있었다. 하지만 우리는 서면이나 구두로 아무것도 받지 못했다.

시간이 얼마나 지났을까? 기억이 나지 않는다. 하지만 영원히 긴 시간처럼 느껴졌다. 결국 자포자기하는 심정으로 우리는 그들에게 무엇을 발견했는지 물어보았다. 그들은 벤의 보고서를 우리 소아과 의사에게 보냈다고 했다.

"뭐라고요? 언제요?"

"검사 후 얼마 지나지 않아 보냈는데요."

"왜 그 보고서를, 아니 복사본이라도 우리에게는 보내지 않으셨지요?"

내가 묻자 전화를 받은 사람은 정중히 그러나 단호하게 남편과 나는 전문가가 아닌 '그냥 부모'일 뿐이어서 그랬다고, 그게 절차라고 대답했다. 그들은 우리가 기술적인 데이터와 검사 결과를 잘못 해석할까 봐 우려하면서 우리 소아과 의사가 설명해 줄 것이라고 했다. 그것이 전문가들의 배려였다. 보고서를 해석하고 무엇을 우리에게 알려 줄지 결정하는 것은 소아과 의사의 의무였다.

"남편이 심리학 박사예요!"

나는 전화기에 대고 거의 소리를 질렀다.

"죄송합니다, 리어 부인. 벤의 소아과 의사와 의논해 보세요. 결과가 어땠는지 그가 설명해 줄 수 있을 겁니다."

그의 목소리가 상당히 거만하게 느껴졌다. 나는 분노했다.

"왜 그러시는 거죠?"

이 질문에는 답변이 없었다.

"리어 부인, 제발 소아과 의사에게 전화하세요."

나는 그렇게 했다. 하지만 큰 기대는 하지 않았다. 우리는 변호사로부터 아무런 소식도 듣지 못했다. 입양 기관 역시 조용했다. 무슨 일이 일어나고 있는지 과연 누가 말해 줄 것인가? 누가 진실을 말해 줄 것인가? 벤을 어떻게 도와야 할지 누가 알려 줄 것인가?

소아과 의사를 만났지만 그가 한 말은 우리에게 아무 의미가 없었다. 평가 팀의 전반적인 제안은 우리가 '능동적 자극 훈련active stimulation training'을 계속하고, 완전한 의학 검사 평가를 받고, 물리치료 검사를 받으라는 것이었다. 나는 자극 훈련이 무엇을 뜻하는지 잘 몰랐다. 벤이 알아야 한다고 생각하는 것을 가르치려고 노력하면서 우리는 벤과 적극적으로 놀아 주곤 했다.

남편의 심리학과 학생 세 명이 과제의 일부로 일주일에 서너 차례 우리 집에 와서 벤이 숟가락을 잡고 혼자 먹는 것을 배우도록 도왔다. 그 학생들은 벤의 아기용 식탁 의자에 달린 쟁반을 생크림으로 덮은 다음 그 속에 플라스틱 숟가락과 포크를 넣고 그것을 찾는 게임을 만들었다. 그리고 벤에게 손가락에 묻은 생크림을 어떻게 핥아 먹는지 보여 주었다. 그들은 벤에게 시범을 보였고, 벤이 뭐라도 찾으면 꽤 호들갑스럽게 반응했다. 처음에는 학생들이 벤의 손을 잡고 물건을 찾도록 도와주어야 했다. 벤은 그 생크림 맛을 좋아했는데 그게 시작이었다. 후에 학생들은 벤에게 작은 숟가락을 주고 손으로 벤의 손을 잡은 채 숟가락으로 쟁반 위의 생크림을 떠서 입으로 가져가는 것을 도왔다. 이게 '능동적 자극 치료'인가? 나는 잘 몰랐다.

며칠이 지난 후 우리는 서면으로 된 평가 팀의 보고서를 소아과 의사로부터 받았다. 평가 팀은 보고서에 "부모는 아이를 프로그램에 보내는 것을 원치 않는다고 했다."고 적었다. 벤을 평가하는 검사를 하는 동안 그들은 집중적인 조기 중재 특수교육 프로그램이 도움이 될 것 같다고 제안했다. 남편과 나는 아직 그런 준비가 안 되었노라고 말했다. 우리는 아직도 우리가 무엇을 할 수 있는지 알아보고 있는 중이었다. 그 보고서는 이것을 인정하고 "벤의 문제점은 아마도 태아기 문제와 난산으로 인해 이차적으로 나타난 것 같다."고 이어 갔다.

우리는 혼란스러웠다. 무슨 태아기 문제? 출생 시 무슨 문제가 있었단 말인가? 우리는 모든 것이 정상이라고 들었었다. 보고서는 벤의 문제를 풀어 가기 위해 전문적인 상담을 고려해 보라고 제안하고 있었다. 우리가 너무 많은 것을 기대하고 있는 것 같다고도 쓰여 있었다. 우리가? 우리는 그렇게 생각하지 않았다. 사실 우리는 벤이 자라면서 발달하리라 기대해야 한다고 생각했다.

나는 팀원 중 한 명이 우리에게 "집에 가셔서 아이와 즐거운 시간 보내세요. 그냥 아이를 있는 그대로 받아들이세요."라고 충고한 말을 떠올렸다. 그때 나는 '무슨 소리야?' 하고 생각했다. 온통 기가 막힌 일이었다. 우리는 생각하고, 정리하고, 또 무엇을 해야 할지 결정할 시간이 필요했다.

소아과 의사는 전혀 도움이 되지 않았다. 그는 겨우 어깨를 움츠려 보이고 우리가 얼마나 헌신적인 부모인지 칭찬이나 하고 있었다. 더 어이없는 것은, 우리가 요구가 많은 부모로 묘사되고 돌려보내지는 것처럼 느껴진다는 것이었다.

나는 지금 일어난 일들을 정확히 생각하려고 노력했다. 그 입양 기관은 벤의 출생 시 기록을 가지고 있지 않거나 공개적으로 우리에게 거짓말을 한 것이었다. (후에 우리는 그들이 아무 기록도 가지고 있지 않았다는 것을 알았다.) 안과 의사는 뇌 손상이라고 진단을 했다. 안과 의사가 그럴 자격이 있는지 의문이 생겼다. 평가 기관의 직원은 우리가 벤을 위해 무엇을 할 수 있는지 중요한 제안을 하지 않았고, 우리가 정말 도움이 필요한 사람이라는 말만 했다. 우리가 도움이 필요하다는 것은 분명했다. 하지만 그게 어떻게 벤에게 도움이 될까?

벤을 기관의 프로그램에 보낼 준비가 되어 있지 않았기 때문에 그 모든 사람들이 우리를 '나쁜 사람'으로 모는 듯한 느낌이 들었다. 그러나 우리는 중재나 치료에 대해 반대하기 때문에 그런 것이 아니었다. 우리는 그 치료가 무엇인지 우선 알고 싶었고, 어떻게 하면 그 치료를 '치료 센터'가 아닌 집에서 할 수 있는지 알아보려고 했다. 그게 우리가 원하는 전부였다.

나중에 나는 그들이 소위 '전문가'이고 우리는 그저 '부모'라는 것을 깨닫기 시작했다. 그들의 눈에 우리는 전문적으로 훈련되지도 않았고 자격도 없기 때문에 벤의 치료적 활동에 참여할 수 없는 사람들이었다. 그리고 우리는 벤을 그들의 손에 넘겨줄 준비가 되어 있지 않았다.

이제 우리는 무엇을 해야 할까?

우리가 벤과 함께 놀고 신체적·언어적으로 벤을 끌어들일 수 있도록 아이디어를 줄 사람을 일주일에 한 번 30분씩 우리 집에 보내 주겠다고 평가 기관에서 연락해 왔을 때 우리는 안심이 되었다.

"좋습니다. 시작하죠. 적어도 그게 우리가 매일 무엇을 할 수 있는지 아이디어를 줄 수 있겠군요."

우리는 어떤 희망이 필요했다. 물리치료사는 벤의 운동 능력을 발달시켜서 서고, 걷고, 장난감과 수저를 잡고, 소리를 내는 것 등을 할 수 있도록 돕는 전략을 우리에게 보여 주어야 했다. 하지만 곧 나는 그녀의 중재 방법이 벤의 발달 상황과 전혀 맞지 않는다는 것을 알아챘다. 나는 결국 내가 벤에게 사용하고 있는 방법을 그녀에게 보여 주게 되었다. 그녀는 나를 관찰하고 노트에 적은 다음 떠났다.

여러 번 그녀는 "오, 아주 좋은 아이디어네요. 난 한 번도 그 방법을 생각해 본 적이 없어요." 하고 말했다.

'세상에!' 나는 우리가 시간을 낭비하고 있다고 느끼기 시작했고, 더구나 벤은 열심히 하는데도 나아지지 않았다. 나는 이 시간이 효과가 있기를 바랐지만 결국은 시간 낭비라는 결론에 도달하고 말았다. 이제는 벤의 출생 당시 무슨 일이 있었는지 알아내야 할 때였다.

우리는 유타 주에 있는 변호사에게 다시 연락해 보았지만 그는 아무것도 알아낸 게 없었다. 그가 얼마나 노력을 했는지 의문이었다. 우리는 절박한 좌절과 자포자기하는 심정으로 입양 기관에 전화를 해서 벤의 출생과 의료 기록을 즉시 보내 달라고 요구했다. 당시 입양 담당자와 직접 통화를 할 수는 없었지만 다른 사람이 내 이야기를 들어주었다. 이번에는 벤이 발달지체가 있는 것처럼 보인다고 말했고, 우리가 무엇을 해야 하는지 결정하는 데 도움이 될 만한 어떤 정보라도 필요하다고 강조했다. 나는 그에게 우리 변호사가 곧 정보를 얻으러 연락을 할 것이라고도 말했다. 나는 사실 이 점에 대해서 확신할 수 없었지만 이런 약간의 협박이 도움이 되리라는 생각이 들었다.

전화를 받은 입양 담당자는 곧 찾아보고 연락하겠다고 했다. 우리는 인내심을 가지려고 애를 썼지만 정말 힘든 일이었다. 우리는 정보와 설명, 우리가 할 수 있는 무언가를 원했다. 우리는 두렵기도 했다. 출생 시 벤에게 어떤 일이 있었던 걸까?

며칠이 지나지 않아 입양 담당자가 아닌 입양 기관장이 전화를 했다. 그녀는 당시의 입양 담당자가 일을 그만두고 유타 주를 떠났다고 알려 주었다.

"불행히도 직원에 변동이 생기면 일이 엉망이 되게 마련입니다. 누군지 찾는 대로 제가 의사와 직접 연락해 보도록 노력하겠습니다. 아마도 시간이 좀 걸리겠지요. 기다려 주시길 바랍니다."

우리에게 다른 선택이 있겠는가?

얼마 후 입양 기관장이 다시 전화를 했다.

"벤에 관한 의료 기록을 받았습니다. 불행히도 좋은 소식이 아니네요. 벤이 거꾸로 나와서 분만 과정이 어려웠고, 흡입기를 써서 분만을 했다고 합니다. 아프가 점수가 2와 5였는데 이 또한 난산의 증거죠."

그녀는 벤이 출생 당시 숨을 쉬지 않아서 인공호흡이 필요했다고 설명했다. 우리는 깜짝 놀랐다.

"왜 이런 걸 처음에 설명해 주지 않았죠? 우리는 장애가 있는 아기를 원하지 않는다고 말했는데! 어떻게 4.5킬로그램이나 되는 아기를 흡입기로 빼낼 수 있단 말이에요?"

거꾸로 있던 아기? 나는 벤의 생모에 대해 생각했다. 그녀는 분명히 두려웠을 것이다. 그녀에게 마음이 쓰였지만 지금은 벤에게 그리고 무엇을 해야 하는가에 집중해야 했다.

입양 기관장은 며칠 후 다시 전화를 했다. 그녀는 벤에게 일어난 일들에 대해 매우 정중하게 사과를 했다. 그녀는 벤에게 일어난 손상에 대해, 그리고 그것을 견뎌 나가야 할 모든 사람에게 유감을 표하면서, 자기네 기관에서는 좋은 뜻으로 벤을 우리 집에 입양 보냈다고 했다.

"우리는 그 입양을 지지합니다. 하지만 만약 원하시면 직원 한 명을 뉴욕으로 보내서 벤을 데려오도록 하겠습니다."

'뭐라고? 벤을 데려가겠다고? 그들이 이럴 수 있어?' 나는 얼어붙었다. 머릿속이 어지러웠다. 그 당시에 나는 입양 기관장이 벤을 마치 내가 산 스웨터처럼 묘사하고 있다고 생각했다. 올이 뜯기거나 찢어져서 반품하거나 교환할 수 있는 스웨터 말이다.

"당신이 이야기하고 있는 것은 내 아들에 대해서입니다."

내 목소리는 잠겨서 메말라 있었다. 나는 충격을 받았던 것이다.

"우리는 이 아이를 돌려보내지 않을 거예요! 우리는 정보를 원해요. 우리는 당신들이 알고 있는 게 뭔지 알고 싶단 말이에요."

나는 전화를 끊었다.

후에 그녀는 이렇게 써서 보냈다.

"그것이 당신들이 원하는 바는 아닌 것 같습니다. 하지만 당신 가족에게 공평하도록 우리는 당신 가족에게 빠져나갈 수 있는 길을 드리고 싶습니다. 우리는 당신의 결정을 따르겠습니다."

빠져나갈 길? 그게 무슨 말인가? 그녀가 우리에게 숨기고 있는 것은 무엇인가? 물론 우리는 벤을 지킬 거야! 벤은 우리 아들이고 우리와 함께할 거야! 무슨 일이 있더라도! 우리는 "네, 우리가 이 아기를 입양하겠습니다."라고 말한 순간 결정을 했던 것이다. 우리는 절대로 벤을 다시 돌려보내지 않을 것이다! 하지만 앞으로 무슨 일들이 벌어질 것인가? 우리는 다시 평가 센터로 갔다. 이제 벤의 출생에 대해 좀 더 알게 되었으니 그들이 우리를 도울 수 있을까?

자폐증에 대한 첫 힌트

마침내 평가 센터의 자문 심리학자가 세 번의 다른 상황에서 벤을 관찰했다. 벤이 막 세 살이 되었을 때, 그녀는 세 번째 보고서에 "많은 자폐적 성향이 보인다."고 기술했다. 그녀는 "이 자폐적 성향에는 사람에 대한 적절한 반응의 결핍, 눈 맞춤의 부족, 전형적인 신체 접촉, 신체 일부분으로 사람과 관계하는 것 등이 포함된다. 벤은 또한 상당한 언어 지연과 왜곡을 보이고 있다. 표현 언어의 발달이 늦고, 현재 사용하고 있는 언어의 많은 부분이 반향언어echolalia이다. 벤은 부가적으로 신체 접촉을 하지 않으면 언어에 제대로 반응하지 않는다."라고 요약했다.

뒤에 그녀는 "벤은 기능적으로 지체되어 있고 많은 특수교육이 필요할 것이다."라고 덧붙였다. 그녀는 벤의 발달에 진전이 거의 없긴 했지만 우리의 노력이 도움이 되었을 거라면서 우리를 칭찬했다. 또한 벤이 유아 특수교육 프로그램에 가기를 바란다고 하면서 '부모 자극과 참여'가 도움이 될 거라고 했다.

"부모인 동시에 선생님이 되는 것은 참으로 어렵습니다. 벤의 부모님이 훌륭히 해 오셨지만, 이제는 정말로 공립학교 시스템을 통한 외부의 도움이 필요합니다."라고 그녀는 추천했다.

"특수학교? 꼭 벌을 받는 것 같군. 이 아이는 아무 잘못도 없는데. 벤은 그저 어린아이일 뿐인데."

나는 벤이 사촌 에디처럼 멀리 보내지거나 특수학교 내지는 시설의 뒷병동에 격리된다는 생각에 울었다. 나는 "아무도 벤을 그런 더러운 시설의 끔찍한 뒷병동에 보내지 못할 거야."라고 맹세했다.

나는 그런 시설을 본 적이 있었다. 어린 시절에 나는 드브로Deveraux (헬렌 켈러와 같이 시각장애와 청각장애가 있는 사람들을 위한 시설. 이런 사람들은 정신지체도 있다고 여겼다.) 바로 옆에 살았다. 나는 윌로우브룩Willowbrook에도 가 본 적이 있다. 그곳은 후에 더럽고, 상스럽고, 구역질 나는 지옥과 같은 거대한 시설로 드러났다. 탐사 보도 기자였던 제랄도 리베라Geraldo Rivera와 한때 이곳에 수감되었던 버나드 카라벨로Bernard Carabello 덕분에 치료라는 이름으로 행해지고 있는 어처구니없는 인권 침해가 세상에 밝혀지게 되었다. 내 아들은 그곳이나 그와 비슷한 어떤 곳에도 가지 않을 것이다.

그런 일이 일어나게 하지는 않겠어! 나는 절규하고 있었다. 하지만 누가 듣고 있었는가? 남편이었다. 그도 그 자리에 있었다. 그는 심리치료 혹은 처벌의 이름에 배어 있는 무자비하고 비인간적인 일에 대해 알고 있었다. 그는 내가 모르고 있던, 다른 선택이 존재하는 것을 알고 있었다. 그는 또한 나보다 훨씬 이성적이었다. 남편은 그 심리학자가 벤을 멀리 보내 버리라고 권하고 있지는 않다고 생각했다. 그녀는 상당히 다른 뭔가를 추천했는데 그 당시 나는 그것을 이해하지 못했다. 정신지체협회 및 다른 기관에 남편이 참여하고 있었던 덕분에, 그리고 심리학자로서의 전문적 배경 덕분에 남편은 우리가 선택할 수 있는 다양한 것에 대해 알고 있었다. 그는 나를 진정시키고 내가 울 때 안아 주었다.

"우리가 할 수 있는 뭔가가 있는 게 분명해."

나는 울었다. 그런데 그건 무얼까? 어디에 있는 걸까?

제 5 장

캠퍼스 실험학교는 벤을 위한 곳일까?

남편은 나에게 캠퍼스 실험학교에 대해 이야기해 주었다. 코틀랜드의 뉴욕주립대학교 내 캠퍼스 실험학교에서 셰리와 페니는 훌륭한 교육을 받고 있었는데, 이 학교에는 서너 살의 장애 아동을 위한 학급이 있었다.

"그 반에 가 본 적은 없지만 좋은 얘기를 많이 들었어. 게다가 그 학교는 무슨 일이 일어나는지 많은 사람이 지켜볼 수 있는 교내에 있잖아. 우리 심리학과 학생들이 거기에 실습도 나가. 괜찮을 것 같아. 우리가 할 수 있는 일은 살펴보는 거야. 한번 가 보자. 괜찮지?"

우리는 그 교실을 찾아가 교사와 보조 교사를 만나고 깊은 인상을 받았다. 블랜차드 선생님이 어찌나 상냥하고 세심한지 나는 기분이 좋아졌다. 그녀는 상당히 차분했고, 모든 수업과 하루 생활의 세세한 부분까지 각 학생의 현재 능력을 더욱 발달시키도록 심사숙고해서 계획

한다는 것을 금방 알 수 있었다. 블랜차드 선생님의 수업은 재미있었다. 아이들은 열정적이었지만 거칠지 않았다. 수업의 구성에 질서가 있었고 자유 시간에도 아이들이 감각 운동 놀이를 할 수 있도록 놀이 구역 주변에 편성되어 있었다. 교실이 조용하고 평화롭기도 했다가 시끄러워지기도 했지만 혼란스럽지는 않았다. 벤이 여기에 적응할 수 있을까? 나는 확신할 수가 없었다.

블랜차드 선생님은 교과 과정과 자신의 교수 방법에 대해 설명해 주었다. 그녀는 젊은 사람이었지만 자신이 아이들에게 무엇을 원하는지 분명했다. 그녀는 아이들에게 높은 기대 수준을 가지고 있었고, 자신과 학교 직원에 대해서는 더 높은 기준을 가지고 있었다. 아이들이 조직적인 활동과 자유 놀이 시간에 참여하는 것을 보는 동안 우리는 벤이 여기에서 배우고 자랄 수 있는 기회를 보았다. 우리는 또한 셰리와 페니가 언제든지 남동생을 보고 싶을 때마다 이 교실에 들러 볼 수 있다는 사실이 기뻤다.

"아이들에게 친구들도 데려오라고 하세요. 한 번에 너무 많이는 말고요."

블랜차드 선생님은 다른 아이들이 와서 학생들과 노는 것이 모두에게 좋다고 했다. 그녀는 또 여러 분야의 학부 학생들이 관찰하거나 참여하기 위해 방문한다고 설명했다. 어떤 때는 그 학생들이 활동을 주도한다고 했다.

"모두가 서로에게 배우죠. 진정한 '윈-윈win-win'이라고 할 수 있어요. 모두에게 좋은 일이죠."

우리도 교실을 방문할 수 있도록 초대받았고, 남편이 심리학과 교수로 있었으므로 블랜차드 선생님은 남편에게 심리학과 학생들도 데려오라고 했다.

"저기 유리 뒤쪽에 관찰실이 있는데 그 유리는 한쪽에서만 반대편을 볼 수 있죠. 우리 아이들이 어떻게 발달하는지 심리학과 학생들이 보면 도움이 될 거예요. 물론 교수님도 언제든 오셔서 관찰하세요."

블랜차드 선생님은 우리에게 따뜻하게 웃어 주었다. 나는 안도하기 시작했다. 아마도 이것은 옳은 결정일 것이다. 벤은 언어치료, 물리치료, 자기 돕기 기술 훈련을 받을 것이다. 다른 아이들과 함께 있게 되는 것이기도 하다. 그것은 벤의 사회성 발달에 도움이 될 것이다. 가망이 있어 보였고, 솔직히 우리는 벤에게 도움이 될 만하다면 무엇에든 매달릴 준비가 되어 있었다.

하지만 남편과 나도 도움이 필요했다. 우리는 지역의 지체장애아동협회Association for Retarded Children, ARC — 그때는 이렇게 지칭했다 — 에 가입했다. 거기에서 우리는 그 당시에 우리가 생각했던 대로 정상인의 사회에 적응할 수 없는 것처럼 보이는 정신지체 아이를 데리고 고전하고 있는 다른 부모들을 만났다. 우리는 그들과 이야기를 하고 우리의 이야기를 나누는 것이 참 편하다는 것을 알게 되었다. 우리는 그들을 통해 우리가 정당하지 않거나 옳지 않다고 생각한 것들을 바꿀 수 있다는 것을 배웠다.

남편은 코틀랜드 지체장애아동협회 이사회 회원으로 초대를 받아 기꺼이 응했다. 함께한 평생 동안 그랬듯이 남편은 우리 모두가 겪는 감정의 소용돌이 속에서도 균형 있고 합리적이었다. 우리의 최대 관심사는 교육이었으므로 남편은 뉴욕 주 지체장애아동협회의 교육위원회장으로 빨리 올라갔다. 남편은 사려 깊은 태도로 존경을 받았고, 아이들의 삶을 발전시키기 위해 공헌한 것에 대해 높은 평가를 받았다.

그는 부모들이 자신의 아이가 격리된 특수교육 학급, 장애인용 작업장, 시설이나 집단 주거지 이상의 어떤 것에 능력이 있으리라고 믿지 못하는 것을 이해했다. 그는 이런 생각들이 두렵다는 것과 그 부모들이 아직 받아들일 준비가 되지 않은 위험 요소를 갖고 있다는 것을 이해했던 것이다. 남편은 그 부모들이 어떤 길을 선택하고 있는지 자각하기를 바랐다. 격리된 길 또한 위험이나 위험 요소가 있게 마련이라고 말이다.

부모들은 남편의 말을 열심히 경청했다. 어떤 사람은 동의했지만 어떤 사람은 그렇지 않았다. 지체장애아동협회에 있는 거의 모든 부모는 아직 이렇게까지 멀리 갈 수가 없었다. 그들은 자신의 아이들이 가려지고 격리된 환경에서 안전하게 보호받는다고 확신하고 있었다. 남편은 그들을 이해했다. 그들은 우리의 이야기를 들은 바 있어서 벤이 쉽지 않다는 것을 알고 있었다. 벤은 매 순간 우리를 궁지에 몰아넣는 여러 가지 행동 문제를 가지고 있었다. 그러나 우리는 그 아이를 포기하려 하지 않았고, 그 아이가 비장애아들 사이에서 훌륭한 삶을 살 수 있다는 믿음도 포기하지 않았다. 나는 남편이 이런 기관들의 정책과 활동에 깊고 지속적인 영향을 주었다고 믿는다.

한편 우리에게 다급한 걱정은 벤을 실습 특수교육 프로그램에 다니게 하는 것이었다. 연령대는 맞았지만 배변 훈련이 되어 있어야 했다. 이는 우리 모두에게 정말로 큰 도전이었다. 누나들과 달리 벤은 더러워진 기저귀를 전혀 불편해하지 않았다. 실제로 벤은 변기를 사용하는

데 전혀 관심이 없었다. 우리 집에 살고 있는 실험심리학자, 곧 남편은 벤을 훈련할 수 있는 방법을 찾기 위해 논문을 읽기 시작했다. 얼마 지나지 않아 남편은 체계적인 계획을 세우기 시작했다. 그런데 우리 가족에게는 무엇 하나도 단순하지 않았던 것 같다. 벤이 장애 아동을 위한 유아교육 프로그램을 시작하기 직전 여름에 우리는 텐트에서 자면서 미국 전역을 탐험하는 캠핑 여행을 갔다. 벤이 변기 사용법을 배운 것은 바로 이 여행에서였다.

우리는 카우보이의 안장처럼 생긴 작은 변기 의자를 사서 차 안이나 캠핑장에서 눈에 보이는 곳에 두었다. 우리는 주기적으로 벤을 이 안장에 앉히고 비눗방울을 불거나 유리병에서 개수통으로 물을 흘리거나 하면서 놀아 주었다. 벤은 이렇게 놀아 주는 것을 좋아했는데, 얼마 후 변기에 '무슨 일'이 일어났다. 또한 남편은 화장실에 갈 때마다, 심지어 재래식 야외 화장실에도 벤을 데리고 갔다. 남편은 남자들이 어떻게 화장실에 가는지 벤에게 보여 주고자 했다. 벤이 변기에 소변이나 대변을 보았을 때 우리는 모두 크게 칭찬을 해 주었다. 우리는 박수를 치고, 노래를 부르고, 안아 주고, 뽀뽀도 해 주었다. 벤은 이 야단법석을 즐기는 것처럼 보였다.

1978년 9월 학교가 시작할 무렵, 벤은 화장실에서 일을 볼 수 있게 되었다. 특이 규칙적으로 데려가면 아주 성공적이었다. 학급의 보조교사인 그린 선생님은 벤이 흐르는 물에 손을 씻는 것을 매우 좋아하지만 비누를 쓰는 것은 두려워한다고 알려 주었다. 이것은 상당히 재미있는 관찰이었다. 우리는 이것이 캠핑 여행 때 물을 가지고 놀아 준 것과 관계가 있다고 생각했다. 하지만 비누를 두려워하는 것은 이해할 수가 없었다. 후에 우리는 손 닦는 물티슈를 비닐봉지에 담아 가지고 다니며 벤의 손을 닦아 주었던 것을 기억해 냈다.

　배변 훈련은 되었지만, 학교에 다니기 시작했을 때 벤은 그 나이의 아이들 대부분이 쉽게 하는 것 중에 하지 못하는 것이 있었다. 벤은 색 깔을 몰랐고, 많은 사람들 속에서 나나 남편을 알아보지 못했으며, 다른 아이들과 상호 작용을 거의 시도하지 않았다. 사실 다른 아이들을 쳐다보지도 않았다. 벤은 자기 자신의 세상 속에 있는 것 같았다. 다른 사람이 한 말의 끝 단어를 반복해서 따라 하는 것 외에 거의 말을 하지도 않았다. 때로 소리를 내기도 했지만 그건 그냥 소음에 불과했다. 벤은 우리와 전혀 의사소통을 하지 않았다. 적어도 우리는 벤이 의사소통을 하려고 시도하는 것을 본 적이 없다. 벤은 걸을 수 있었지만 걸음걸이가 어색했고, 걸을 때 발걸음에 맞춰 팔을 흔들지 않고 두 손을 앞으로 내밀고 있었다. 벤은 아주 무관심해 보였고, 우리로부터 격리된 듯해서 우리는 벤이 우리가 있는 것을 아는지 궁금해하기도 했다.

　종종 벤은 몸을 앞뒤로 흔드는 것과 손가락을 자기 눈앞에서 흔드는 것을 좋아했다. 한 발을 다른 발 앞에 두고 부드럽게, 때로는 세게 몸을 흔드는 것이다. 벤은 아직도 가끔 이런 행동을 한다. 하지만 이제 이런 행동은 대개 불안하거나 혼란스럽다는 표시이다. 어린아이일 때는 이것이 혼자서 노는 것처럼 보였다. 몸을 흔들면 느낌이 좋고 손가락을 흔들면 시각적인 자극이 되는 것이다. 이것은 벤이 혼자서 노는 방식이거나 스스로 즐겁게 하는 방식이었다.

　"이 애의 마음속에는 무슨 일이 일어나고 있는 걸까? 무슨 생각을 하고 있는 걸까? 무엇이 필요할까? 무엇을 원할까?" 우리는 아무 답도

할 수가 없었다. 우리는 유아교육 기관에서의 경험이 이 질문 중 몇 개의 답을 찾을 수 있도록 도와주기를 바랐다. 비록 우리가 찾던 '프로그램'에 대한 생각은 접었지만, 우리는 이제 이런 방식으로 벤에 대해 알아 가고 어떻게 벤을 도울 수 있을지 배우기로 한 것이다.

우리는 개별적으로 또는 함께 벤의 교실을 가능한 한 자주 방문했다. 그 학급과 함께 소풍도 가고, 블랜차드 선생님과 그린 선생님을 관찰하고, 듣고, 그들에게 배웠다. 우리가 보고 싶은 것을 관찰하고 벤의 일상생활을 도와줄 방법을 배우기도 했는데, 때로는 걱정스러운 것을 목격하기도 했다.

벤은 정말 다른 아이들과 달랐다. 다운증후군을 가진 도니라는 작은 소년과 벤이 친구가 된 것 같았다. 벤과 도니가 낮은 발달 단계에 정체되어 있는 동안, 다른 아이들은 학습적으로나 사회적으로 빠르게 발달하고 있는 듯했다. 하지만 결국 다른 아이들도 모두 집중적인 특수교육을 필요로 하는 자신만의 독특한 요구가 있다는 것을 알게 되었다.

벤도 그중 하나였다. 벤은 그룹과 동떨어져서 혼자 하는 것을 좋아했다. 창밖을 응시하거나 테이블 한가운데에 서서 손가락을 흔드는 것을 좋아했다. 블랜차드 선생님 또한 교실 문이 열려 있으면 벤이 조용히 빠져나가 복도를 향한다는 것을 알게 되었다. 그래도 대부분의 시간 동안 벤은 다른 아이들을 방해하지 않았다. 그냥 자기가 하고 싶은 것을 할 뿐이었다. 복잡한 일상 속에서 벤을 인식하지 못하거나 잃어버리는 것은 아주 흔한 일이었다.

블랜차드 선생님과 그린 선생님은 교실에 있는 열 명의 아이들 각각을 위한 계획과 프로그램을 짜는 데 열심이었다. 거기에 벤도 포함되어 있었지만 우리에게는 뭔가 석연치 않은 느낌이 있었다. 우리는 이 느낌에 대해 몇 시간도 족히 이야기할 수 있었지만 무엇이 불편하게 하는지 딱 꼬집어서 말할 수가 없었다. 우리는 그것이 무엇인지 알아내기를 바라면서 기다리고 있었다.

블랜차드 선생님이 결혼을 하면서 이사를 가게 되어 학년 말에 학교를 떠났다. 벤의 첫 선생님인 그녀가 떠나게 되었을 때 우리는 모두 혼란에 빠졌다. 새로 온 선생님은 물론 방식이 다르기는 했지만 능력 있고 똑똑하고 훌륭한 분이라는 것을 우리는 곧바로 알 수 있었다. 새 선생님은 벤이 참여할 수 있도록 수업을 잘 구성했고, 벤의 어떤 노력도 성심껏 도와주었다. 벤이 다섯 살이 되었던 해로 유치원 2년째가 반쯤 흘렀을 때 이 선생님은 이렇게 고백했다.

"벤은 저에게 정말 수수께끼예요. 한편으론 교육이 가능한 것 같아요. 아시잖아요. 벤은 색깔이나 도형, 읽기 같은 학습적인 것은 배울 수 있죠. 하지만 제가 이런 것들에 확신을 가졌을 때 벤이 흔들거리는 게 보여요. 저 혼자 속으로 생각하죠. '아니야, 벤은 그냥 훈련이 가능할 뿐이야.' 무슨 이야기냐 하면, 제가 벤에게 손 씻기, 양치질하기, 지퍼 올리기와 같은 단순한 일상생활 기술을 가르칠 수는 있다는 거예요. 이런 순간에는 제가 더 이상의 것을 가르칠 수 있는지 의문이 가요."

대답을 구하는 듯이 그녀는 우리를 쳐다보았다. 우리는 대답을 하지는 않았지만 그녀의 말을 이해할 수 있었다.

그날 밤 남편과 나는 1년 반 동안 우리가 보고 경험하고 느꼈던 것을 말로 정리하려고 애쓰면서 몇 시간에 걸쳐 대화를 했다. 우리는 벤의 미래에 대해 이야기를 나눴다. 열 살, 스무 살, 서른 살에 벤은 어디에 있을까? 우리는 벤이 학급 안에만 격리되는 것에 대해 우리가 얼마나 두려워했는지 털어놓았다. 우리는 벤이 점점 더 뒤처진다는 것을 一뒤처진다는 것이 무엇을 뜻하든一 눈치채고 있었다. 뒤처진다는 것은 아이가 어떤 발전도 이루지 못하고 있다는 의미일 것이다. 아이는 만족스러워 보였다. 벤은 행복할까? 확실치는 않았지만, 그 나이 또래의 다른 아이들이 할 수 있는 것을 벤이 할 수 없다는 것을 우리는 보았다. 우리는 벤이 선생님의 자비에 의존할 수밖에 없다는 것을 보았다. 이제까지 선생님들은 벤을 잘 돌봐 주었다. 하지만 만약 그렇지 않은 선생님을 만난다면?

가장 화가 났던 것은, 벤이 만약 격리된 '특수한 교육의 세상'에 남겨진다면 살아남지 못할 것이라고 우리가 서서히 자각하기 시작했다는 것이다. 벤은 아직 유치원에 다니고 있었지만, 우리는 벤의 장래에 대해 정말 어려운 질문을 서로에게 하기 시작했다.

남편은 지체장애아동협회에서 만난 다른 부모들의 경험을 통해 벤이 초등학교의 특수 학급에 들어가거나 지역의 협력교육서비스위원회 Board of Cooperative Education Services, BOCES 프로그램에서 하는 특수아동을 위한 특수학교에 들어가게 된다는 것을 알고 있었다. 그들은 벤을 어디에 넣을 것인가? 벤은 신체적인 장애가 있는 아이들의 학급에는 들어갈 수 없을 것이다. 벤은 또 다운증후군이 있는 것도 아니다. 그렇다면 정신지체 아동 학급은 어떤가? 이런 학급마저도 경도, 중등도, 중증 정신지체 학급으로 나누어져 있었다. 벤은 이 중에서 어떤 반에 맞을까? 정서장애 아동을 위한 학급도 있었다. 하지만 벤이 그 학급에 배정될 것 같지는 않았다. 벤은 전혀 이상해 보이지 않았다. 그저 다를 뿐이었다. 어떤 학급에 들어가게 된다 하더라도 우리는 계속 같은 질문을 하게 되었다. "벤이 거기에서 무엇을 배울까?"

자신이 가르치는 학생들이 이런 시설에서 실습을 했기 때문에, 남편은 이런 시설에서는 열 살이나 열한 살이 되면 직업교육을 시작한다는 것을 알고 있었다.

"왜? 어떤 종류의 직업을 갖게 되지?"

나는 순진하게 물었다.

"보호 작업장에서 일하는 거지. 지체장애아동협회 작업장이나 협력교육서비스위원회 작업장 같은 곳 알잖아. 조립 라인에서 일하거나 크리스마스 장식을 상자에 넣는 것과 같은 일을 하는 거지. 알잖아? 협력교육서비스위원회에서 학교를 마치고 나면 보통 지체장애아동협회나 다른 작업장에서 그들을 고용하고, 그들은 최저 임금을 받으면서 일하지. 실제로 푼돈 정도야. 정식으로 일을 하는 건 아니니까. 그리고 그들이 사회보장 연금을 받도록 하는 규칙이 뭔가 있어. 그건 나도 잘 몰라."

나는 깊은 비운을 느끼면서 경청하고 남편은 계속 이야기를 이어갔다.

"지체장애아동협회 작업장을 몇 번 방문한 적이 있어. 내가 지체장애아동협회 위원회장이 되었을 때 보여 주더군. 그렇게 나쁘진 않았어."

남편은 잠시 그때 일을 생각해 보는 듯 말을 멈췄다.

"사실은… 끔찍했어. 벤이 그곳에 간다는 건 생각하기도 싫어. 그건 정말로 막다른 골목과 같은 거야."

우리는 와인을 마시면서 거실에 앉아 있었다. 해가 서서히 지고 있었다. 보통 때 같으면 이 시간이 특별했겠지만, 그날은 거실에 내려앉은 어둑어둑함이 우리의 마음을 반영하는 것 같았다. 심지어 불을 켰는데도 어두웠고, 우리는 슬퍼졌다.

이것에 대해 며칠 동안 이야기하지는 않았지만 남편과 나는 그 이미지를 마음속에서 떨쳐 내지 못했다. 지체장애아동협회 위원으로서 남편은 집을 한 채 구입하는 데 관여하고 있었는데, 그 집은 우리 집 근처에 있었다. 지체장애아동협회가 뉴욕 주에 정신지체 성인들의 공동 주거 공간을 열 수 있도록 신청을 했던 것이다. 나는 침실의 커튼을 만들고 침대 시트와 수건을 구입하는 것을 도와 달라는 요청을 받았다.

"혹시 주변 이웃들에게 통조림을 걷을 수 있는지 알아봐 주시겠어요? 마당에서 쓰는 갈퀴나 뭐 그런 것들을 중고로 살 수 있는지도 좀 알아봐 주세요. 우리는 정말 밑바닥부터 시작해야 하거든요."

이 새집으로 이사 가기로 한 젊은이들 중 한 명의 엄마인 마사가 내게 말했다. 그녀는 아들의 장래에 대한 기대로 흥분해 있었다. 그녀와 남편은 점점 나이 들고, 아들 피터는 목욕을 하거나 옷을 입는 등의 기본적인 일에도 도움을 필요로 했기 때문에 피터를 데리고 있기가 점점 더 버거워지던 터였다. 그래서 그녀는 그 집을 준비하는 데 온갖 노력을 기울였다.

우리는 친구였으므로 마사가 부탁했을 때 나는 주저하지 않았다. 그녀의 열성이 전염성이 있기도 했지만, 나는 이제 그 집을 벤이 나중에 살게 될지도 모를 곳으로 보기 시작했다. 이 생각은 나를 냉정하게 만들었다. 나는 마사와 피터에게 잘된 일이라고 생각하면서도, 벤이 나중에 그런 곳에서 살게 된다고 생각하니 속이 뒤집어졌다. 나는 몇몇 이웃이 그 집에 대해 반대 시위를 했던 것도 알고 있었다.

"우리는 저런 정신박약아들이 우리 아이들 근처에 있는 것을 원치 않는다."

한 남자가 공청회에서 화를 내며 소리쳤다. 다른 여자는 이렇게 말하기도 했다.

"여기는 동네이지 병원이 아닙니다. 그들이 다른 곳에 가서 살면 안 됩니까?"

"그래, 왜 다른 곳은 안 되지?"

다른 사람들이 동의하며 고개를 끄덕였다.

이것은 우리 또한 벤을 위해 원하던 바가 아니었다. 몇 주 후 저녁에 남편과 나는 다시 '와인타임'을 갖게 되었다. 며칠 전 밤에 했던 벤과 그의 학업, 그리고 그의 미래에 관한 토론이 이어졌다.

"만약 벤이 협력교육서비스위원회의 직업학교에 간다면 사람들은 벤이 결국 공동 주거 시설에서 살아야 한다고 생각하겠지. 오해하지는 말아요. 안전을 위해서 그런 삶의 방식을 스스로 택한 사람들이나 가족도 있다는 걸 알아. 하지만 나는 아니야. 나는 벤을 위해 그걸 원치 않아. 그 애가 자신에 대해 어떻게 생각하겠어? 우리가 만약 그 길을 택한다면 셰리와 페니가 어떻게 생각하겠어? 우리는 또 어떻고."

이런 질문을 서로에게 퍼붓는 동안 나는 와인 잔을 들고 거실을 걸어 다녔다.

"우리는 그저 벤이 더 할 수 있다고 믿어야 돼. 우리는 벤의 미래가 그렇게 비참하지 않다는 걸 믿어야 돼. 노력을 해야 된다고!"

나는 와인 잔을 단숨에 비웠다.

"수, 천천히 마셔."

남편은 벤이 흥분했을 때 그러듯이 손으로 가슴을 천천히 쓸어내리면서 내게 말했다.

"자, 숨을 쉬어 봐. 우리는 차근차근 이야기해야 된다고."

나는 이 남자를 얼마나 사랑하는가! 남편은 내가 미칠 것 같을 때 이성을 불러다 주고, 히스테리를 부릴 때 차분하게 만들어 주었다. 그는 다시 내 와인 잔을 채워 주었고, 우리는 이성적으로 조용히 그리고 자세히 이야기하기 시작했다.

"좋아. 우리는 벤이 특수교육의 세계에 고립되는 걸 원치 않아."

남편의 목소리는 낮고 진지했다.

"우리는 벤이 장애아들뿐 아니라 또래 아이들 속에 있기를 바라지. 그 말은 즉…."

남편은 생각을 정리하느라 잠시 뜸을 들였다.

"…우리는 벤이 또래 아이들과 같은 교실에서 같은 활동을 하길 바라지. 그렇지?"

"네, 그래요."

나는 그동안 '통합교육(벤과 같은 장애 아동이 일반 학급에서 함께 공부하는 것)'에 대해 읽었던 것들과 새로 바뀐 교육법P.L. 94-142에 대해 생각했다. 이 법은 1975년에 제정되었는데, 벤처럼 장애를 가진 아동이 가장 제한적이지 않은 환경(일반 학급을 말한다)에서 교육받도록 하는 조항이 들어 있었다.

나는 사촌 에디와 내가 가르쳤던 모든 소외된 아이들을 떠올렸다.

나는 지체장애아동협회의 아이들과 부모들도 생각해 보았다. 나는 벤에 대해 생각했다. 그래! 나는 그저 벤이 공평한 기회를 갖기를 바랐다. 나는 그것을 위해 싸울 준비가 되어 있었다. 남편도 이해하고 동의했다. 우리는 더 이상 이것에 대해 이야기할 필요가 없었다. 우리는 이것이 옳다는 것을 알고 있었다. 페니와 벤을 입양한 것이 옳은 일이었던 것처럼. 이제 우리는 방법을 찾기만 하면 되었다. 그러나 곧 쉽지 않은 일이라는 것을 알게 되었다.

제 6 장

벤 안에 숨겨진 자폐증 발견하기

우리가 나중에 자폐라고 부르게 된 징조를 벤이 6~7개월 때 처음 보였지만 우리는 그것을 알아채지 못했다. 그때 우리는 유타 주에서 약 1년간 살다가 뉴욕 주로 돌아가기 위해 준비하고 있었다.

어느 주말에 우리는 중고 물건을 팔았는데, 벤과 비슷한 또래의 아기를 둔 친구 부부가 도와주러 왔다. 친구가 제이슨을 벤 옆에 앉혀 두었는데 두 아기 모두 각자의 유아 의자에 앉아 있었다. 우리는 낡은 가구와 소소한 물건을 파느라 바빴지만, 남편은 제이슨이 누군가가 다가올 때마다 밝게 미소 짓고 깔깔거리기도 한다는 것을 알아챘다고 한다. 한편 벤은 모든 것에 관심이 없는 듯 보였다. 그저 나무에 매달린 나뭇잎을 올려다보고 있었다. 제이슨은 손에 든 장난감을 물거나 바라보거나 흔들고 있었지만, 벤은 조용히 무릎 위에 손을 얹고 있었다. 남편은 이를 눈치챘지만 물건을 팔고, 이사를 준비하고, 딸들을 돌보느라 그때의 관찰을 잊어버렸다. 나중에 우리는 그런 관찰을 생각해 냈고, 이제는 벤의 자폐증이라고 부르는 것을 우리가 그 당시에 보았다는 것을 깨닫게 되었다.

우리가 알아보기 시작한 또 하나의 특징은 벤이 또래의 다른 아이들처럼 놀지 않는다는 것이었다. 또한 벤을 안아 줄 때 벤이 잘 반응하지 않는다는 것도 알게 되었다. 얼굴 표정이 단조롭고 절제되었으며 몸의 자세도 어정쩡한 것이 딸들을 키우면서 경험했던 것과는 사뭇 달랐다. 벤은 안아 올릴 때 몸을 흐느적거렸다.

나는 "얘는 봉제 인형 같아, 아주 무거운 봉제 인형." 하고 말하곤 했다. 벤은 안길 거라는 기대를 하면서 바짝 안기지 않았다. 그냥 내 팔 안에 늘어져 있었다.

벤은 자발적으로 웃거나 자신의 팔다리를 우리에게 두르는 일이 없었다. 벤을 안거나 얼러도 우리의 상호 작용을 받아들이는 것 같지 않았다. 우리를 꿰뚫어 보는 것 같았지만 우리를 바라보지는 않았다. 우리에게 미소 짓거나 반응을 많이 보이지도 않았다. 옹알이도 하지 않았고 아기 같은 소리도 내지 않았다.

"어떻게 이런 것들을 전혀 눈치채지 못했지?" 주의 깊지 못했음을 탓하면서 후에 우리는 스스로를 꾸짖었다. 우리가 벤의 이상한 점들을 무시했던 것일까? 나도 잘 모르겠다. 어쨌든 우리는 보지 못하고 알아채지도 못했다. 우리는 딸들에게 그랬듯이 그저 벤을 정상적인 아이로 보았을 뿐이었다. 우리는 아이가 필요로 한다고 생각되는 것을 해 주는 것이 옳다고 믿었다. 우리의 일상은 바빴다고 말한다면 이는 어쩌면 변명일지도 모른다. 우리는 벤이 상당히 큰 아기였음을 상기하면서 아이의 발달이 느린 건 아마도 그 때문일 것이라고 구실을 댔다. 입양할 당시에 4개월이었던 벤은 거의 9킬로그램이었다. 우리는 벤이 임시 보호 가정에 있었기 때문에, 또 그 가정이 벤에게 놀이를 통한 적절한 자극을 주지 않았기 때문에 발달이 느린 것이라고 생각해 보기도 했다. 여기에 대한 증거는 없지만 이 설명은 우리에게 상당히 논리적으로 느껴졌다.

그러나 벤이 두 살이 되었을 때, 우리 딸들이 그 나이에 했던 행동을 하지 않는다는 것을 알 수밖에 없었다. 벤은 그저 유아 의자에 앉아 있거나 놀이용 천막 안에 누워 있는 데 만족하는 것처럼 보였다. 벤은 앉으려고 애를 쓰지도 않았다. 우리가 눕혀 놓거나 엎어 놓으면 그 자세를 그대로 유지했다. 벤은 혼자 서기 위해 몸을 일으키지도 않았고, 우리가 돕지 않으면 기거나 걷는 데 전혀 관심이 없는 것처럼 보였다. 놀기 위해 장난감을 찾지도 않았다. 우리가 장난감을 쥐어 주면 그것을 떨어뜨릴 때까지 들고 있다가 떨어뜨리면 그것을 찾지도 않았다. 벤은 똑바로 누워서 다리를 허공으로 뻗는 자세로 손가락을 눈앞에서 흔들며 뒤집는 것을 즐겼다. 벤은 제 누나들이나 우리가 자기 주변을 돌아다닌다는 것을 알아채지 못하는 것처럼 보였다. 정말 '자기만의 작은 세상 속에 있는 데' 만족하는 것 같았다. 한동안 우리는 벤이 게으르다고 생각했다. 우리는 벤이 자라면서 달라지기를 바랐다. 페니도 처음 우리와 실게 되었을 때에는 무관심한 듯 보였지만 자라면서 활달해졌다. 분명히 벤도 그럴 것이라고 생각했다.

어린 시절을 돌아보면서 우리는 일상생활 속에서 때때로, 심지어는 지금도 벤이 전문 서적[예를 들어 DSM-IV 매뉴얼(2000)]에 묘사되어 있는 전형적인 자폐 증상을 모두 보인다는 것을 깨달았다. 자폐증의 범주 중에서 벤은 가장 복합적인 종류에 해당되었다. 벤은 사회성이 결핍되어 있었고, 시키면 "안녕." 하고 말할 수 있었지만 사람들을 만났을 때 자발적으로 인사를 하지는 않았다. 다른 사람에게 무언가를 간절히 원하지 않는 이상 벤은 눈 맞춤도 하지 않았다. 그의 구두 의사소통은 상당히 제한적이었고 어떤 때는 기괴하기까지 했다. 상당히 오랫동안 벤이 가장 말하기 좋아하는 어구 중의 하나는 "끝을 당겨."였다. 우리가 그 말뜻이 무엇인지 알아내기까지는 수년이 걸렸다. 벤은 이 말을 통해 자기 통제를 잃고 있음을 경고하고, 곧 자기 자신과 우리를 괴롭힐 것임을 알려 주었던 것이다.

'의사소통 장애'는 다른 아이들처럼 말하거나 의사소통하지 않는다는 것을 전문적으로 일컫는 말이다. 세 살쯤 되었을 때 벤은 "맥도널드에 가고 싶어, 맥도널드에 가고 싶어." 하고 반복적으로 말해 우리를 괴롭혔다. 벤은 이 말을 토할 지경까지 반복하곤 했다. 물론 우리는 벤을 맥도널드에 데려갔지만 벤이 요구하는 만큼 자주 갈 수는 없었다.

"끝을 당겨."라는 벤의 괴상한 말은 우리에게 말이 안 되는 소리였기 때문에 더욱 절망스러웠다. 아주 가끔 벤이 먼저 말을 걸기도 했지만, 똑같은 톤의 목소리로 들은 말을 반복할 뿐이었다. 때때로 우리는 벤의 무작위적인 말이 단지 우리를 황당스럽게 하기 위한 것이라고 생각하기도 했다. 나중에 우리는 벤이 뭔가를 그가 알고 있는 유일한 방법을 통해 말하려고 한다는 것을 깨닫게 되었다. 이렇게 이해하고 나서 우리는 그동안 깽깽거림이라고 불렀던 그의 말들을 이해하려고 훨씬 더 많이 노력했다.

규칙적인 일과와 일관성

벤은 자폐증을 가진 많은 사람이 간절히 원하는 규칙과 일관성을 원하는 것 같지 않았다. 우리는 종종 우리의 생활을 '무질서'라고 묘사하곤 했고, 농담으로 벤에게 일관성이란 '무질서'를 뜻한다고 말하곤 했다. 아마도 그게 벤이 상당히 융통성이 있는 것처럼 보이는 이유일 것이다. 물론 우리는 언제나 자녀 각각을 위해 철저히 계획을 세웠고, 그래서 아이들이 지치거나 화내지 않고 언제나 호기심을 가질 수 있도록 했다. 하지만 어떤 아이들에게는 규칙적인 일과에서 벗어나는 변화가 감정적으로나 행동상의 큰 문제를 불러온다.

대부분의 시간에 벤은 음악을 듣거나 물장난을 하거나 먹는 것을 좋아했다. 벤은 아직도 이런 장난을 좋아한다. 하지만 벤이 이런 것에 집착하거나 멈출 수 없어 한다면, 우리는 벤이 다른 활동으로 옮겨 가도록 도왔다. 간혹 그렇게 잘 안 될 때도 있었다. 그래도 우리는 벤이 좋아하는 이런 활동을 하지 못하게 해야 한다고는 생각해 본 적이 없었다. 규칙적이라는 것과 예측 가능성은 우리 모두에게 중요했다. 그것은 안전을 의미했다.

요즘이라면 벤이 보여 주었던 이런 특성이 자폐증을 나타내는 확실한 표시가 될 것이다. 하지만 1970년대 초반에는 자폐증이 만 명에 한 명 정도로 희귀했고, 이 복잡한 장애에 대해서 알려진 것이 거의 없었다. 찾아볼 수 있는 모든 것을 읽어 보려고 노력했음에도 불구하고 남편과 나는 자폐에 대해 많이 알지 못했다.

심리학자나 정신과 의사, 심지어는 몇몇 교사와 교육 행정가조차 벤과 같은 아이들이 보이는 괴상한 행동을 아동 정신 착란증의 증상으로 여겼다. 벤을 비롯해 그와 비슷한 아이들은 정서장애나 중등도 혹은 중증 정신지체(예를 들어 정신박약), 기능적으로 전혀 배울 수 없는 아이로 여겨졌다. 아마도 단순한 작업을 하도록 훈련할 수는 있겠으나 그들의 장래는 가망이 없는 듯했다. 다행히도 오늘날의 전문가들은 보다 많은 정보와 훈련, 연구를 통해 이 복합적인 장애에 대해 더 배울 수 있다. 게다가 부모들은 자폐에 대해 그리고 자신들의 법적 권리에 대해 배우는 데 열성이다. 그들은 자기 자식을 위해 지식과 능력이 있는 대변인이 되었고, 협조적으로 함께 일하는 것의 중요성을 배웠다. 남편과 나는 이러한 인식의 변화에 공헌하고 싶었다. 사실 우리는 이러한 것들에 대해 한참이 지나도록 이해하지 못하고 있었다. 이제 우리는 우리가 무엇을 해야 하는지 알아내야 했다.

자폐증일까?

벤이 세 살쯤 되었을 때, 우리는 패트릭 씨와 평가 팀이 '자폐증'을 언급하는 것을 들었다. 하지만 우리는 그것이 무엇인지 몰랐다. 남편은 대학 도서관으로 가서 관련된 학술 잡지를 뒤적이며 자폐증에 대해 알아보기 시작했다. 얼마 후 남편은 우리가 생각한 방향이 맞았다는 것을 알게 되었다. 어느 날 저녁 남편은 나에게 자폐증과 관련된 일반적인 특성이 묘사되어 있는 논문을 한 편 건네주었다.

"수, 이건 마치 저자가 벤을 묘사하고 있는 것 같아. 그가 서술한 모든 내용이 벤과 맞아떨어져. 당신도 이걸 읽어야 해. 지금 당장 읽어봐."

나는 남편의 목소리에서 다급함을 느낄 수 있었다.

그 무렵 우리 지역 학군에서는 IDEA로 알려진, 장애 아동 교육법 Education for All Handicapped Children's Act, P.L. 94-142을 따르기 위해 장애 아동을 찾고 있었다. 라디오와 텔레비전을 통해 공고를 하고 소아과 병원이나 보건소에 화려한 전단지를 붙이는 등 다양한 방법이 동원되었다. 학교 교직원들은 특수교육을 필요로 하는 아이들을 알아내라는 연락을 받았다. 뉴욕 주의 아동 확인 운동의 일환으로 텔레비전에 공고가 방송되었는데, 그 공고에서 아나운서는 "만약 당신의 아이가 장애를 가진 것 같다고 생각하시면 다음 번호로 전화를 주세요."라고 말했다. 다음 날 아침 나는 전화를 했다.

"여보세요. 여기는 뉴욕 주 아동 확인 전화입니다. 저희는 장애를 가졌을지도 모르는 아동을 찾고 있습니다. 어머님의 아이가 장애아라고 생각하십니까?"

상당히 단순한 질문처럼 들렸지만 내가 벤을 이런 식으로 생각해 본 것은 처음이었다. 가능성이 현실로? 나는 벤이 정상이냐는 페니의 질문이 생각났다. 하지만 나는 언제나 벤을 그저 벤으로만 생각해 왔다. 그때 나는 어쩌면 다른 벤을 보도록 요청받고 있는 것인지도 모른다.

"잘 모르겠어요."

나는 대답했다. 작은 내 목소리는 기운도 없고 확신도 없었다.

"애가 우리 지역의 협력교육서비스위원회에서 운영하는 장애 아동을 위한 특수 유아원을 다니고 있어요. 하지만 아이에게 무엇이 잘못되었는지 모르겠어요."

나는 '잘못된'이라는 단어가 몹시 멸시하는 것처럼 들려서 싫었다. 이 말은 예전에 벤을 다시 돌려보내라던 입양 기관의 담당자를 떠올리게 했다. 그는 벤을 손상된 물건처럼, 좀 더 나은 것으로 교환해야 하는 것처럼 이야기했었다. 전화로 낯선 상대방에게 벤이 장애가 있을지도 모른다고 말하면서 매우 이상한 느낌이 들었지만, 나는 정보와 도움이 필요했다. 나는 그녀에게 내가 알고 있는 것 — 벤은 세 살이고, 이따금 소리를 내기는 했지만 말을 하지는 않고, 기저귀를 거의 뗐고,

다른 아이들처럼 장난감을 가지고 놀지 않고, 무신경하고, 우리에게 거리감이 있는 것처럼 보이고, 간혹 손을 얼굴과 눈앞에서 팔라거리고, 대개 혼자 있는 것을 상당히 즐기는 것처럼 보인다는 것 — 을 말해 주었다. 나는 또한 선생님들과 발달 센터의 평가 결과가 벤이 자폐의 특징을 보이는 것 같다고 조언했음을 덧붙였다.

"나는 정말 이게 뭔지 모르겠어요. 자폐라는 것 말이에요."

나는 그녀의 질문을 정확하게 기억하지는 못하지만, 결론적으로 그녀는 우리가 힐러리 슈나이더만을 만나야 한다고 했다. 힐러리 슈나이더만은 자폐를 가진 아들을 두었고, 시러큐스대학교 인권정책연구소 산하의 조기아동관리센터에서 일하고 있었다.

처음에 이것은 너무 많은 정보였다. 하지만 나는 이야기를 나눌 수 있는 다른 부모를 알게 되어 기뻤다. 나는 그녀에게 전화를 했다.

짧지만 친절한 대화였다. 그녀는 시러큐스 시에 있는 주오니오학교를 아냐고 물었다. 내가 모른다고 답하자 그녀는 간단히 설명해 주었다.

"피터 노블록과 엘런 반스가 그 학교의 이사인데, 정서장애와 자폐에 대해 아주 잘 알고 있는 사람들이에요. 그 학교는 비장애아, 즉 정상 아동뿐만 아니라 장애 아동에게도 아주 좋은 학교지요. 그들이 당신과 당신 아들을 꼭 도와줄 수 있을 겁니다."

나는 그녀에게 감사했지만 조금 망설여졌다. 무서웠던 것이다. 그 학교에 전화를 한다는 것은 내가 공공연히 내 아들의 장애를 받아들이는 것을 의미했다. 나는 이것을 받아들일 준비가 되어 있는지 확신이 없었다. 하지만 또한 나는 벤을 위해 무엇을 하든 옳은 일이라는 것을 알고 있었다. 시도해 볼 가치가 있는 일이었다.

제 **7** 장

주오니오에서의 첫 통합교육

주오니오에 전화를 걸면서 나는 직원과 이사에 대한 힐러리 슈나이더만의 묘사를 떠올렸다.

"아주 좋은 사람들이에요. 그 학교의 이름은 원주민 말로 '자유롭게 하다'라는 뜻이지요. 주오니오는 일종의 자율학교인데 그들은 거기서 모든 아이들이 배울 수 있다고 믿고 있어요."

정말 좋았다. 어렸을 때 자율학교에 다닌 셰리와 페니도 배움을 열망하는 아이로 자라났다. 그게 바로 내가 벤에게 바라는 것이었다.

전화를 받은 사람은 상당히 친절했고 학교에 한번 와 보라고 했다.

"꼭 벤을 데리고 오세요."

그녀의 따뜻한 목소리는 위안을 주었다.

첫 만남에서 내가 무엇을 기대하고 있었는지는 모르겠지만, 다른 전문가들과 만나 본 몇 번의 경험에 비추어 따뜻한 환대는 전혀 기대하지 않았다. 아마도 나는 이전처럼 임상 평가 비슷한 것을 기대하고 있었던 것 같다. 우리는 주오니오학교의 사무실에 자리를 잡고 앉게 되었다. 넓은 사무실에는 낡고 편안한 소파가 놓여 있었다. 우리는 커피를, 벤은 주스와 쿠키를 대접받았다. 자리를 잡고 앉아서 나는 방을 둘러보았다. 한쪽 끝에는 교구 상자가 놓여 있고 많은 책과 서류 캐비닛, 회의용 탁자와 의자가 있었다. 우리는 이 방이 여러 가지 용도로 쓰인다는 것을 재빨리 알아차렸다. 약간 낡은 듯했지만 그 또한 편안하게 느껴졌다.

이사인 엘런 반스와 피터 노블록이 우리를 맞아 주었고, 벤이 돌아다니는 동안 우리가 앉아 있을 수 있도록 안내했다. 나는 편안함을 느꼈고 안심하기 시작했다. 두 사람이 우리에게 질문을 하긴 했지만 뭔가를 캐내려고 하거나 우리를 불편하게 하지는 않았다. 그들은 벤을 관찰하고 우리와 벤의 상호 작용도 관찰했다. 그리고 그들은 우리에게 벤과 그의 발달에 대해, 그리고 우리 가족에 대해 설명해 달라고 요청했다. 우리가 설명하는 동안 그들은 때때로 질문을 하기도 했다.

"벤이 아기였을 때는 어땠어요? 벤이 언제 걷기 시작했죠? 무엇을 즐기나요? 누나들과는 어떻게 지내나요?"

그들은 심문하지 않고 단지 질문을 했다. 그들은 진심으로 관심이 있는 듯 보였다. 두 사람 다 서류 파일이나 딱딱한 질문지 받침 등을 들고 있지 않다는 것이 내 마음을 편하게 했다. 그들은 아무것도 받아 적지 않는데 그것 또한 나를 편안하게 했다. 이것은 토론이지 면접이 아니었다. 우리가 벤과 가족에 대해 이야기할 때 그들은 종종 고개를 끄덕이고 미소를 지었다. 이따금 둘 중 한 사람이 벤에게 걸어가서 장난감이나 쿠키 등을 권했다. 뭐라고 말을 하는 것 같았는데 들리지는 않았다. 벤은 아주 편해 보였다.

한참 후에 엘런이 "주오니오에 대해 듣고 싶어요?" 하고 물었다. 우리는 진심으로 열심히 들었다. 그 둘은 함께 자신들의 교육 방법에 대해 설명했다.

"우리는 발달적 접근법을 믿습니다. 우리는 아이가 현재 있는 위치에서 시작합니다. 그리고 그 아이가 할 수 있는 것들 위로, 그러니까 각각의 아이가 준비된 것들 위로 새로운 개념과 기술을 쌓아 갑니다. 도움을 주면서 도전하게 하고, 도움 없이 밀어붙이진 않죠."

"도움을 준다는 건 무슨 뜻이죠?"

어떻게 각각의 선생님들이 개별화된 격려와 신체적·정서적·사회적 지도를 통해 학생들 각자가 특정 목표를 성취하기 위해 노력하도록 하는 훈련을 받았는지 엘런이 설명해 주었다. 그녀는 또 비장애 아동이 한 반에 있는 것이 교우 관계를 향상하고 좋은 역할 모델을 제공한다는 것도 덧붙였다. 이것은 내가 이해할 수 있는 이상의 것이었다. 나는 벤이 다녔던 학교에서의 그룹 활동을 머릿속에 그리고 있었다. 엘런은 피터와 조교가 벤을 좀 더 평가하는 동안 남편과 나에게 교실 몇 군데를 둘러보게 해 주겠다고 제안했다.

"다 둘러보고 나면 이 방으로 다시 돌아와서 이야기를 좀 더 하기로 하죠."

나는 그녀가 우리를 재촉하지도 않고 압력을 가하지도 않는 것이 좋았다. 직감적으로 우리는 벤이 피터와 함께 있으면 안전하다는 것을 알았다. 피터는 자신과 조교가 벤에게 놀이를 권할 것이라고 설명해 주었다. 전혀 위험하게 들리지 않았다. 우리는 보고 싶었지만, 평가하는 동안 벤이 우리에게 도움을 청하지 않는 편이 더 나을 거라고 엘런이 확신을 주었다.

통합교육과 도움을 경험하다

우리가 들렀던 각 교실마다 열 명에서 열두 명의 서너 살 아이들 또는 네댓 살 아이들이 다양한 교구를 가지고 놀고 있었다. 우리는 그곳의 활발한 분위기를 느낄 수 있었다. 엘런은 아이들이 다양한 감각을 탐구할 수 있도록 각 교실에 특정한 장난감과 교구가 있는 학습 테이블, 학습 센터가 비치되었다고 설명했다. 첫 번째 교실에서 나는 곧바로 물 테이블에 이끌렸다. 깊이가 25센티미터 정도인 그 테이블에는 약 10센티미터 깊이의 물이 담겨 있었다. 네다섯 명의 아이들이 비닐 앞치마를 두르고 팔을 걷어 올린 채 테이블 가장자리에 둘러서서 물속에 손을 담그고 있었다. 선생님들이 여러 가지 장난감을 물에 떨어뜨려 보도록 아이들을 격려했다.

"어, 이것 봐, 맨디. 공이 뜬다. 네 장난감 차는 어때? 엔젤, 그것도 뜰 것 같아?"

엔젤은 작은 성냥갑 자동차를 바라보고 나서 맨디의 플라스틱 공이 떠 있는 것을 보았다. 아이는 우스운 표정을 짓더니 어깨를 살짝 움츠렸다. 뭐라고 말을 하는 것 같았는데 나는 알아들을 수가 없었다.

"글쎄 나도 모르겠는데."

선생님이 대답했다.

"우리 한번 떨어뜨려 볼까? 무슨 일이 일어나는지?"

엔젤은 재빨리 장난감 자동차를 자기 가슴 쪽으로 끌어당겨 안고는 다른 손으로 그것을 가렸다. 그 아이는 자동차를 물속에 떨어뜨리고 싶지 않은 게 분명했다. 나는 어떤 일이 벌어질지 궁금해졌다.

"콘래드, 너는 어떻게 생각해? 엔젤의 차가 뜰까, 아니면 가라앉을까?"

"전 알아요. 가라앉을 거예요."

엔젤은 미심쩍은 모양이었다. 선생님이 장난감 통에서 다른 차를 하나 가져왔다.

"콘래드, 어떻게 되나 보게 이 차를 물에 떨어뜨려 볼래?"

여전히 들뜬 듯 미소를 지으면서 콘래드는 자동차를 집어 들고 큰 팡파르와 함께 물 위로 팔을 뻗었다.

"잘 봐, 엔젤, 무슨 일이 벌어지는지."

아이가 자동차를 떨어뜨렸다. 물을 튀기면서 작은 장난감 자동차가 물 표면을 치더니 바닥으로 가라앉았다.

"가라앉았다!"

콘래드가 펄쩍펄쩍 뛰었다.

"봐, 엔젤, 가라앉았어."

엔젤은 바닥에 가라앉은 자동차를 가리켰다. 나는 웃으면서 차를 보다가 엔젤을 보았다. 선생님이 미소를 지었다.

"그래, 콘래드, 이게 가라앉았어. 맨디의 공은 표면에 떠 있는데 네 차는 바닥으로 가라앉았구나. 찾을 수 있겠니?"

콘래드는 재빨리 손을 물속에 넣었다. 몇 초 되지 않아 물이 뚝뚝 떨어지는 아이의 손이 자동차를 들고 있었다.

"여기 있어요."

아이는 들떠서 거의 소리를 지르다시피 했다.

"엔젤, 너도 네 자동차로 해 볼 수 있어."

엔젤은 이 모든 것을 지켜보았다. 하지만 나는 엔젤이 자신의 자동차를 놓을 수 없다는 것을 알 수 있었다. 선생님이 미소를 지었다.

"아무래도 너는 다른 장난감으로 하고 싶은 모양이구나."

선생님은 엔젤에게 작은 플라스틱 원반을 건네주었다. 엔젤은 머뭇거리면서 그 원반을 조심스레 물속으로 떨어뜨렸다.

스스로 발견한 것에 기뻐하면서 "내 공처럼 이게 뜨네." 하고 맨디가 말했다. 그러나 엔젤은 여전히 자동차를 꽉 쥐고서 크게 뜬 눈으로 바라보고 있었다.

나는 아이들이 블록을 쌓아 빌딩을 만들고 있는 다음 테이블로 갔다. 대여섯 명의 아이들이 함께 빌딩을 쌓고 있었다. 블록을 맞춰 탑을 만드는 아이들도 있었고, 다른 아이들은 정사각형과 직사각형을 만들고 있었다. 주변에 선생님이 없었다. 대화가 거의 없고 열심히 빌딩을 만들기만 했다. 아이 하나가 열심히 참여하지 않고 그냥 바라보고 있었는데, 그때 한 남자아이가 블록을 건넸다.

"여기 있어. 이걸 가져도 돼."

아이는 블록을 받아 들더니 탑에 얹었다. 그러자마자 탑이 무너졌고 아이들 모두 깔깔 웃었다.

"제이크, 다시 해 봐."

한 여자아이가 박수를 치고 팔짝팔짝 뛰면서 말했다.

또 다른 구역에서는 아이들이 옷 차려입기 놀이를 하고 있었다. 아이들은 쇼핑을 하는 척했다. 어지이이 하니가 조그마한 책을 들고 파일을 좀 사겠다고 했다. 아이 앞의 진열대에는 여러 종류의 음식이 놓여 있었다.

"바나나를 사시겠어요?"

앞치마를 두른 남자아이가 묻더니 플라스틱 바나나를 내밀었다.

"7달러입니다."

남자아이가 손을 내밀자 여자아이가 지갑을 뒤지기 시작했다. 나는 미소를 짓고 다음 테이블로 발길을 옮겼다.

내가 가 본 각각의 테이블에서 아이들은 함께 놀이에 열중해 있었다. 그중 어떤 아이들은 벤을 연상시켰는데, 그 아이들은 열중하지는 않고 놀이의 주변에 서 있었다. 나는 아직도 자동차를 안고 있던 엔젤을 돌아보았다. 그리고 그 아이가 엘런이 각 교실마다 있을 거라던 장애 아동 중 하나일 수도 있다는 것을 깨달았다.

'벤이 여기에 적응할 수 있을까?' 나는 의구심을 가졌다.

교실을 좀 더 찬찬히 둘러보면서 나는 어른들이 아이들 사이를 돌아다니면서 아이들과 함께 말도 하고 놀이도 한다는 것을 알게 되었다. 어떤 교실에서는 한 여자아이가 다리에 보조기를 찬 채 꽤 두꺼운 안경을 끼고 있었다. 그 아이는 다른 아이들과 함께 테이블에 둘러앉아서 굵은 분필로 그림을 그리고 있었다. 선생님이 그 아이의 바로 옆에 앉아서 분필 잡는 것을 도와주고 있었다. 엘런은 체리가 뇌성마비이며, 그 아이의 물리치료 목표 중의 하나가 꽉 쥐기와 집게처럼 잡기라고 설명해 주었다.

"여기 주오니오에서는 이런 특정화된 목표를 일상적인 놀이 활동에 포함하도록 노력하고 있어요. 그리고 우리는 그걸 또래와의 사회적 경험으로 만들려고 노력하죠. 우리는 아이들이 또래 사이에서 서로 굉장히 많은 것을 배운다고 믿고 있어요. 무엇을 해야 하는지 서로에게 모델이 될 수 있죠. 물론 보다 집중적인 치료 요법을 위해서는 아이들을 만화경Kaleidoscope 방으로 보냅니다. 거기에서는 훈련된 물리치료사와 작업치료사가 아이들이 처방된 치료 요법에 열중하게 합니다. 보통 우리는 아이들에게 한두 명의 친구를 데려와서 함께 치료 활동에 참여하라고 합니다. 그런 식으로 하면 비장애 아동도 장애 아동이나 특수 도구를 두려워하지 않게 되죠. 더 재미도 있고요."

엘런이 덧붙였다.

사무실로 돌아가서 벤과 피터를 만날 시간이 되었다. 우리가 사무실에 거의 다다랐을 때, 벤은 피터의 손을 잡고 미소를 지으며 복도를 걸어오고 있었다. 아름다운 그림이었다. 남편과 나는 서로에게 미소를 지어 보였다. 우리는 벤이 다니고 싶어 하는 학교가 바로 여기라는 것을 알았다. 하지만 우선 우리는 피터가 벤에 대해 뭐라고 말하는지 듣고 싶었다.

우리는 편안한 소파에 자리를 잡았다. 벤은 사무실을 계속 돌아다니며 탐험할 수 있어서 즐거운 듯 보였다. 특히나 창문 밑에 바깥쪽 벽을 따라 뻗어 있는 히터를 좋아하는 것 같았다. 공기가 뿜어져 나오고 있었는데 벤은 손을 공기구멍에 댔다 뗐다 하는 데 열중했다. 나는 이 아이가 무슨 생각을 하고 있을까 궁금했다. 그때 피터가 이야기하기 시작했다.

"벤은 아주 매력적인 아이예요."

"조교 신디와 나는 벤과 놀았는데, 우리는 벤이 전형적인 자폐증의 특성을 모두 가지고 있다는 데 동의했습니다. 사실 우리는 벤이 자폐증에 관한 책을 쓸 수 있을 거라고 생각했어요."

얼마나 긍정적인 서술인가. 이 말은 우리가 이 진단을 들을 때 느낄 수 있는 자포자기의 위험을 떨쳐 버리는 것이었다. 피터는 미소를 지었고, 말을 계속 이어 가기 전에 우리가 그 말을 소화할 시간을 가질 수 있도록 잠시 기다려 주었다.

"벤이 이 학교에서 아주 잘할 수 있을 거라고 생각합니다. 우리는 벤의 언어와 사회성 발달을 도울 수 있습니다. 벤은 여기를 좋아하는 것 같아요. 벤은 매력적인 아이예요. 금방 친구들을 사귈 겁니다. 그리고 우리는 어떻게 친구를 사귀는지, 그리고 그 이상의 것들을 배우도록 도울 거예요."

피터는 잠시 말을 쉬고 벤을 바라보더니 다시 말을 이었다.

"우리는 또한 부모님에게 도움을 제공할 수 있습니다. 여기에서 다른 부모님들을 만나실 수 있고, 벤의 발전을 위한 전략을 그들로부터 배울 수 있을 겁니다. 우리는 언제나 여러분 모두를 환영합니다."

주오니오에 입학하다

1978년 가을, 벤은 주오니오에 들어갔다. 개학하기 전 여름에 우리는 작은 시골 마을로 이사를 갔다. 우리 집은 작은 호숫가에 자리 잡고 있었는데, 우리는 거기서 수영도 하고 낚시도 하고 카누도 타면서 몇 시간씩 보내곤 했다.

나는 가을에 벤을 주오니오에 입학시키는 절차에 대해 그 지역의
학군에 물어보았다. 우리가 이사하기 전에 벤은 특수아동을 위한 특
수 유아원을 다녔는데, 그 학교에서는 개별화 교육 계획Individualized
Education Plan을 요구했다. 이것은 새 교육법을 따른 교육 계획서로, 그
안에는 벤의 결함, 교육 목표, 적합한 치료 요법에 대한 기록이 포함되
어 있었다. 나는 그 법뿐만 아니라 그것이 어떻게 이익을 줄 수 있는지
도 알고 있었다.

특수 유아원의 패트릭 선생님과 치료사들이 준비해 준 교육 계획서
에는 각 영역별로 벤의 현재 발달 수준을 제시하고 다음 연도에 성취
해야 할 목표를 설정하여 기술해야 했다. 하지만 우리가 받은 것은 전
혀 말이 되지 않는 것이었다. 벤의 개별화 교육 계획은 한 쪽 분량으로
다음과 같았다.

벤의 현재 발달 정도는 다음과 같다.
1. 덴버 발달 선별 검사
   개인-사회성 기술 : 4-9
   소근육 적응 기술 : 3-3
   언어 기술 : 4-0
   대근육 운동 기술 : 4-3
2. 포티지 조기 교육 체크리스트 가이드

기술	0-1	1-2	2-3	3-4	4-5	5-6
사회성	96%	100%	88%	33%	22%	0%

언어	100%	78%	50%	8%	0%	0%
자립 기술	100%	100%	100%	80%	21%	0%
지각력	100%	90%	75%	21%	0%	0%
운동	100%	100%	82%	93%	31%	3%

3. 유아기 언어 측정

청각적 이해도 : 30개월

언어 능력 : 34.4개월

언어 연령 : 32.25개월

개별화 교육 계획의 나머지에는 벤이 격리된 특수 유아원의 종일반에 배치된 것과 벤의 결함을 밝혀낸 평가의 이름들, 그리고 언어치료를 받는 정도가 자세히 기술되어 있었다. 이 개별화 교육 계획은 벤이 크라운 시 협력교육서비스위원회 캠퍼스에 있는 정서장애 학급에 배치될 것을 권고하고 있었다.

"그렇다면 그 학급이 너를 정서장애로 만들었구나?" 나는 이것이 말도 안 된다는 것을 알고 있었지만 두렵기도 했다. 학부모로서 우리에게 그 퍼센트로 표기된 숫자는 아무런 의미도 없고 두려움만 주는 것이었다. 남편이 심리학자라 몇몇 숫자는 무엇을 의미하는지 알 수 있었다. 하지만 우리는 다른 평가들의 숫자가 어떻게 벤의 목표 설정에 반영되었는지 이해할 수가 없었다. 또한 우리는 학급의 교사가 어떻게 이런 것들을 가르칠 수 있는지 알 수가 없었다. 하지만 우리의 심기를 가장 불편하게 한 것은 온전한 인간, 인간 전체로서의 벤에 대한 설명이 어디에도 없다는 것이었다. 이 계획서는 아무런 가치도 없는 것이었다.

피터를 만나기 전까지 우리가 받은 것은 이러한 평가 결과와 벤을 협력교육서비스위원회의 정서장애 학급에 보내라는 권고뿐이었다. 크라운 시의 학교 관계자들은 학교 심리학자가 평가한 결과에 따라 결정을 한 것이다. 나는 소름끼치는 그 평가를 기억하고 있다.

처음 벤이 학교 심리학자에게 받은 평가는 잘 진행되지 않았다. 벤이 과제에 반응을 보이지 않았던 것이다. 벤은 예민하고 비협조적이었다.

"진행이 잘 안 되네요. 지금 평가를 중단하고 다시 아이를 테스트할 수 있도록 시간을 잡겠습니다. 필요하다면 상을 주는 것도 좋겠네요. 아시죠? 가지고 놀 작은 장난감 같은 것 말이에요."

나는 직감적으로 이 평가 시간도 실패로 끝날 것을 알고 있었다. 벤은 단순히 장난감에 관심이 없었다. 이 심리학자가 장난감의 사용이 자신의 평가 결과를 부정확하게 할 것이라고 말하기도 했으니 이건 그저 시간 낭비였다.

'이건 내 시간을 낭비하는 것이기도 해.' 나는 속으로 이렇게 생각했지만 아무 말도 하지 않았다. 나는 벤이 빛나기를 바랐다. 하지만 나는 벤이 블록으로 빌딩을 만들라거나 사람을 그려 보라는 등의 요구를 듣지 않을 것임을 알 만큼은 현실적이었다. 평가의 두 번째 시간도 역시 벤의 비협조로 실패하자, 그 심리학자는 벤을 소아 정신분열증으로 진단했다고 남편과 나에게 말했다. 그녀는 마치 사형 선고를 내리듯이 단언했다.

"처음엔 뇌 손상이라더니 이제는 벤이 정신분열이래. 다음엔 뭘까?

아이고 하나님, 이 불쌍한 애는 겨우 세 살이에요."

우리는 자폐가 소아 정신분열의 일부분일 수도 있다는 것을 읽은 적이 있었다. 하지만 알려진 것이 너무 없었기 때문에 전문 심리학자나 정신과 의사가 정당한 진단으로 사용할 수는 없었다. 정신분열이라는 말은 우리에게 아주 무섭게 들렸다. 우리는 벤이 미쳤다고 믿지 않았고, 또 벤이 정서장애 학급에 들어가는 것을 원치 않았다.

정서장애 학급의 교사가 내 친구였는데, 그 교실에 가서 그녀가 학생들에게 무엇을 하는가를 보고 나는 무척 놀랐다. 학생들은 가르치기가 상당히 어렵고, 혼란스러우며, 또 정서적으로 불안정했다. 교실에서 도움을 주는 사람도 없었고, 물자도 기껏해야 중간 수준이었다. 교사가 친구였음에도 불구하고 나는 "린다, 나는 벤을 여기에 보낼 수 없어. 벤은 저 아이들과 달라." 하고 말했다. 나는 그녀가 슬프고 동정 어린 눈으로 나를 보았던 것을 기억한다. 만약 그 순간에 그녀가 무슨 말을 했다면 아마도 머리를 절레절레 흔들면서 "이 불쌍한 것, 뭘 모르는 바보야!"라고 했을 것이다. 나는 그곳을 떠나온 것이 기쁘다. 주오니오는 우리에게 희망을 주었다.

남편과 나는 워터스 학군의 장애아동위원회 회원들을 만났는데, 그들은 추천서와 심리검사 결과 등을 포함해 유아원부터 벤의 모든 기록을 이미 가지고 있었다. 처음에 그들은 단순히 협력교육서비스위원회로의 소개서를 작성하고 벤의 교통편만 마련해 주면 된다고 생각하고 있었다. 우리는 그들이 어떻게 생각하는지 이해할 수 있었다. 하지만 우리는 벤이 주오니오를 방문했을 때 무슨 일이 일어났는지, 거기에서 어떤 평가를 받았는지 알려 주었다. 그들은 자료를 보내 주는 데 동의했다. 우리는 힘이 났다. 얼마 후 장애아동위원회의 회장 겸 워터스초등학교의 교장은 벤이 주오니오에 들어갈 수 있도록 추천서를 써 주었다. 그는 다른 회원 한 명과 주오니오에 가 보고 좋은 인상을 받았다. 벤을 한 번밖에 본 적이 없었지만 그가 주오니오를 승인하도록 추천하여 회원들이 승인을 했다.

얼마 지나지 않아 우리는 벤을 주오니오에 보내기로 한 것이 그 아이를 위해 한 일 중에서 가장 잘한 일이라는 것을 알게 되었다. 우리가 벤을 온전한 아이로 보게 된 것도 그곳이고, 벤의 장애를 그 아이의 일부로 깨닫게 된 것도 그곳이었다. 주오니오는 교사들이 보살필 줄 알고, 지식이 있으며, 훈련이 잘되어 있어서 벤이 할 수 있는 것에 대해 가치를 인정받을 수 있는 그런 학교였다. 더구나 선생님들이 잘 알고 있는 것은, 새로운 사회적·정서적·언어적·행동적 기술을 발전시킬 수 있도록 어떻게 벤을 현실적인 경험에 집중시키느냐 하는 것이었다. 이것은 모든 학부모들의 꿈을 이루는 것이나 마찬가지였다. 하지만 그 당시에 우리는 벤과 우리에게 일어나고 있는 일들의 진가를 완전히 알지 못했다.

주오니오에서의 생활

주오니오에서 벤의 첫 선생님인 밸러리는 부드럽고, 조용조용히 말하고, 정말로 숙련된 교사였다. 밸러리 선생님이 아이들을 가르치는 것은 자연스러워 보였지만, 우리는 그녀가 얼마나 열심히 준비하는지를 알게 되었다. 그녀는 벤에게 어떻게 배우면서 즐기는지를 보여 주었다. 그녀는 모든 상호 작용과 활동을 계획했다. 계획을 세울 때는 벤과 그의 발달에 무엇이 최선인지 오랫동안 열심히 생각했다. 그녀는 벤이 새로운 환경을 탐험해 보도록 유도하고 그를 새로운 경험에 노출시켰다. 아이들이 상호 작용하는 동안 벤과 다른 아이들을 유심히 관찰함으로써 그녀는 벤이 성공적으로 자라는 데 어떤 종류의 도움이 필요한지 배웠다.

또한 밸러리 선생님은 무엇이 효과가 없는지도 상당히 빨리 터득했다. 그녀는 우리와 자주 대화를 나눴는데, 아이디어를 묻고, 문제를 해결하고, 수업 후에 우리가 더 할 수 있는 것을 제안하기도 했다. 선생님은 벤의 말을 의도적으로 경청했다. 벤의 제한된 말뿐만 아니라 벤이 무엇을 생각하고 느끼는지를 소통하는 무한한 방법을 다 경청했다. 그녀는 벤이 언제 몸을 흔들기 시작하는지, 손을 펄럭이는지, 미소 짓거나 소리 내어 웃는지, 다른 곳으로 가 버리거나 우는지 등을 상세히 기록했다. 무슨 일이 일어나고 있는지, 그러고 나서 또 무슨 일이 일어났는지도 관찰하고, 벤이 원하는 것, 필요로 하는 것, 표현하고자 하는 것이 무엇인지 늘 알아내려고 노력했다.

우리는 밸러리 선생님이 우리 집에 오는 것을 환영했고, 또 그녀도 우리 집을 자주 찾았다. 벤은 밸러리 선생님을 잘 따르게 되었고, 우리 또한 그랬다.

모든 부모들은 엄마나 아빠가 없을 때 아이에게 무슨 일이 생길까 봐 두려울 것이다. 장애아의 부모, 특히 의사소통에 제한이 있는 아이의 부모로서 아이를 학교에 보낸다는 것은 두려운 일이다. 남들이 아이를 이해하지 못하지는 않을지, 남들이 나와 다른 방식으로 아이를 대하지는 않을지 늘 걱정이다. 모든 부모들은 아이가 다치거나, 마음이 상하거나(예를 들어 다른 아이들이 놀리거나 괴롭히는 것), 친구가 없어서 소외감을 느끼는 것과 같은 해로운 일이 일어날까 봐 늘 마음을 졸이고 있다.

밸러리 선생님의 반에 있는 동안 벤이 또래들, 특히 비장애 아동들 사이에 있는 것이 얼마나 중요한지에 대한 우리의 믿음이 확고해졌다. 벤은 그곳에서 행복해했고, 아이들과 교직원들도 벤을 좋아했다. 우리는 벤의 미래에 대해 생각하기 시작했다. 벤은 독립적이고 능력이 있는 사람이 될까? 친구를 사귈 수 있을까? 데이트도 하고, 결혼도 하고, 직업도 가질 수 있을까? 또한 우리가 죽고 나면 벤에게 어떤 일이 일어날지 걱정이 되었다. 만약 우리가 갑자기 죽게 된다면? 누가 벤을 위해 있어 줄까? 벤은 어떻게 될까? 이런 문제들을 무시하고 사는 것은 아주 쉬운 일이다. 생각하고 싶지 않은 일이기 때문이다.

"만약 우리가 내일 죽는다면?" 나는 삼촌과 숙모가 다섯 살짜리 딸을 남겨 두고 교통사고로 갑자기 돌아가신 것을 떠올렸다. 그들을 비롯해 아무도 그런 일이 일어나리라고 예측하지 못했다. 유언도 없었다. 나는 사촌에게 일어났던 일을 벤이 겪지 않기를 바랐다.

"우리는 이 문제를 심각하게 생각해야 하고 무엇이 벤과 우리 딸들에게 최선인지 결정해야 돼요. 그냥 잊고 지내서는 안 된다고. 이건 무척 중요해."

우리가 가장 먼저 한 일 중의 하나는 유언장 작성이었다. 우리가 갑자기 죽게 되었을 때 셰리, 페니, 벤에게 어떤 일이 일어나게 될지 아주 구체적으로 생각하면서 유언장을 써 두니 조금이나마 안심이 되었다.

즐거운 캠핑

매일 수오니오에 다니면서 벤은 점점 더 발전해 나갔다. 한편으로 걱정도 있었지만, 학급이 캠핑을 간다고 밸러리 선생님이 알려 왔을 때 우리는 벤이 안전하다는 것을 알고 있었다. 벤은 한 번도 우리 곁을 떠나 자 본 적이 없었다. 가족끼리 캠핑을 가 본 적은 있었지만 이건 완전히 다른 경험이었다. 선생님은 아이들을 근처 숲으로 데려가고자 했다. 1월이었는데 말이다.

"농담이시죠?"

나는 공포와 함께 내 목소리를 가라앉히려고 애썼다.

"아니요. 우리는 계획을 잘 세울 거예요. 아주 재미있을걸요. 마지막 날 밤에는 가족을 모두 초대해서 포틀럭 파티[1]도 할 거예요. 아이들이 아주 좋아하면서 흥분해 있어요."

선생님은 벌써 아이들에게 캠핑에 대해 이야기한 것이다. 나는 물러설 방법이 없다는 것을 깨달았다. '캠핑에 보내지 않는다면 벤의 기분이 어떨까? 그러면 우리가 다른 아이들에게 어떤 메시지를 주게 될까?' 이런 생각은 아무런 도움이 되지 않았다. 나는 그저 두려웠다.

"당신은 어떻게 생각해요? 벤은 아마⋯."

나는 온갖 시나리오를 생각하느라 정신이 없었다.

"벤이 아마, 뭐? 경험 같은 것이 아니라 길을 잃고 다치고? 그 모든 게 가능해. 실제로 그런 일이 생길지도 모르지. 하지만⋯."

남편이 잠시 말을 멈추어 나는 다음 말을 기다렸다.

---

1 역자 주 : 각 가정이 음식을 한 접시씩 가져와서 함께 나누며 즐기는 파티

"나는 벤이 시도하도록 허락해야 한다고 생각해. 밸러리 선생님은 벤이 할 수 있으리라 생각하는 것 같잖아. 나는 또 우리가 선생님을 신뢰해야 한다고 생각해."

밸러리 선생님은 만약 어떤 문제가 생기면 공원 관리인 사무실에서 우리에게 바로 전화하기로 했다고 확신을 주었다. 그녀는 각 아이당 교직원 한 명이 배정되도록 했다고 부모들에게 알려 주었다. 그 교직원이 아이의 안전과 집중, 재미를 책임진다는 것이었다. 이 시간표는 매일 저녁마다 약간씩 조정되어 교직원들이 돌아가며 두 시간씩 깨어 아이들을 관찰하도록 짜여 있었다. 선생님은 모든 것을 치밀하게 계획한 것 같았다. 하지만 나는 여전히 두려웠다.

벤이 이 캠핑 여행에 대해 어떻게 생각하고 있는지는 알 수가 없었다. 행복한 듯 보였지만 벤이 무엇을 이해하고 기대하고 있는지 나는 알 수가 없었다. 나는 아이의 짐을 쌌다. 침낭과 베개, 눈 속에서 입을 솜바지와 장갑, 부츠를 챙기는 동안 나는 두려운 동시에 들떠 있었다. 이것은 벤이 혼자 친구들, 선생님들과 지내게 된 첫 번째 모험이었다. 나는 아이가 괜찮을 것이라고 믿어야만 했다.

그들은 이른 오후에 학교에서 출발하여 캠핑장에 갔다. 남편과 나는 집에서 기다렸다. 우리는 전화가 올 것이라고 생각했지만 전화는 오지 않았다. 그들은 이틀 밤을 캠핑장에서 잤는데, 둘째 날 밤에 우리는 포틀럭 파티에 갔다. 모두들 조금 덥수룩하고 지저분해 보이긴 했지만 전반적으로 기분이 좋아 보였다. 벤은 보조 교사인 케리, 두 아이들과 함께 부지런히 뭔가를 하고 있었다. 그들은 저녁 준비를 돕고 있었다. 다른 부모들과 마찬가지로 나도 궁금한 것이 많았지만, 아이들이 자신들의 체험에 대해 이야기하는 것을 듣고 보았다. 아이들은 어떻게 식사를 준비하는지, 어떻게 일을 나누는지, 어떻게 눈 속에서 노는지, 어떻게 따뜻하게 지낼 수 있는지, 그리고 이층 침대에서 자기, 노래하기, 캠프파이어 주변에서의 안전을 배웠다. 우리가 식사를 하고 마지막으로 모닥불 주변에 앉아서 함께 노래를 불렀다. 벤은 우리가 거기에 있다는 것을 거의 모르고 있었다. 몹시 바빴기 때문이다.

케리는 매일 밤 벤에게 노래를 불러 주어 잠드는 것을 도와주었다고 이야기해 주었다. 오두막에 함께 있던 다른 아이들도 매우 좋아했다고 한다. 그녀는 아주 즐거운 시간을 보냈다고 하면서 벤과 함께한 시간을 정말로 즐겼다고 말했다. 몇 년이 지난 후 케리는 중증 장애를 가진 여자아이를 입양했다. 그들은 여름마다 우리 집에 온다.

명절이 지나고 다시 학교가 시작되었는데, 밸러리 선생님은 자신이 가르치는 것을 우리가 어떻게 강화할 수 있는지 아주 길게 이야기해 주었다. 그녀는 우리를 교실로 초대했고 우리의 참여를 반가워했다. 그녀는 언어치료사, 작업치료사, 물리치료사와 함께 우리가 팀의 일원임을 느끼게 해 주었다. 그녀의 태도는 '우리 모두는 아이들을 위해 여기 함께 있다'는 것이었다.

행동주의, 응용 행동 분석, 그리고 무엇이 벤에게 가장 좋은 것인지….

벤이 주오니오에 들어갔을 때, 남편은 코틀랜드에 있는 뉴욕주립대학교 심리학과에서 10년 이상 가르치고 있었다. 그는 학습, 일반 심리학, 동기에 대한 과목을 가르쳤다. 그 당시에는 행동주의가 심리학과 내에서 새롭게 부상하는 연구 분야였다. 남편은 실험심리를 공부한 터라 행동주의가 새로울 것이 없었다. 그런데 이것이 학교에서 특히나 벤처럼 행동적 · 정서적 문제를 가지고 있는 아이들에게 적용되고 있었다.

남편과 동료 교수 둘은 새로운 수업인 '행동수정' 과목을 개설했다. 남편은 행동주의의 기본 원칙이 효과적이라고 생각했다. 그 원칙은 다음과 같은 것이었다.

- 무슨 일이 일어나고 있는지 자료를 모아서 알아보라.
- 중재를 할 때는 시종일관하라.
- 옳은 반응은 빈도를 늘리기 위해 긍정적인 강화를 사용하고, 부정적인 반응을 줄이기 위해 벌을 사용하라.

벤을 주오니오에 보내기 전까지 우리는 행동수정을 이용했다. 벤의 언어가 상당히 지연되어 있었으므로 남편은 심리학과 동료의 아내와 함께 언어 습득 프로그램을 소개했다. 클리닉의 방 안에서 벤은 작은 의자에 앉아 있었고, 사회복지사인 제인은 벤을 바라보며 앉아 있었다. 그녀는 단맛이 나는 인스턴트 홍차를 살짝 묻힌 숟가락을 들고 있었다. 그것은 벤이 좋아하는 맛이었다.

"벤, '앳'이라고 말해 봐."

제인은 반응을 기다렸다. 만약 벤이 이와 비슷한 소리를 내면 그녀는 홍차를 주면서 "잘했다, 벤." 하고 말했다. 그런 다음 그녀는 벤을 다시 의자에 앉히고 다음 단어로 넘어갔다. 각 수업 시간은 20분이었다. 그녀는 이 수업 시간을 하루에 두세 차례 반복했다.

남편과 나는 이것을 집에서도 적용했다. 어떤 때는 상으로 비눗방울을 만들기도 했고, 박수를 치고 펄쩍펄쩍 뛰면서 "민세, 맨!"을 외치기도 했다. 효과만 있다면 무슨 짓이든 못하겠는가. 가끔 벤은 소리를 만들기도 했고, 심지어 목표한 단어를 말하기도 했다. 하지만 어떤 때는 전혀 하지 않았다. 벤이 소리 내기에 실패한 수업 시간에는 상을 주지 않았다.

하지만 주오니오에서는 이런 임상적인 행동 요법을 본 적이 없었다. 대신에 벤의 언어 목표가 놀이 활동 속에 포함되어 있었다.

"벤, 이건 야구방망이야, 야구방망이. 이게 뭐라고? 이 야구방망이를 유진에게 줄래? '야구방망이 여기 있어'라고 말할 수 있겠니?"

벤은 야구방망이를 유진에게 주면서 '야구방망이'라고 말하도록 격려를 받았다.

"주오니오가 나를 엄격한 행동주의학자에서 온전한 아이를 볼 수 있는 사람으로 변화시켰습니다."

남편은 사실 그대로 이야기했다.

"행동수정의 원칙은 좋습니다. 하지만 아이를 조작할 수 있는 물건으로 취급할 수는 없잖아요. 만약 그렇게 한다면 아이의 인간성을 빼앗는 것이죠. 나는 입양한 딸 페니와 비슷하게 생각하기 시작했어요. 페니는 다문화적인 아이이고 피부가 검은데, 그것이 그 아이를 다르게 대해야 한다는 의미일까요? 그게 그 아이를 사람이 아닌 것처럼 대해야 한다는 의미일까요? 왜 그 아이의 피부색이 무언가를 변하게 할까요? 왜 벤의 자폐증이 그 아이를 다르게 대해야 한다는 의미가 되죠? 페니와 벤은 관리해야 되는 단순한 유기체가 아니라 사람이란 말입니다. 세리는 '나도 작은 사람이에요' 하고 우리에게 말하곤 했죠. 네, 그 아이는 사람이에요. 모든 아이들이 그렇죠. 각각의 아이는 독특하고, 또 그렇게 가치를 인정받아야 해요. 쥐나 실험실 동물에게는 행동수정이 효과가 있을 겁니다. 하지만 벤은 내 아이입니다. 그 아이는 동물이 아니에요."

이처럼 우리는 오랫동안 인종 문제, 억압, 격리, 벌, 그리고 장애, 성별, 인종에 따른 차별 등에 대한 토론을 반복적으로 했다. 우리는 이러한 문제가 어떻게 벤에게 일어나고 있는 일들을 반영하는지를 생각했다.

벤은 주오니오를 2년 동안 다녔다. 우리는 벤이 학창 시절을 주오니오에서 보내기를 바랐지만, 주오니오학교 이사회는 유아의 요구에 집중하기로 결정하고 상급 학년을 폐지했다.

벤이 만 다섯 살을 꽉 채우고 주오니오를 졸업하자 우리는 지역 학군에 벤이 그 학군의 유치원에 들어가게 되었다고 알렸다. 학교 행정부와 함께 우리는 2년 동안 계획하고 준비했다. 우리는 초등학교 교장 선생님, 장학관과 함께 팀을 이뤄 일했다. 우리는 주기적으로 장애아 동위원회와 만나서 벤이 무엇을 하고 있고, 유치원에 들어갔을 때 어떤 요구를 보여 줄지를 알려 주었다. 그 교장 선생님은 주오니오를 몇 번 방문했었다. 모든 것이 순조로운 것처럼 보였다.

뒤돌아보면 주오니오에서의 경험을 통해 우리는 많은 것을 배웠다. 우리가 배운 가장 중요한 것은 벤을 자폐증으로 정의할 필요는 없다는 것이다. 그것은 벤이 조절해 나가야 할 그의 일부일 뿐이지 그 아이에 대한 가장 중요한 점이 아니다. 벤도 배울 수 있다. 그것을 보는 것은 흥분되는 일이다. 벤은 또래와 친구가 될 수 있고, 아이들과 같은 활동을 할 수도 있다. 벤을 돌봐 준 선생님과 교직원을 보면서 우리는 무엇이 좋은 선생님을 만드는지를 알아 가기 시작했다. 그것은 단지 선생님이 받은 교육이나 전문적 기술만이 아니라 모든 아이들이 배울 수 있다고 믿는 긍정적 가치관을 중심으로 돌아가는 것이었다. 우리는 우리를 포함한 모든 사람들이 전문가로서의 타이틀이나 책임에 상관없이 각자 자신이 할 수 있는 일을 하는 협동의 가치를 배웠다. 그리고 우리는 이런 배움이 전부 아이들에 대한 것과 아이들이 배우고 원하는 것이라는 생각을 경축했다. 이런 식으로 우리는 계속 성장할 것이고, 세상은 보다 나은 곳이 될 것이다.

제 **8** 장

즐거운 여름 방학

여름이 찾아왔고, 우리는 다시 한 번 작은 호숫가에 사는 것을 기쁘게 생각했다. 아이들은 자전거를 타고, 낚시를 하고, 수영도 하며 놀았다. 여름철에 오는 사람들이 자기네 산장으로 돌아와 모두가 선착장에서 모였다. 이 선착장은 막다른 골목 중간쯤에 있었다. 여기에는 미끄럼틀과 다이빙 보드가 있고 유급 인명구조원이 대기하고 있었다. 보통이 인명구조원은 동네의 좀 나이 든 아이들이 적십자 수상 안전훈련 프로그램에서 자격증을 따고 하는 것이었다. 동네 어른들은 모두 호수의 공원연합 회원이었고 우리가 내는 회비의 일부는 인명구조원의 급여로 쓰였다. 젊은이들은 금요일 밤마다 영화 감상회를 열었다. 이들은 보이스 오버나이트와 걸스 오버나이트 같은 연례행사를 맡아서 하기도 했다. 10대 중 나이가 많은 아이들은 그 지역의 산으로 가는 밤샘 캠핑 여행에서 어린아이들을 감독했다. 남자아이들이 여자아이들을 공격하고 반격도 하면서 모두가 즐거운 시간을 보냈다.

우리는 여름을 좋아했다. 우리는 벤이 다른 아이들과 함께 선착장에서 수영하도록 했다. 우리는 여느 아이들처럼 벤도 이 지역사회의 일원이기를 바랐다. 여름이 끝나 갈 무렵에는 카니발이 열렸다. 이것은 젊은이들이 정하는 주제를 중심으로 온 가족이 참여하는 행사였다. 그날은 퍼레이드로 시작하는데, 어떤 때는 길에서도 하고 어떤 때는 호수에 배를 띄우고 그 위에서 하기도 했다. 가족들이 의상을 차려입고 행사용 마차를 만들어 상을 받기 위해 경쟁을 했다.

우리 가족과 옆집의 퍼지 씨 가족은 여기에 항상 함께 참여했다. 카니발을 앞둔 저녁에는 퍼지 씨 집 입구에 앉아 와인을 마시면서 어떤 의상을 입을지, 주제를 무엇으로 할지 언성을 높여 가며 토론하곤 했다. 퍼지 씨의 아들 제라드는 벤과 동갑이었는데, 벤이 자폐 진단을 받았을 무렵 뇌수종으로 진단을 받았다. 그래서 우리 가족과 퍼지 씨 가족은 더욱 가깝게 느껴졌다. 그것은 부모와 부모의 연결이었다. 우리는 서로를 필요로 했다.

카니발을 장악하다

우리는 아이들의 미래에 대해 깊은 토론을 벌이면서도 유머 감각을 갖고 있어서 두 가족은 더욱 단결되었다. 벤이나 제라드와 같은 아이를 가진 부모들은 절망 속에 살기 쉽다. 하지만 언제나 유머는 우리가 균형을 이루도록 붙잡아 주었다. 다른 부모들은 우리가 어떤 심정인지 이해할 수 없겠지만, 우리는 쉬는 시간이 필요했다. 긴장을 완화하고 계속 전진할 수 있도록 하는 웃음이 필요했다.

어느 해에 퍼지 씨 가족과 우리 가족의 마차는 거의 전체 퍼레이드를 뒤집어 놓았다. 그해의 주제는 명절이었다. 와인을 너무 마신 후, 우리는 노동절이라는 아이디어를 가지고 '공연'을 하기로 했다.

에밀리와 나는 만삭의 임신부로 분장을 했다. 우리는 지프차의 뚜껑을 열고 커다란 합판을 뒷좌석에 묶었다. 에밀리의 남편인 러셀은 '의사?'라고 쓰인 팻말을 들고 가기로 했다. 그들의 아들인 제라드는 '아빠'라고 쓰인 옷을 입고 거리에 있는 사람들에게 풍선껌 담배를 나누어 주며 걸었다. 제라드의 단짝 친구인 알렉산더는 종종 여름을 이곳에서 보내곤 했는데, 알렉산더는 용감하게도 밝은색의 황새 의상을 입고 지프차 앞에 높이 올라앉았다. 우리는 적십자 앰뷸런스처럼 차를 장식했다. 남편이 운전을 했고, 벤은 간호사 복장을 하고 옆자리에 앉았다. 에밀리와 러셀의 딸인 레이첼과 우리 딸 페니는 아기 분장을 하고 합판 밑에 숨어 있었다. 우리는 '분만일Labor Day'[1]이라고 쓰인 팻말을 들고 돌아다녔다. 남편이 퍼레이드 속에서 지프차를 운전할 때 에밀리와 나는 "아버지가 누구야?" 하고 외쳤다. 그러자 페니와 레이첼이 튀어나와서 신생아처럼 울었다. 우리는 박장대소를 했다. 하지만 다른 사람들도 우리처럼 재미있어했는지는 모르겠다. 우리는 그해에 아무 상도 받지 못했지만 정말 즐거웠다.

또 어떤 해에는 음악이 주제였다. 그해에는 보트 퍼레이드를 했는데, 벤이 피아노 키보드를 무릎 위에 놓고 보트에 앉았다. 벤은 흰 장

---

1 역자 주 : 'labor'는 '노동'이라는 뜻 외에도 '분만'이라는 뜻을 지닌 동음이의어이다. 이들은 이를 이용하여 노동절을 희화한 것이다.

갑을 낀 마이클 잭슨으로 분장했고, 우리는 심사위원 앞을 지나갈 때 〈스릴러〉 음악을 크게 틀었다.

각 주제마다 우리는 이 주제가 벤에게 어떤 효과가 있을까 생각했다. 디즈니가 주제였던 해에는 벤이 곰돌이 푸였다. 우리는 낡은 쿠키 항아리를 금색으로 칠하고 바깥에 '꿀'이라고 쓴 다음 그 안에 동물 과자를 채웠다. 남편은 내가 주황색과 검은색으로 칠해 준 긴 속옷을 입은 채 긴 꼬리를 끌고 다니는 티거로 변신했다. 티거가 춤을 추면서 푸를 따라갈 때, 벤은 동물 과자를 먹으며 길을 걸으면서 행복해했다. 나머지 가족들도 주제에 맞게 분장했지만 남편과 벤이 주인공이었다.

해가 갈수록 주제를 묘사하는 실력이 더 정교해졌다. 우리가 일등을 한 해의 주제는 책이었다. 우리는 정말 열심히 준비했다. 벤은 그때 스무 살로 제시, 젠과 함께 살고 있었다. 그들은 우리 가족에 합류하여 카니발을 함께 준비했다.

늘 그렇듯이 우리는 말을 가지고 장난을 했다. 우리는 제시를 털로 된 천으로 뒤덮고 골프채를 쥐어 주었는데, 어깨 길이의 머리카락을 가진 그는 해리 포터[2]가 되었다. 새 하얀 긴 수염과 어깨 길이의 흰 머리를 가진 남편은 까만 실크 가운을 입고 반지의 제왕이 되었다. 하지만 쇼를 뒤집어 놓고 우리에게 일등을 안겨 준 것은 벤이었다. 카니발 몇 주 전에 벤은 공원의 무대에서 뛰어내리다가 발뒤꿈치에 골절상을 입었다. 깁스를 하지는 않았지만 발이 부어서 퍼레이드를 할 수 없었던 벤은 1차 대전 때 군인 모자(시아버지의 것이었다)를 쓰고 영국인

---

2 역자 주 : 해리 포터(Harry Potter)를 '털북숭이 퍼터(hairy putter)'로 희화한 것이다.

환자[3]로 분장했다. 우리는 벤의 머리부터 발끝까지 붕대를 감았다. 벤은 할아버지의 휠체어에 타고, 간호사 복장을 한 제이 휠체어를 밀었다. 벤은 T로 가는 영국인 환자였던 것이다.

벤은 호수와 수영을 좋아했기 때문에 즐거운 여름이 순조롭게 지나갔다. 매년 여름은 카니발로 마무리되었다. 우리는 가족으로서 언제나 퍼레이드에 참여하고, 셰리와 페니가 수영 행사에 참여하는 것을 돕고, 포틀럭 식사에 참여하고, 그런 날 저녁에는 셰리와 페니가 스퀘어 댄스에 참여하도록 했다. 우리는 벤이 항상 우리와 함께하도록 신경을 썼지만, 벤을 수영 경주에 참여시키지는 않았다. 카니발에서는 여자아이와 남자아이의 개헤엄 대회, 다이빙 대회, 달걀 스푼 경주(달걀을 얹은 숟가락을 입에 물고 수영하기), 유아의 땅콩 경주(손으로 만지지 않고 입으로 땅콩 잡기) 등이 열렸다. 부모들과 할머니, 할아버지들은 응원을 하고 아이들이 상으로 받아 온 리본을 자랑스럽게 달고 다녔다. 이는 거의 모두가 참여하는 공동체 행사였다.

- -

아이들이 우리를 이끌다

누가 우리 집 뒷문을 두드렸다. 문을 열자 벤 나이 또래의 이웃 아이 여섯 명쯤이 있었다.

"아주머니, 우리는 카니발에 대해 이야기하고 있었어요."

나는 아이들이 공동 저녁 식사 때 무엇을 만들어 올지 등록하라고 요청하러 왔으리라 생각했다. 내가 만든 야채 라자냐가 유명했기 때문에 나는 약간 으쓱해졌다. 벌써 만들어서 냉동해 놓은 터였다. 하지만 아이들이 찾아온 이유는 그게 아

---

3 역자 주 : 잉글리시 페이션트(English Patient)를 희화한 것이다.

니었다. 그들은 좀 더 심각한 생각을 가지고 있었다.

"우리는 아주머니가 벤을 수영 경주에 나가게 해야 한다고 생각해요."

나는 놀랐다. 벤은 그때 여덟 살인지 아홉 살이었는지 그랬다. 수영 경주는 세 살까지의 유아들이 참여하는 땅콩 경주로 시작되었다. 각 행사는 각각 다른 연령대의 아이들을 대상으로 했으므로 공평했다. 우리가 벤을 참여시키지 않았던 것은 다른 아이들을 방해하지 않기 위해서였다. 다른 아이들을 보호해 준다고 생각했는데, 도리어 우리가 벤을 과잉보호하고 있었던 건가? 하지만 내가 어떻게 생각하고 있건 상관이 없었다. 이 아이들은 벤이 참여할 것이라고 결정한 상태였다. 아이들은 벤이 주니어 개헤엄 대회에 등록하길 바랐고, 자기들이 어떻게 벤의 '훈련'을 도울 수 있는지를 알아냈다. 카니발까지 아이들과 벤, 두 누나는 함께 연습을 했다.

카니발의 수영 경주가 시작되었다. 주니어 개헤엄 대회가 다가오자 나는 긴장되기 시작했다. 다른 아이들과 함께 셰리와 페니가 와서 벤을 데리고 갔다. 아이들이 벤을 심사위원이 있는 테이블로 데려가서 서명하게 하고, 선착장 어디에 서 있어야 하는지 보여 주었다. 벤은 미소 짓고 있었다. 셰리가 벤의 바로 옆에 섰다. 페니가 물속으로 뛰어들어 결승선까지 헤엄쳐 갔다.

페니는 물 밖으로 기어 나와 "벤, 나 여기 있어!" 하고 소리쳤다. 몇몇 아이들이 수영을 한 뒤 물 밖으로 나와서 페니와 함께했다.

"우리 여기 있어, 벤."

심판이 "출발선으로, 준비, 출발!" 하고 외쳤다. 셰리가 벤을 살짝 밀어 주자 벤이 물속으로 뛰어들었다.

"벤, 헤엄쳐서 우리에게 와! 힘내, 너는 할 수 있어! 계속 수영해! 힘내, 벤!"

모든 아이들이 소리를 지르고 페니는 미친 듯이 손을 흔들며 펄쩍펄쩍 뛰었다. 경쟁하는 다른 아이들은 벤보다 훨씬 앞서서 헤엄치고 있었다. 대부분의 아이들이 경주를 끝냈을 무렵에도 벤은 미소를 지으면서 페니와 다른 아이들을 바라보며 조용히 헤엄치고 있었다. 벤은 두 번을 멈춰 일어서서 물가의 관중을 둘러보았다. 모두가 응원하고 있었다. 그때마다 벤은 다시 페니를 바라보고 페니를 향해 헤엄쳐 갔다. 이제 경주에 남은 사람은 벤뿐이었다. 관중이 점점 조용해졌다. 모두가 벤을 바라보고 있었다. 벤은 계속 헤엄치고 아이들은 계속 벤을 격려했다. 마침내 벤이 결승선에 다다랐다. 순간적으로 적막이 흐른 뒤 환호와 박수가 터져 나왔다.

모두가 "와, 벤, 잘했어!" 하고 외쳤다.

그러는 동안 벤은 조용히 돌아서서 셰리가 서 있던 선착장으로 다시 헤엄쳐 왔다. 이게 아이들이 했던 연습이었고 벤이 하려던 것이었다. 모두들 벤을 격려하기 위해 일어섰다. 나를 포함하여 많은 사람들이 눈물을 닦고 있었다. 벤은 경주를 마쳤다. 벤의 친구인 이 아이들이 없었다면 있을 수 없는 일이었다.

아이들은 그해 여름 남편과 나에게 큰 가르침을 주었다. 우리는 벤이 위험을 감수하도록 놔주어야 했다. 그리고 친구들이 그를 돕도록 해 주어야 했다. 벤을 돕는 사람이 언제나 부모일 필요는 없었던 것이다.

● ●

우리는 여름을 대부분 이렇게 보냈다. 지금에 와서 달라진 점이라면 우리 손주들이 카니발에 열광하고 있다는 것이다. 날씨가 좋으면 나는 호수에서 수영을 한다. 벤이 자주 찾아오는데 그는 이제 이 호수 주변에서 유명하다. 사람들이 카약이나 카누를 타고 지나가면서 벤에게 인사를 한다. 여름은 스트레스나 긴장으로부터의 휴식을 주지만 안타깝게도 영원히 지속되지가 않는다.

제 **9** 장

새 학년, 새 학교, 새 문제

벤이 주오니오에 다니던 2년간의 준비 후에 우리는 벤을 우리 동네의 워터스초등학교에 넣었다. 우리는 스스로 준비가 되었다고 생각했지만 이후에 일어날 일들을 전혀 예상하지 못했다.

개학하기 약 2주 전쯤이었다. 벤의 선생님이 누가 될 것인지 들은 바가 없었기 때문에, 나는 학교에 전화를 걸어서 장애아동위원회의 위원장이며 그 초등학교의 교장인 헨리 선생님을 바꿔 달라고 했다. 이날을 준비하기 위해 헨리 선생님과 함께 일해 왔기 때문에 나는 그가 이 정보를 알고 있으리라 확신했다. 개학날이 되기 전에 벤을 학교에 데려가서 새로운 선생님을 만나게 하고, 새 교실, 도서관, 식당에도 가보고, 학교 버스가 어디에 도착하는지도 확인할 계획이라는 것을 헨리 선생님은 알고 있었다. 우리는 벤이 준비가 되어 자신감을 갖도록 돕고 싶었다. 우리는 불필요한 놀라움을 원치 않았다.

전화를 걸자 학교의 비서가 전화를 받았다.

"리어 부인, 헨리 선생님은 지금 자리에 안 계신데요. 잠시만 기다리시겠어요?"

나는 기다렸다. 오래 걸리는 것 같았지만, 아마도 그가 건물 바깥에 있어서 비서가 그를 찾는 중일 거라고 생각했다. 마침내 내가 모르는 목소리가 수화기를 통해 들려왔다.

"리어 부인, 저는 앰브로즈라고 하며 임시 교장입니다. 헨리 선생님은 이 학군을 떠나셨습니다. 어떻게 도와 드릴까요?"

나는 몹시 놀라서 말이 나오지 않았다. 헨리 선생님이 떠났다고? 분명히 이건 실수일 거야. 아마 개학하기 전에 쉬려고 휴가를 갔겠지. 나는 생각을 가라앉히려고 애썼다.

"헨리 선생님에게 제 아들 벤에 대해 이야기하고 싶었습니다. 제 아이는 주오니오를 다니다가 워터스초등학교에 들어가려고 하거든요. 하지만…."

내가 말을 이어 가기 전에 앰브로즈 선생님이 갑자기 말을 잘랐다.

"리어 부인, 저는 당신이 누구인지 그리고 당신의 아들, 벤에 대해 모든 것을 알고 있습니다."

나는 이런 차갑고 기분 나쁜 말투가 싫었다. 하지만 그다음이 더 심했다.

"헨리 선생님이 벤의 반 배정을 결정했지만 그가 이 학군을 떠났으니 우리는 벤에게 무엇이 가장 적절한지 다시 숙고해 봐야 합니다. 벤의 개별화 학습 계획을 다시 짜기 위해 장애아동위원회가 몇 주 안에 다시 회의를 할 겁니다."

나는 가슴이 뛰었다. 2년 동안 우리는 벤이 일반 유치원 학급에 들어갈 수 있도록 계획을 세웠다. 선생님들은 주오니오의 교직원들에게 훈련을 받고, 담임선생님의 반에는 벤을 돕는 보조 교사를 둘 예정이었다. 벤은 언어치료를 받지만 체육 시간과 다른 모든 특별 과목(음악, 미술, 독서)은 비장애 아동들과 함께 일반 수업을 듣기로 되어 있었다. 이 모든 것은 지난봄에 장애아동위원회의 동의를 받은 내용이었다. 헨리 선생님이 이 계획을 도와주었다. 그런데 이제 와서 누군지도 모르는 남자가 이 모든 것을 다시 시작해야 한다는 것이었다. 어떻게 이럴 수가 있지? 불현듯 협력교육서비스위원회의 정신지체 학급이 머릿속을 스쳤다.

내 가슴은 또다시 방망이질 치기 시작했다. '하느님, 제발 이런 일이 일어나지 않게 해 주세요.' 하고 생각했다. 나는 숨을 한 번 쉬고 말했다. 나는 내 목소리조차 제대로 알아들을 수가 없었다.

"앰브로즈 선생님, 다 옳은 말씀이긴 한데요, 장애아동위원회는 이미 지난봄에 벤의 개별화 교육 프로그램에 대해 동의했습니다. 헨리 선생님이 교장으로서 그리고 장애아동위원회의 회장으로서 승인했고요. 장학사인 러셀 씨도 승인했습니다."

내가 더 이야기하기 전에 앰브로즈 선생님은 다시 내 말을 끊었다.

"러셀 씨도 이 학군을 떠났습니다. 당신의 아들에 대한 결정은 새로운 임시 장학사와 저의 검토를 거쳐야 합니다. 이 검토가 이루어지기 전까지는 일을 진행할 수 없습니다. 그때까지 나는 새 장애아동위원회를 소집하고 당신을 회의에 초대하지요."

'나를 초대한다고요? 농담이시겠지요.' 하고 나는 생각했다. 갑자기 오싹한 생각이 들었지만 앰브로즈 선생님은 말을 이어 갔다.

"리어 부인, 그러는 동안 벤을 집에 데리고 있어 주셨으면 합니다. 학교에는 그 아이가 다닐 학급이 없고, 또 벤 같은 아이를 맡으려고 하는 교사도 없습니다."

나는 몸이 떨리는 것을 느꼈다.

"무슨 얘기예요, 집에 데리고 있다니요? 이 아이는 학교에 다녀야 합니다. 이 아이를 집에 데리고 있을 수 없어요. 벤은 자기 누나들처럼 매일 학교에 가는 줄로 알고 있어요."

나는 그가 '벤 같은 아이'라고 언급한 것에 대해 뭐라고 해야 할지 몰랐다.

"글쎄요, 리어 부인, 그것이 저의 결정입니다. 적어도 2주 정도 혹은 우리가 결정할 때까지 벤을 집에 데리고 계세요. 우리는 협력교육서비스위원회에 있는 정서장애 아동을 위한 격리 학급을 알아보겠습니다. 그곳이 아마 벤에게 가장 적합한 학급일 겁니다."

내가 뭐라고 더 말하기도 전에 앰브로즈 선생님은 전화해 주어 고맙다면서 좀 더 정보를 얻게 되면 다시 연락하겠다고 하고 전화를 끊었다.

나는 전화기를 들고 한참 동안 서 있다가 마침내 전화기를 내려놓았다. 몸이 떨리고 눈물이 천천히 뺨을 따라 흘러내렸다. 내 생각은 여기 저기 분산되어 있었다. 헨리 선생님은 어디로 갔을까? 왜 나에게 떠난다고 이야기하지 않았지? 러셀 씨는 또 어떻게 된 걸까? 우리의 좋은 동료가 아니었던가? 그는 어디로 갔을까? 왜 떠난 걸까? 벤은 어떡하지? 우리는 어떻게 해야 하지? 나는 남편에게 전화를 걸었고, 벤을 교육하기 위해 학군과 벌인 2년간의 전쟁이 그렇게 시작되었다.

　우리는 개학 첫날 벤을 학교에 보냈다. 우리는 학교에 전화를 걸어 벤이 학교 버스에 탈 것이라고 말했다. 셰리와 페니에게는 학교에서 선생님이 올 때까지 벤과 함께 있으라고 말해 두었다. 나는 교장인 앰브로즈 선생님에게 전화를 걸어 벤이 개학 첫날에 등교한다는 것을 알렸다.

　앰브로즈 선생님은 우리가 지난봄에 유치원과 1학년 교실을 방문하고 크리스토퍼 선생님의 1학년 교실이 벤에게 가장 적합하다고 동의했다는 것을 알고 있었다. 헨리 선생님도 동의했었다. 크리스토퍼 선생님은 잘 정돈되고, 기운차고, 학습을 즐겁게 만드는 사람이었다. 헨리 선생님이 크리스토퍼 선생님의 반에 학생을 열다섯 명만 배치하고 벤을 도와줄 보조 교사를 한 명 두기로 했다는 것을 우리는 알고 있었다. 우리는 벤이 크리스토퍼 선생님의 반으로 배정받기를 바랐다. 후에 우리는 앰브로즈 선생님이나 혹은 학군에서 지정하는 다른 사람을 계속해서 만나기로 동의했지만, 벤은 크리스토퍼 선생님의 반에 가려고 했다.

　그것은 벤의 법적인 권리였다. 합법적이었음에도 불구하고, 그날 아침에 벤을 학교 버스에 태운 것은 가장 힘들었던 일 중의 하나였다. 벤이 학교에 도착하면 어떤 일이 일어날까? 우리는 벤이 학교에 갈 권리가 있다고 굳게 믿었지만, 원칙을 고수하기 위해 아이를 희생시키고 있는 것은 아닐까 싶었다.

　우리는 학교에서 전화를 걸어 아이를 데려가라고 하기를 기다리고 있었다. 그러나 전화가 오지 않았다. 벤은 셰리, 페니와 함께 버스를 타고 집에 왔다. 아이들은 선생님이 버스에 와서 벤을 데려갔다고 했다. 나중에 우리는 그 사람이 격리교실의 특수교사라는 것을 알게 되었다. 그 선생님이 벤을 크리스토퍼 선생님의 교실에 데려다준 것이다. 그 특수반 선생님은 우리에게 벤을 자기 반에 데려가서 일상생활의 기술을 가르칠 계획이라고 말했다. 나는 소리치고 싶었다. 벤은 양치질하는 법, 손 씻기 등을 이미 알고 있었다. 우리는 벤이 다른 아이들처럼 학문적 교과 과정을 배우기를 원했다.

그 후 몇 주 동안 벤은 시작하는 연습으로 크리스토퍼 선생님의 교실에 갔다. 그리고 나서 벤은 다른 장애아들이 가는 윌슨 선생님의 반으로 안내되었다. 이것은 우리가 원하는 바가 아니었다. 하지만 우리는 교직원들과 함께 협력하기 위해 노력해야 한다고 느꼈다. 만약 우리가 적대감을 쌓는다면 벤에게 나쁜 영향을 미칠까 걱정이 되었다.

그 학년이 진행되는 동안 상황이 악화되었다. 벤은 크리스토퍼 선생님이 1학년 학생들에게 기대하는 일정과 일상적인 일을 따라 할 수 없었다. 벤의 행동 문제도 나빠졌다. 벤의 의사소통이 제한되어 있어서 다른 사람들을 좌절시켰다. 벤에게 배정된 보조 교사가 있었지만 그녀는 자폐 아동을 돌본 적도, 그런 훈련을 받아 본 적도 없는 사람이었다. 그녀는 좋은 의도를 가지고 열심히 노력했다. 그녀에게 부족한 것은, 벤이 까다로운 아이이고 벤에게는 전에 주오니오에서 받았던 것과 같은 도움이 필요하다는 개념이었다. 주오니오의 교사들은 벤과 같은 아이를 어떻게 돕는지에 관한 훈련과 필요한 만큼 지속적인 도움을 주겠다고 제안했지만 임시 교장인 앰브로즈 선생님은 이 모든 것을 거절했다.

상황은 더욱 나빠졌다. 크리스토퍼 선생님은 벤이 자신의 학급에 있는 것을 바라지 않았다. 크리스토퍼 선생님도 처음에는 노력을 했지만, 우리 생각에는 벤에게 필요한 도움을 준 적이 없었다. 하급이 다른 학부모들은 반 분위기를 망치고 훈련이 안 된 벤에게 선생님이 너무 많은 시간을 쏟는다고 불평을 하기도 했다. 선생님은 벤의 가방 속에 담아 소식을 주고받던 작은 노트를 통해 우리와 의사소통하던 것도 그만두었다. 한동안 보조 교사가 벤이 학교에서 무엇을 했는지 노트에 적어 주었다. 보통 이 노트는 "오늘은 아주 나쁜 날이었습니다."로 시작하여 무슨 일이 있었는지 자세히 적혀 있었다. 얼마 지나지 않아 특수교사인 윌슨 선생님이 노트를 쓰기 시작했고, 우리는 벤이 점점 더 많은 시간을 특수 학급에서 보낸다는 것을 알게 되었다. 그녀는 좋은 특수교사였지만 그것은 우리가 원하던 바가 아니었다. 우리는 면담을 요청했지만 종종 면담이 연기되거나 취소되었다. 마침내 앰브로즈 선생님이 전화를 걸어 장애아동위원회 회의에 우리를 초대했다. 우리는 그다음에 일어날 일에 대해 준비되어 있지 않았다.

선생님들이 이야기를 하고 동의하느라 고개를 끄덕이는 것을 볼 수 있는 초등학교의 회의실 밖 복도에서 우리는 한참을 기다렸다. 비서가 와서 그들이 준비되었다는 것을 알려 주어 우리는 회의실로 들어갔다. 앰브로즈 선생님, 크리스토퍼 선생님, 윌슨 선생님, 그 외에 일고여덟 명이 테이블에 둘러앉아 있었다. 아무도 우리를 쳐다보지 않았다. 그들은 각자 서류 더미와 노트를 앞에 놓고 있었다. 우리는 위협적인 비난을 받을 것 같은 느낌을 받았다. 우리가 자리에 앉자 앰브로즈 선생님이 회의를 시작했다.

앰브로즈 선생님은 차갑고 자로 잰 듯한 목소리로 우리를 한 번도 처다보지 않으면서, 어떻게 교사들(누구라고는 밝히지 않았다)이 벤을 학교의 혜택을 볼 수 없는 '동물처럼' 지칭하면서 탄원서를 돌렸는지 소상히 묘사했다. 그 탄원서는 학교에서 벤을 즉시 내쫓을 것을 요구하고 있었다.

"대부분의 교사가 이 탄원서에 서명을 했습니다."

그는 우리가 볼 수 있도록 그 탄원서를 들어 보여 주었다. 하지만 우리에게 주지는 않았다. 우리는 얼마나 많은 사람이 서명했는지 볼 수 있었다. 할 말이 없었다. 앰브로즈 선생님은 협력교육서비스위원회 행정부에 연락을 해 놓았고, 다음 주부터 벤이 버스를 타고 그곳으로 갈 수 있도록 준비 중이라고 말했다. 우리는 참담했다. 우리 아들? 동물? 그들이 어찌 이렇게 말할 수 있지?

우리가 질문을 하기도 전에 크리스토퍼 선생님이 우리를 향해 손을 내저으며 화를 내며 말했다.

"놀이터에서 벤은 다른 아이들이 보는 앞에서 소변을 봤다고요."

그녀는 정말 화가 나 있었다. 우리는 어안이 벙벙해서 말을 할 수가 없었다. 하지만 어차피 우리에게는 말할 기회조차 없었으니 상관없었다. 앰브로즈 선생님은 계속 탄원서를 들고 있었다. 어떻게 이 끔찍한 비난에 대응할까? 벤은 겨우 여섯 살짜리 아이였다. 어른으로서, 교사로서 그들은 이 아이를 가르치고, 길잡이가 되어 주고, 도와주어야 하는 것 아닌가? 그런데 그들은 우리와 벤을 공격하고 있었다. 우리는 단지 그들이 벤을 교육이 필요한 아이로 봐 주기를 바랐다. 하지만 그들은 벤이 자신들의 시야에서, 학교에서 사라져 주기를 바라고 있었다. 벤은 한낱 어린 소년인데, 그들은 자신들의 말로 '동물'이라고 결론을 내렸다. 그들은 약자를 괴롭히는 사람들처럼 단결해서 우리에게 맞서고 있었지만 우리는 포기하고 싶지 않았다, 우리는 이런 것을 이야기하고 싶었지만 희망이 없었다. 회의는 순식간에 끝났다. 우리는 깊은 상처를 받았다.

그날 밤, 남편과 나는 무슨 일이 일어났는지에 대해 이야기를 나누었다. 분노가 가라앉기 시작했고, 우리의 대화는 천천히 벤을 위해 무엇을 할 수 있는가로 돌아섰다.

"법에 뭐라고 되어 있지? 우리의 권리가 뭐지? 벤을 거기에 보내야 돼? 다른 어디에 갈 수 있을까? 우리는 무엇을 해야 될까? 우리는 무엇을 해야 될까?"

우리는 법(P.L. 94-142)이 벤과 같은 아이들을 보호하고 있다는 것과 법이 보호하고 있는 그의 권리에 대해 알고 있었다. 우리는 또한 그 법이 벤의 부모인 우리에게 보장하는 권리도 알고 있었다.

"우리에게 도움이 되도록 법을 어떻게 이용할지 알아봐야겠어."

남편은 참 명석했다. 내 감정은 폭발하기 일보 직전이었지만, 나는 남편의 말을 듣고 그의 합리적인 생각에 마음을 가라앉힐 수 있었다. 우리는 법에 대해 무엇을 알고 있는가? 벤의 이익을 위해서 그것을 어떻게 이용할 수 있는가? 얼마나 훌륭한 질문인지. 우리는 법전을 읽어 보았다. 학군에서 무엇을 알고 있는지 모르겠지만, 우리는 우리가 요구할 수 있는 권리에 대해 알게 되었다. 벤이 비장애 아동들과 함께 1학년 학급에 다니는 것, 소규모 학급, 선생님을 위한 보조, 학습에 관한 보조와 훈련 등 우리가 처음에 벤을 위해 원했던 것들이 이루어질 것 같지 않았기 때문에 우리는 협상을 하기로 했다. 사실 싸우기로 결정한 듯했지만, 협상을 원한다고 말하는 편이 좀 나은 것 같았다.

우리는 앰브로즈 선생님에게 벤을 협력교육서비스위원회로 보내라는 추천에 동의하지 않는다는 것과 적절한 무료 교육을 제공받아야 하는 벤의 권리를 침해한 것에 대한 법적인 절차를 신청하겠다는 것을 알렸다. 우리는 신중하게 단어를 골라 쓴 편지를 교육위원회에 보냈다.

그런데 우리의 실수는 그 당시에 변호사를 쓰지 않았다는 것이다. 학군은 우리를 무시했다. 그들은 우리의 편지에 답조차 하지 않았다. 남편과 나는 비참했지만 셰리, 페니, 그리고 벤을 위해 일상을 가능한 한 정상적으로 유지하려고 애썼다.

우리는 무슨 일이 일어나기를, 학교가 뭔가 하기를 기다렸다. 하지만 아무 소식도 없었다. 우리는 아침마다 벤을 학교에 보냈다. 학교 버스 운전사가 계속 우리에게 정보를 주었지만 그녀는 조심스러웠다. 그녀는 진심으로 벤을 걱정하고 있었지만 우리 편을 들다가 직장을 잃을까 봐 두려웠던 것이다. 그녀는 정보를 전해 주는 유일한 소식통이었다. 우리는 그녀가 벤을 걱정해 주는 것이 진심으로 고마운 한편으로, 그녀에게 위험한 일이라는 것을 알고 있었다.

우리는 정상적인 가족의 생활을 유지하기 위해 노력했다. 나는 지역의 전문대학에서 발달장애 성인을 위한 프로그램의 정규직 책임자로서 일하고 있었다. 일주일에 나흘은 밤 9시 반까지 학교에 있어야 했다. 남편은 뉴욕주립대학교 심리학과에서 가르치고 있었고, 내가 일하는 동안 아이들의 숙제와 저녁 식사, 목욕, 잠자리까지 도맡았다. 이런 일정과 압박, 스트레스는 남편과 나를 무겁게 짓눌렀지만, 우리는 이런 것들이 아이들의 삶에 영향을 미쳐서는 안 된다는 데 의견을 모았다. 우리는 벤에게 어떤 일이 일어나고 있는지 아이들 앞에서는 이야기하지 않기로 맹세했다. 학군의 책임자와 교사에 대한 섭섭함이 커져 갔지만, 우리는 아이들을 위해 학교에 관해서는 긍정과 유쾌함을 유지하려고 했다.

우리 집은 아이들의 즐거운 놀이터

우리는 우리 집이 다른 아이들에게 재미있는 곳이어야 한다고 생각했다. 만약 아이들이 우리 집에 놀러 온다면, 그 아이들은 벤을 알게 되고 벤의 친구이자 동료가 될 것이라고 기대했다. 우리는 집 뒷마당에 정말 멋진 놀이집을 지었다. 그리고 동네에 사는 아이들에게 언제든 와서 놀아도 된다고 알렸다. 부모들에게는 아이들이 놀러 오면 언제나 우리가 아이들을 살피겠다고 했다. 우리는 아이들이 무엇을 하건 가능한 한 벤이 포함되도록 신경을 썼다.

"아주머니, 안녕하세요. 토요일에 제가 생일 파티를 하는데요, 셰리, 페니, 벤을 초대하고 싶어요. 괜찮을까요?"

이웃의 제니퍼가 물었다. 제니퍼는 셰리보다 한 살 위였지만 아이들은 모두 함께 골목에서 놀곤 했다. 이 아이의 언니인 멀리사는 고등학교의 특수 학급에 다니고 있었다. 벤이 생일 파티에 초대된 건 이번이 처음이었다.

나는 거의 울 뻔했다.

"그럼. 아이들이 가고 싶어 할 거야. 몇 시에 하는데?"

이 작은 이정표─생일 파티, 밤샘 파티, 놀이 모임─는 정말 중요한 것이었다. 벤과 같은 아이들, 즉 장애를 가진 아이들은 거의 초대를 받지 못했다. 왜 그럴까? 벤은 제니퍼의 생일 파티에 가서 즐거워했다. 몇 년 후에 제니퍼는 벤의 베이비시터가 되었다. 그로부터 또 몇 년 후에 제니퍼는 장애를 가진 아이, 조슈아를 얻게 되었다. 그녀는 훌륭한 엄마였다. 우리는 이것이 그녀와 언니의 관계는 물론이고 벤과도 관련이 있다고 생각했다.

어쨌든 우리는 첫해를 마쳤고 다시 여름이 찾아왔다. 우리는 긴장을 풀고 즐겁게 지냈다. 벤은 선착장에 가서 아이들과 즐겁게 놀았다. 대부분의 아이들은 벤과 같은 학교에 다니지 않았다. 하지만 아이들은 벤을 선착장에서 노는 아이 중의 하나로 받아들였다. 많은 사람들은 벤을 지난여름부터 기억하고 있었고 벤이 어떻게 지내고 있는지 궁금해했다. 그들은 진심으로 벤의 복지에 관심이 있었다. 벤은 이 지역사회의 일원이었고, 지금까지도 유지되고 있는 그에 대한 보호와 돌봄의 관념이 이 지역사회에 있었다.

제 **10** 장

더 나빠질 수도 있다

여름이 쏜살같이 지나가고 우리는 갑자기 가을을 준비해야 했다. 그 탄원서는 다시 언급되지 않았고, 벤을 협력교육서비스위원회로 옮기는 것에 대한 의논도 없었다. 학년 말의 추천은 벤이 크리스토퍼 선생님 반에 계속 가는 것이었고 새로운 보조 교사를 고용할 예정이었다.

새 학년이 시작되기 직전에 캠프 선생님이 새로운 보조 교사라고 소개하기 위해 전화를 했다. 그녀는 이 학군의 학교에 다니는 아이의 엄마이기도 했는데, 벤을 만나기 위해 우리 집에 오고 싶어 했다. 우리는 힘이 났다. 캠프 선생님은 벤과 상호 작용을 해 보려고 노력했지만 벤은 수영과 놀이에 깊이 몰두해 있었다. 하지만 우리는 이런 일이 전혀 놀랍지 않았다. 캠프 선생님은 친절했고, 우리는 올해는 좀 더 나은 해가 될 것이라는 희망을 품게 되었다.

하지만 바보 같은 착각이었다. 우리는 매일 그녀에게 "정말 끔찍한 날이었어요.", "오늘은 최고로 나쁜 날이었어요.", "이 아이가 무슨 짓을 했는지 상상도 못하실 거예요."라는 쪽지를 받았다. 그러다 하루는 캠프 선생님이 어쩔 줄 몰라 하고 있다는 이야기를 듣게 되었다. 그녀는 일을 그만두려고 했다. 그리고 얼마 지나지 않아 우리가 지금 바로 무엇이든 해야 한다고 깨닫게 되는 사건이 일어났다.

"아주머니, 왜 사람들이 벤을 청소 창고에 집어넣었어요?"

우리 동네의 지미가 나에게 물었다. 단순하지만 놀라운 질문이었다.

"지미, 그게 무슨 말이야?"

나는 목소리를 차분하게 유지하려고 애썼다.

"청소부 버튼 씨 아시죠? 그 아저씨가 벤을 자기 방으로 데려가서 문을 잠그는 걸 봤어요."

나는 공포가 폭포처럼 덮치는 것을 느끼면서 가만히 서 있었다.

"지미, 그것 참 좋은 질문이다. 내가 답을 꼭 알아낼게!"

나는 다음 날 학교로 전화를 했다. 벤의 행동이 선생님들에게 너무 방해가 되어 그럴 수밖에 없었다고 했다. 학교에서는 벤을 가둔 것을 부인하지 않았다. 그들은 벤을 청소부의 방에 감금한 것이다!

"어떻게 내 아이에게 그런 짓을 할 수가 있어요?"

나는 전화에 대고 소리를 지르고 싶었다.

"벤이 대체 뭘 그리 방해되게 행동했다는 겁니까?"

나는 목소리를 조용히 유지하도록 애쓰면서 물었다.

"벤이 많이 울었어요. 그 아이는 다른 사람들을 화나게 한다고요. 여기에는 벤을 데려갈 방이 따로 없어요. 그런데 버튼 씨의 빗자루 창고가 다른 교실로부터 멀고 조용하거든요."

나는 내가 듣고 있는 것을 믿을 수가 없었다. 빗자루 창고? 속이 부글부글 끓어올랐다. 이번에는 내가 소리를 지른 것 같다.

"만약 다른 아이가 학교에서 울면 당신들은 이렇게 대처합니까?"

이렇게 말하는 순간 나는 그들이 벤을 아이로 보고 있지 않다는 것을 알고 있었다. 벤은 괴물, 정신 이상자, 그곳에 있어서는 안 되는 동물이었다. 나는 전화기를 거세게 내려놓았다. 이런 일을 반드시 멈추게 해야 했다. 우리는 지역 법률 보조 단체에 전화를 걸었다.

나는 정당한 것을 원했다. 크리스토퍼 선생님과 윌슨 선생님, 보조 교사는 옳은 일을 하려고 했지만 학교 행정부가 그들을 막은 듯했다. 내 생각에 그들은 좋은 사람, 좋은 교사, 잘 보살피는 사람이었다. 하지만 그들은 벤을 다른 아이들과 같은 아이로 보지 않았던 것이다. 그들은 또한 벤을 어떻게 가르쳐야 할지 몰랐다. 그들이 도움을 요청했던가? 그때까지 누구도 우리에게 말을 하지 않았다. 그래서 우리는 무슨 일이 일어나고 있는지도 몰랐다.

다시 돌이켜 보면 행정부에서 교직원들을 나쁜 사람으로 몰았음이 분명하다. 그들은 자신들의 두려움을 억누르고, 벤과 같이 복잡한 아이를 맡으면서 자각하게 된 자신들이 부족한 교사라는 생각을 감추면서, 변화를 만들기 위한 교사 교육은 한 번도 제공하지 않았다. 몇 년 동안 나는 이런 사람들을 향해 심한 적대감과 고통을 느끼고 있었다. 나는 어떻게 그 사람들이 자기 자신을 교육자라고 하는지, 그러면서 어떻게 아이에게 가르칠 만한 가치가 있는지를 결정하는지 이해할 수가 없었다. 물론 이제는 선생님들이 특수아동을 가르치는 법을 배울 필요가 없다고 생각하는 이유를 알게 되었다. 그들은 그게 특수교사가 할 일이라고 생각했다.

나는 왜 일반교사와 특수교사가 서로 배우거나 교환하려 하지 않는지 이해할 수가 없었다. 각자가 자신의 영역을 지키려고 하는 듯이 보였다. 나를 제외한 모든 사람들이 이 구조에 대해 만족하는 것 같았다. 나에게 '분리'는 평등한 것이 아니었다. 1964년에 내가 교직을 시작했을 때, 우리 체육과 일반 보건 수업에 특수아동이 있었다. 나는 그 아이들을 어떻게 가르칠지 배워야 했다. 그 아이들을 어딘가로 보내 버리는 선택의 여지가 나에게는 없었다. 행정부와 다른 교사들, 특히 특수교사들이 나를 도와주었다.

이제 나는 일반교사들이 특수아동을 가르칠 줄 몰라도 된다고 생각하는 이유를 안다. 그것은 그들이 알아야 할 일이 아니다. 그래서 특수교사가 존재하는 것이니까. 나는 단순히 전문적인 구분을 알지 못했을 뿐이다. 교사 교육자와 컨설턴트로서 내가 알게 된 또 하나는 교사가 행정가에 의해 좌우된다는 것이다. 벤이 그 학교에 다닐 때 이런 것들을 알았더라면 나는 아마도 다르게 행동했을 것이다. 좀 더 이해하고 협조적이려고 노력했을 것이다. 하지만 당시에 나는 이런 사실을 몰랐고, 교사라면 최선을 다해 아이들을 가르쳐야 한다고 믿었다.

법정에 갈 시간

우리는 법을 알고 있었다. 우리는 이것을 자기 방어를 위해 배웠다. 시러큐스대학교와 인권정책센터는 우리가 부모로서의 권리를 알도록 도와주었다. 우리는 학군이 법을 어기고 있다는 것을 알고 있었다. 우리는 벤이 상처받았다는 것을 알고 있었지만 법정까지 가기로 결정하기가 두려웠다. 일단 그 길로 들어서면 돌아올 길이 없었다. 세리외 페니에게 영향을 미칠지 모른다는 것도 두려웠다. 그 아이들은 아직 학교 시스템 안에 있었다. 비용에 대한 걱정도 상당했다. 비용을 감당할 수 있을까? 누가 우리를 도와줄까? 우리는 옳은 일을 하고 있는가?

우리가 원하는 것은 단지 벤이 다른 아이들과 한 교실에서 같은 교과 과정으로 교육받고, 생산적이고 행복할 수 있는 똑같은 기회를 누리는 것이었다. 이게 너무 과한 요구인가? 우리가 옳은 걸까? 벤이 아무것도 배울 수 없다는 것을 받아들이고, 결국은 장애인 공동생활 가정에서 살면서 장애인 공동 작업장에서 일하게 된다는 것을 받아들여야 할까? 우리는 이 마지막 질문에 대한 답을 잘 알고 있었다. 우리는 벤을 포기하지 않을 것이고, 자폐증 때문에 그의 기회가 제한되는 것을 두고 보지는 않을 것이다. 벤은 그저 어린아이였다. 벤이 무가치하다고 이렇게 일찍, 이렇게 빨리 단정 지을 수는 없었다. 우리는 싸워야 했다!

"글쎄요, 쉽지는 않을 겁니다."

젊은 여자 변호사가 조용한 목소리로 말했다. 그녀 말고도 세 명이 더 있었다. 모두 여자 변호사였다. 그들은 우리를 변호할 수 있는지 알아보기 위해 우리 이야기를 들어 보겠다고 했다. 하지만 학군과 싸우는 것은 결코 쉽지 않은 일이었다.

그녀는 말을 이어 갔다.

"하지만 일을 맡게 될지도 모르겠어요. 서류를 검토할 시간이 필요합니다."

우리는 일주일 내에 다시 만나기로 했다. 남편과 나는 처음으로 우리가 혼자가 아니라는 것을 느꼈다. 우리는 주오니오 사람들이 벤이 일반 학급에 통합되도록 도와주리라는 것을 알고 있었다. 하지만 변호사들의 동의를 얻은 것은 희망을 더해 주었다. 우리는 기다렸다.

혼, 헤인스, 핀클스타인, 페줄로, 진짜 로펌이 우리를 대변하기로 했다. 우리 사례의 본질과 어떤 일들에 관여될지 일차적인 토론을 거친 후에 그들은 비용의 상한가를 책정했다. 상한가가 훨씬 높았어야 했지만 나중에 우리는 이것이 얼마나 잘한 일인지를 두고 웃었다. 그들은 우리를 위해 공식적으로 법적 절차를 신청했다. 전쟁에 빗대자면 전투선을 그은 것이다.

그러는 동안 남편과 나는 정상적인 가정생활을 유지하기 위해 무던히도 애썼다. 아이들 앞에서는 소송에 대해 절대 이야기하지 않았다. 우리는 긍정적이려고 노력했고 아이들에게 훌륭한 교육을 받고 있다고 확신시켜 주었다. 물론 우리는 상당한 갈등을 느끼곤 했다. 그런데 하루는 셰리가 우리에게 따져 물었다.

"무슨 일이 있는 거예요? 이해가 안 가요. 왜 선생님들이 엄마와 아빠에게 그렇게 화가 나 있죠?"

나는 아이의 얼굴에서 긴장감을 보고 그 목소리에서 좌절감을 느꼈다. 하지만 나는 아이가 뭔가 잘못되었다는 것을 알아챘음을 인정하고 싶지 않았다. 우리는 셰리와 페니를 보호하려고 필사적으로 노력했다.

"무슨 얘기야?"

나는 아무것도 모르는 척하며 물었다.

"엄마, 무슨 뜻인지 알잖아요. 벤한테 무슨 일이 있는 거죠? 무슨 일이에요? 오늘 선생님 한 분이 '너희 엄마, 아빠가 이 학군이 얼마나 많은 돈을 쓰게 하고 있는지 아니?' 하고 물었어요. 엄마, 내가 뭐라고 대답했어야 하는 거예요? 나는 무슨 일이 벌어지고 있는지 몰랐어요. 무슨 일이 있는 건지 말해 주세요."

물론 셰리 말이 맞았다. 하지만 나는 내 보호막을 벗기가 꺼려졌다. 나는 아이들을 보호하고 싶었다. 하지만 선생님들의 비난을 통해 모르는 척하는 보호가 누구에게도 도움이 되지 않는다는 것을 깨닫게 되었다.

"자, 들어 봐. 이건 아주 어려운 얘기야. 벤이 희생자이지만 너와 페니도 마찬가지지. 엄마와 아빠는 벤이 너희 둘과 같이 좋은 교육을 받을 권리를 가질 수 있도록 학군과 싸우고 있어. 학교에서는 벤을 협력 교육서비스위원회에 있는 정서장애 아동 학급에 보내려고 하는데 엄마랑 아빠는 그걸 원치 않아. 우리는 벤을 학교에 다니게 하려고 싸우는 거야. 선생님들은 우리가 틀렸다고 생각하기 때문에 화가 나 있어. 우리는 너희 둘이 이 진흙탕에 빠지지 않도록 보호해야 해. 선생님이 오늘 너에게 한 말은 유감이구나."

나는 셰리가 분노하고 있다는 것을 아이의 얼굴에서 볼 수 있었다.

"무슨 말이에요? 우리를 보호하다니요?"

그것은 질문이 아닌 비난이었다.

"벤은 내 동생이에요, 내 동생이라고요."

셰리가 나에게 소리쳤다.

'아이고 세상에, 이제 내 애들까지 나에게 반대하는구나. 나는 그냥 옳은 일을 원한 건데.' 하고 나는 생각했다.

법정 날짜가 잡혔고 법적 절차가 시작되어야 했다. 우리는 학교가 교육법에 경험이 있는 법률 회사를 고용했다는 소식을 들었다. 해리 씨가 그들의 대표 변호사였는데, 우리를 비롯해 우리 변호사들은 그와 회의를 해야 했다. 이 법적 절차를 담당하는 사무관이 배정되었다. 아무 일도 일어나지 않았다. 재판 날짜가 정해질 때마다 해리 씨는 취소를 했다. 보통 그의 사무실에서 재판을 열기로 정해졌는데 그곳은 45분을 운전해서 가야 하는 거리였다. 우리는 재판에 가기 위해 직장 일정을 조정하고, 필요할 때는 방과 후에 아이들을 돌봐 줄 사람을 구해 놓기도 했다. 우리는 변호사와 함께 대기실에서 기다리다 돌아오기 일쑤였다.

"해리 씨 가족이 아파서 좀 늦으실 겁니다."

그의 비서가 우리에게 말했다. 한 시간, 두 시간을 기다렸지만 그는 오지 않았다. 결국 날짜와 시간을 다시 잡았다. 한번은 해리 씨가 다른 법정에서 시간이 지체되고 있다고 전해 들었다. 우리는 그저 인내심을 가지고 기다려야 했다. 그러나 이번에도 한두 시간 뒤에 다시 날짜와 시간을 잡게 되었다.

우리 쪽 변호사인 헤인스 씨는 인내심이 강하고 냉정했다. 그녀는 일정을 다시 잡고 증언을 준비했다. 그녀와 동료들은 해리 씨가 사용하는 전략을 우리에게 이해시켜 주었다. 우리는 무슨 일이 있어도 포기하지 않을 것이라고 했다. 우리는 벤이 무료로 적합한 교육을 받을 권리를 가지고 있다고 믿었으며, 벤이 그것을 얻을 때까지 우리 힘이 닿는 한 무슨 일이라도 할 작정이었다.

공판이 계속 연기되어 몇 달이 지나자 우리는 신경이 날카로워지고 감정이 완전히 상해 있었다. 언젠가는 우리가 증언을 할 수 있을 것이고 또 증언을 들을 수도 있을 것이다. 우리가 기다리는 한은 말이다. 우리를 지탱해 주는 것은 주오니오이 친구들과 변호사들이었다. 그들은 우리에게 무슨 일이 일어날지 가르쳐 주기도 하고 우리에게 주어진 질문에 대해 어떻게 생각해야 하는지 알려 주기도 했다. 헤인스 씨에게 배운 교훈 한 가지는 훌륭한 변호사는 답할 수 없는 질문을 하지 않는다는 것이었다.

"이런 건 주의하세요. 그들이 오면 기록에 중요한 정보가 남을 수 있도록 가장 좋은 답변을 하세요."

이는 질문이 주어질 때 우리가 숙지해야 할 중요한 가르침이었다.

공판이 계속되는 동안 남편과 나는 주오니오를 졸업하고 초등학교로 진학하는 아이들이 지속적인 통합교육을 받도록 하기 위해 새로운 프로그램을 시러큐스 시의 학군에 만들려는 부모들을 돕고 있었다. 이 새 프로그램의 목표는 아이들이 시러큐스 시의 공립학교로 옮겨 가면서 지속적으로 통합된 학교 환경에서 교육받도록 하는 것이었다. 이것이 가능하도록 시러큐스대학교 특수교육학과의 교수들이 시러큐스 시 학군의 교사들과 함께 일할 것을 제안했다. 학과장과 단과대학장이 이 일을 함께 추진했는데 그들의 지지는 장학사에게 호소력이 있었다.

도와 달라는 벤의 외침

그러는 사이에 벤은 점점 더 불행해졌다. 자신을 때리거나 자기 팔, 얼굴, 옆구리를 꼬집는 등 자학 행동을 하기 시작했고, 한 번에 네다섯 시간 이상 자는 일이 드물었다. 벤은 학교에 갈 시간이 되면 울고 집 안의 물건을 부수기 시작했다. 벤은 부엌의 서랍에서 칼이나 가위를 꺼내 전기 코드를 잘라 버렸다. 전기 코드를 못 쓰게 만들어 불꽃이 튀고 가전제품이나 전등이 망가졌다. 우리는 벤이 사용할 만한 도구를 모아서 장 속에 넣고 잠가 버렸다. 정상적인 생활이 어려웠지만 우리는 벤을 도와야 한다고 생각했고, 만약 이것이 효과가 있다면 우리는 이렇게 살려고 했다. 우리는 칼을 남김없이 치우지 못했다. 남편의 작업장이나 캠핑 도구 속에 남아 있었던 것이다. 벤은 이것을 찾아내어 자신의 발이나 다리를 베기 시작했다. 정말 끔찍했다. 우리는 벤의 자해를 막으려고 노력했지만, 우리가 잠든 사이에 벤은 자기 자신이나 전기 코드, 머리카락, 옷 등을 자를 도구를 찾아 헤맸다.

우리는 이것이 도움을 요청하는 외침이라는 것을 이해하지 못했다. 우리는 보호하기 위해 예방하려고 노력만 하고 있었다. 어느 날 아침, 나는 아래층으로 내려가다가 그 자리에 우뚝 서고 말았다. 식탁이 정 같은 것으로 쪼이고 토막 나 있었고 가장자리 전체를 돌려서 도려낸 상태였다. 이 식탁은 참나무 원목으로 만든 고가구로 길이가 3미터, 너비가 1.2미터나 되었다. 나는 망연자실했다. 나는 천천히 그 재앙을 쳐다보았다. 하지만 벤을 이끄는 감정을 이해할 수가 없었다. 뭔가가 내 눈을 사로잡았고 나는 식당으로 들어가는 문의 가장자리에 있는 테두리를 보았다. 각각이 조직적으로 쪼이고 잘려서 망가져 있었다. 나는 소리 없이 울었다. 나는 무엇을 해야 할지 생각하면서 비참한 두려움 속에 서 있었다. 나는 벤이 이런 짓을 하기까지 느꼈을 거대한 고통을 아직도 이해하지 못하고 있었다. 내가 생각할 수 있는 것은 과연 어떻게 나아지게 할까 하는 것이었다.

벤은 자기 침대에서 평화롭게 자고 있었다. 나는 소리치고, 아이를 때리고, 내가 느끼는 만큼 아이를 아프게 하고 싶었지만 그럴 수가 없었다. 나는 벤을 보고 참아야 하는 사람은 바로 나 자신이라는 것을 깨달았다. 그대로 자게 두었다가 벤이 일어나서 아침을 먹고 난 뒤, 나는 벤에게 쪼인 자국에 사포질을 해서 할 수 있는 만큼 고쳐 놓으라고 했다. 나는 벤에게 사포를 주고 일을 시작할 수 있도록 도와주었다. 벤은 저항하지 않았다.

"왜 이렇게 했어?"

나의 물음에 대답하지 않고 벤은 그냥 나를 바라보고 있었다.

또 한번은 추수감사절 방학 때의 일이다. 우리는 집을 개조하는 중이었고 지난 며칠 동안 거실 천장에 분홍 유리섬유로 단열재를 넣었다. 지저분한 작업을 끝내고 이제 남은 일은 플라스틱 뒤판과 석고 보드를 붙이는 것뿐이었다. 나는 일찍 일어나서 모닝커피를 만들려고 아래층으로 내려갔다. 거실을 통해 부엌으로 들어갔을 때 나는 입을 딱 벌리고 말았다. 거실 한복판에 큰 분홍색 더미가 쌓여 있었던 것이다. 나는 조용히 이 사이로 벤의 이름을 내뱉었다. 나는 패배감이 들었다.

남편과 나는 단열재를 쓰레기봉투에 조심스레 버렸다. 우리는 벤에게 아무 말도 하지 않았다. 우리는 그저 그 아이를 이해할 수 없다고 생각했다. 우리가 깨닫지 못한 것은 벤이 몹시 화가 나 있음을 우리에게 말하고 있다는 사실이었다. 뭔가가 잘못되어 있었다. 아마도 우리를 화나게 함으로써 자기 자신이 화가 나 있다는 것을 알리려고 했나 보다. 불행하게도 우리는 이런 방식의 의사소통을 전혀 알지 못했다. 우리가 알아채지 못한 것이다. 정말 슬픈 일이었다. 벤에게도 감정이 있다는 것을 몰랐던 게 아직도 미안하다. 벤은 무슨 일이 일어나고 있는지에 대해서도 예민했다.

　우리는 벤에게 벌을 주지 않았다. 무슨 소용이 있겠는가? 우리는 벤에게 그가 한 짓이 잘못되었다는 것을 확실히 말해 주었다. 우리는 훨씬 뒤에 벤도 그것을 알고 있다는 것을 깨달았다. 우리는 벤이 몹시 화가 나서 애타게 도움을 요청하고 있었던 것을 몰랐다.

해답이 보이다

우리는 벤과 딸들을 재판 때문에 일어나는 긴장으로부터 보호하려고 필사적으로 노력했지만, 아이들을 제대로 보호하지 못한다는 사실이 점점 더 분명해졌다. 우리는 아이들 앞에서 재판에 대해 이야기하지 않으려고 했지만 전화를 받아야 했고 서류가 쌓였다. 남편과 나는 벤을 위해 옳은 일을 하고 있다고 확신했지만 셰리와 페니가 상처를 받지 않을지 의문이 들기 시작했다. 우리가 해낼 수 있을까?

　다음 공판이 유난히 길게 연기된 후에 변호사들은 이 시간 끌기 작전이 영영 계속될지도 모른다고 설명해 주었다. 학군은 아마도 우리가 지치기를 바라고 있었을 것이다. 우리는 그들이 성공하기 시작했다는 데 동의했지만, 변호사들과 친구들의 도움으로 우리는 몇 가지 선택에 도달하고 새로운 작전도 세우게 되었다.

　학군의 변호사에 의하면 우리에게는 두 가지 선택이 있었다. 하나는 우리가 학군의 추천을 받아들여 벤이 협력교육서비스위원회의 정서장애 아동을 위한 격리 프로그램에 들어가거나, 벤이 지금 다니고 있는 학교에서 장애 아동만을 위한 격리 프로그램에 들어가는 것이었다. 그들은 또한 '벤 같은 아이'를 위한 기숙 프로그램을 알아보는 것도 좋을 것이라고 조언했다. 그리고 만약 우리가 그러기로 결정한다면 학군에서 학비를 대 주는 것을 고려해 보겠다고도 했다. 물론 우리는 이 모든 것을 거절했다. 기숙 프로그램은 당연히 고려의 여지도 없었다. 우리는 다른 두 가지 선택에 대해 많은 이야기를 했다. 이 둘 중에 하나를 선택한다면 벤의 장래는 어떻게 될까? 결국 어느 쪽을 선택하든 벤은 협력교육서비스위원회의 정서장애 아동을 위한 프로그램에 가게 될 것이다. 그리고 졸업 후에는 이 지역의 직업 보호소나 주거형 수용소에 가게 될 것이 뻔했다.

학년 말이 빠르게 다가오고 있었다. 우리는 여름의 안식을 절박하게 기다리고 있었다. 남편과 나는 스트레스에 짓눌려서 간신히 버티고 있었다. 우리는 절대로 포기하지 않으리라는 것을 알았지만, 계속되는 긴장과 서서히 조여 오는 압력은 견딜 수 없을 지경이었다. 우리가 할 수 있는 뭔가가 있을 것이다. 그렇다. 우리가 할 수 있는 일이 있었다.

변호사들과의 긴 토의 끝에 우리는 새로운 전략에 동의했다. 우리는 역으로 제안을 하기로 했다. 우리는 공립교육법(PL 94−142)의 'stay put' 조항이 재판 결과가 나올 때까지 학생이 자신의 학급에 다닐 것을 명시하고 있음을 알고 있었다. 하지만 우리는 모두 벤이 그 학급에 다니는 것은 큰 불행이라는 데 동의했다. 학교는 벤이 오는 것을 원치 않았고, 우리는 벤이 장애 아동만을 위한 격리된 장소에 가는 것을 원치 않았다.

헤인스 씨와 다른 변호사들은 임시 해결책으로, 재판장이 재판 결과가 나올 때까지 벤을 시러큐스 시에 새로 생긴 통합 자폐 프로그램에 보낼 수 있다는 아이디어를 냈다. 워터스 학군의 행정부는 곧바로 동의했다. 시러큐스 시 학군도 동의했다. 그들은 학년마다 반의 정원을 채워야 했고, 우리 학군이 주(州)의 상환 비율로 학비와 교통비를 제공하겠다고 제안했기 때문에 모두에게 '윈-윈'인 것 같았다. 우리는 벤이 우리 동네의 아이들과 같은 학교를 다닐 수 없다는 데 깊은 슬픔을 느꼈다. 우리 모두의 생활이 바뀌려고 했다. 나아지고 있는 것인가? 우리는 더 이상 나빠질 수는 없을 거라고 생각했던 것 같다.

우리는 패배감을 느꼈다. 벤이 우리 동네의 아이들과 같은 학교에 다니고 선생님들이 벤을 한 인간으로서 돌봐 주기를 바랐던 우리의 꿈을 마침내 포기했기 때문이다. 한편으로 우리는 패배하지 않았다. 공립교육법에 나와 있는 대로 벤이 무상으로 적절한 교육을 받을 기본적이고 법적인 권리가 있다는 우리의 믿음을 점철할 수 있었기 때문이다. 단지 이것이 우리 지역의 학군 안에서 이뤄지지 않았을 뿐이었다. 또한 만약 벤과 선생님이 충분한 훈련과 도움을 받는다면 벤이 우리 지역의 학교에서도 성공적일 수 있다는 증언을 할 수 있었기 때문에 우리는 졌다고 생각하지 않았다. 이런 충분한 도움을 전혀 주지 않았다는 게 지역 학군이 책임져야 할 명백한 진술이었다. 그 학교의 교사들과 벤, 우리 딸들, 그리고 우리를 실패하게 한 것은 벤의 장애가 아니라 학교 행정부들이라는 것을 학군에서 자각하게 하는 것이 우리에게 중요했다. 여름이 시작되자 우리는 모두 안도의 한숨을 내쉬었다. 우리에게는 휴식이 필요했다. 다행히 학기가 시작되는 9월까지는 시간이 있었다. 새 학기에는 또 무슨 일이 일어날까? 아직은 그것을 생각할 겨를이 없었다.

제 **11** 장

인생이 달라지다

재판을 진행하는 동안 벤, 셰리, 페니는 매일 등교를 하고 남편과 나는 계속 일을 했다. 나는 장애와 관련된 다양한 일을 하고 있었다. 건강교육학 석사과정을 마치고 내가 가진 첫 번째 '진짜' 직업은 '생활대학'의 진행자였다. 이것은 지역의 전문대학에 기반을 둔 평생교육 프로그램으로, 18세 이상의 발달장애인에게 여가 활동과 치료 활동을 제공하고 있었다. 이 프로그램이 문을 연 지 약 1년쯤 되었을 때 내가 들어가게 되었다. 첫 진행자는 행정적 업무를 싫어해서 일을 그만두었다. 나는 신문의 일요 구직란에서 구인 광고를 보고 답이 없을 것이라고 생각하면서 이력서와 소개서를 보냈다. 나는 다른 곳에도 이력서를 보냈지만 그 자리에 매우 흥미를 느꼈다.

면접을 보게 되었을 때, 나는 흥분하지 않으려고 노력했지만 가슴이 두근거리기 시작했다. 아주 긍정적으로 나는 이 일을 잘할 수 있다고 생각하다가도 머릿속에 걱정이 밀려들기도 했다. '프로그램의 행정에 대해 무엇을 알아? 발달장애를 가진 사람들에 대해서는 무엇을 알지? 전문대학의 정책에 대해, 그리고 성인 수준의 통합교육에 대해 무엇을 알아?'

남편은 "당신은 '그냥 무조건 해 보기'를 몰라." 하고 말했다. 나를 업신여겨서 하는 말이 아니었다. 그가 옳았다. 나는 한 아이, 자폐를 가진 아들을 경험했지만 주오니오에서 얻은 지식도 있었고 면접을 본다고 해서 잃을 게 없다는 생각이 들었다. 하지만 나는 항상 자신이 없고 부적합하다고 느끼는 문제가 있었다. 실패할 것이라는 두려움이 엄습했다. 지금은 내가 그 당시에 얼마나 자신 없어 했는지를 말하면 친구들이 다 웃을 것이다. 남편을 사랑하고 함께 살면서 나는 자신감을 갖게 되었고, 정말로 시도해 보고 싶었다.

무더운 여름날, 나는 시러큐스대학교의 한 모퉁이에 있는 낡은 학교에 면접을 보러 갔다. 그 건물은 이 대학교 산하 장애인의 인권 옹호를 위한 인권정책연구소였다. 나는 비서인 헬렌과 담소를 나누면서 초조하게 대기실에서 기다리고 있었다. 나를 엄하게 신문하여 나는 그녀가 약간 괴팍한 사람이라고 생각했다. 하지만 나는 퉁명스러우면서도 솔직한 그녀가 좋았다.

내 차례가 되었다. 내 앞의 면접자는 멋지게 정장을 차려입은 남자였는데 건물을 떠나면서 미소를 띠고 있었다. 헬렌이 면접실로 안내했을 때 나는 큰 충격을 받았다. 커다란 회의용 탁자에 적어도 열두 명이 둘러앉아 있었다. 내가 무엇을 기대하고 있었는지는 모르겠지만 확실히 이건 아니었다. 빈자리가 하나 있어서 나는 그 자리에 앉았다. 나는 그 자리에 앉아 있는 사람들을 둘러보았는데 그 가운데 주오니오의 이사였던 엘런 반스가 있었다. 그녀는 미소를 지어 보였고 나는 안심이 되었다. "하던 대로 하면 돼. 그리고 내가 믿는 바를 말하면 돼." 하고 나 자신에게 말했다.

나는 그 면접이 얼마나 오래 걸렸는지, 내가 무슨 말을 했는지 떠오르지 않는다. 하지만 그 면접에서 어떤 일이 일어났는지에 대해 좋은 느낌을 가졌던 것은 기억한다. 만약 내가 뽑히지 않는다 하더라도 내가 원하는 직업이 무엇인지 알게 된 것이다.

다음 날 아침, 나는 출근을 하라는 전화를 받았다. 나는 주(州)의 공무원으로서 임금과 혜택을 받으며 일하게 되었다. 나는 그 전문대학에 기반을 두고 일하면서 나를 면접 보았던 사람들에게 감독을 받아야 했다.

"받아들이시겠습니까?"

급여와 그 외의 것들을 고려해 보겠다고 말해야 한다는 것을 알고 있었지만 나는 몹시 흥분해 있었다.

"물론 나는 그 일을 원합니다."

새로운 생활이 시작되다

벤이 시러큐스 시 학군에서 3학년으로 생활을 시작하려고 준비하는 동안, 나는 시러큐스에 있는 오논다가전문대학의 생활대학 프로그램 진행자라는 새로운 직업을 갖게 되었다. 또한 남편과 나는 많은 생각 끝에 셰리와 페니도 시러큐스에 있는 사립학교로 옮겼다. 이로 인해 경제적으로 어려워지기는 했지만 옳은 일이었다.

남편만이 안정되어 보였다. 우리는 우리의 삶이 근본적으로 바뀌었다는 것을 알고 있었다. 우리는 보다 나은 것을 원했다. 하지만 자잘한 세부 계획의 변화는 꽤 힘들었다. 우리 지역의 학교는 벤에게 버스를 제공하여 새로운 학교에 다니게 하는 데 동의했지만, 셰리와 페니가 벤과 함께 버스를 타고 등교하는 것은 거부했다. 두 학교는 불과 몇 마일밖에 떨어져 있지 않았는데도 말이다.

워터스 학군의 작은 노란색 버스는 매일 아침 7시 15분에 1마일이나 되는 막다른 골목 끝에서 기다렸다. 집 앞의 길이 사유 재산이므로 버스는 우리 집 앞에서 벤을 태우지 못한다고 했다. 그래서 아이들과 나는 벤이 버스를 타는 골목 끝까지 갔다. 벤이 버스를 타고 나면 우리는 셰리와 페니를 벤의 학교에서 몇 분 거리인 학교로 데려다 주었다. 종종 우리는 고속도로에서 벤이 타고 있는 버스를 따라가기도 했다.

"리어 부인, 그건 안 됩니다. 우리는 당신의 딸들을 데려다 줄 수 없습니다. 그 아이들은 특수 아동으로 분류되지 않았으니까요."

우리 학군의 교통 부장은 이렇게 말했다. 여기에 맞서기가 너무 피곤해서 내가 딸들을 아침마다 등교시키기로 했다. 아이들의 학교는 도시의 동쪽에 있어서 나는 아이들을 데려다 주고 도시를 가로질러 내 일터가 있는 서쪽으로 갔다. 오후에는 이 여행을 반대로 해서 서둘러 집으로 돌아와 버스에서 내리는 벤을 맞았다.

딸들이 스포츠와 방과 후 활동을 하게 되자 남편과 나는 누가 하교하는 벤을 맞을 것인지, 누가 딸들을 데려올 것인지 협상을 해야 했다. 스트레스가 컸으며 일정을 짜고 인내심을 발휘하는 데 기술이 있어야 했지만, 우리는 이것이 지난 몇 년 동안의 생활보다 훨씬 낫다고 생각했다. 게다가 페니와 셰리는 등·하교하는 동안 이야기를 나누고 함께 웃으면서 그 시간을 즐겼다. 나쁘지 않았다.

워터스 학군과 전쟁을 치르던 2년 동안은 아주 힘들었다. 확실히 돈이 많이 들었지만 더 많은 희생이 따른 것은 전문가들에 대한 신뢰였다. 우리는 신중해지고 방어적이 되었으며, 벤이 다시 격리되고 상처받을까 봐 두려웠다. 우리는 조심스럽게 벤이 시러큐스의 학교에 다니는 것이 더 나으리라 생각했다. 또한 경계를 더 바짝 하고 조심스러워야 한다는 것을 알고 있었지만, 벤이 동네 아이들이나 누나들과 다른 학교에 다니기 때문에 어떻게 해야 할지 막막했다. 완전히 새로운 환경일 터라 우리는 정말 불안했다.

한편으로 우리는 외로움도 느꼈다. 주오니오 친구들의 도움은 여전했지만, 벤은 이제 그 학교에 다니지 않으니 어쩔 수가 없었다. 이웃들은 벤이나 우리에게 무슨 일이 있는지 관심조차 없었다. 우리는 이 지역의 새로운 이웃이었고, 아이들은 우리를 받아들였다 할지라도 어른들은 그렇지 않았다. 학군에 관련된 사람이라면 더더욱 친해지기 어려운 일이었다.

벤은 학교의 첫 번째 흑인 학생이자 첫 번째 자폐 아동이었다. 아마 우리는 사람들이 혼란스러워하고 경계하리라는 것을 예측했어야 했는지도 모른다. 우리는 어느 정도 그랬다. 하지만 너무도 가슴 아픈 사실은 벤은 그저 어린아이일 뿐이라는 것이었다. 그 아이는 자폐를 선택하지도 않았다. 그 아이는 사람들을 화나게 하려고 의도한 적도 없었다. 사람들은 왜 이것을 알지 못할까? 사람들은 왜 벤을 돕지는 못할

망정 상처를 주는 걸까? 나는 아직도 이 기본적인 질문을 하고 있다.

대학원에 진학하다

새 직장에 다닌 지 얼마 되지 않아 나는 시러큐스대학교의 교육학과 교수들과 관계를 맺게 되었다. 그들은 친해지기 쉬운 사람들이었고 내 학생들과 나를 돕고자 열성적이었다. 나는 건강교육으로 석사과정을 마친 후 학교로 다시 돌아가야겠다는 생각을 해 본 적이 없었지만, 몇몇 교수는 나에게 박사과정을 고려해 보라고 조언해 주었다. 과찬이긴 했지만 나는 단순히 내가 그런 학위를 받을 만큼 똑똑하지 않다고 생각했다.

남편은 재빨리 반응했다.

"당신은 똑똑해. 조금만 더 자신감을 가지면 돼. 천천히 생각해 봐."

그 당시에는 남편이나 나나 특수교육 박사 학위를 받기까지 결국 거의 13년이 걸릴 것이라고는 전혀 생각지 못했다. 입학 허가를 받기 전에는 특수교육 행정가가 되어서 벤이 일반 학급에 들어가는 것을 막았던 제도를 고치고 싶었다. 나는 특수교육 행정가들을 만나 무엇이 그들을 그 직업으로 이끌었는지를 물어보았다. 나는 그들의 대답이 특별히 좋지도 않았을뿐더러, 어떻게 하면 좋은 직장을 잡을 수 있는지 조언한 몇몇 행정가의 말도 편치 않았다. 나는 여전히 순진하게 세상을 바꾸고 싶었다. 직장을 얻는 것은 단순히 지나쳐 가는 길일 뿐이었다.

대학원에 다니게 된 한 가지 동기는 우리처럼 자기 아이를 일반 학급이나 일반 활동에 넣고자 싸우는 다른 부모들을 돕기 위함이었다.

나는 그들의 아이들이나 학교에 관한 회의에 참석하기도 했는데, 언제나 '그저 부모'나 '단지 엄마', '이해하지 못하는 사람'으로 폄하되곤 했다. 다른 부모들처럼 나는 알려고 온 것이었는데 아무것도 모른다고 업신여김을 당했다. 슬픈 일이었던 만큼 나는 분노했다. 한번은 어떤 회의에서 발언을 하려면 자격을 밝히라고 요구받은 적도 있었다. 나는 똑바로 앉아서 석사 학위를 가지고 있다고 말했다. 그들이 비웃었을 때 나는 박사 학위를 받아야겠다고 속으로 생각하기도 했다.

5년 가까이 생활대학 프로그램의 행정가로 일한 후에 나는 시러큐스대학교 인권정책연구소의 자리를 얻었다. 나는 생활대학에서 일주일 중 나흘 밤을 일하는 데 지쳐 있었고, 새로 얻은 직장은 대학원 학비를 대 주기로 했다. 내가 맡은 역할은 부모 프로그램에 대한 기술적 보조를 위한 자문위원이었다. 이 프로그램은 매사추세츠 주의 보스턴 시에 있는 장애아동연맹에서 운영하는 프로그램으로 연방 정부의 보조를 받고 있었다. 그 단체는 각 주에 부모훈련과 정보센터Parent Training and Information (PTIs) Centers를 열어 장애 아동의 부모들이 정보와 도움을 얻도록 하고, 후에 특수교육법이 된 장애아동교육법의 적용에 대해 부모 교육을 실시하고자 했다.

나의 주요 임무는 상급 학교 진급, 의료적 문제, 통합교육 등 다양한 법적 제공을 부모들이 이해하기 쉬운 말로 설명하는 자료를 만드는 것이었다. 또한 연맹이 정보센터 직원과 교사, 학교 행정가, 그리고 워싱턴에서 온 연방 정부 공무원을 위한 연례 학술 회의를 조직하고 운영하는 것을 도와야 했다. 5년 동안 이 일을 하면서 나는 장애인은 물론이고 많은 가족과 전문가를 만났다. 내 인생에서 가장 흥미진진한 경험 중의 하나였다. 다양한 연령의 장애인과 가족은 그들이 협상해 나가야 하는 관료제에 대해, 그리고 그들 자신의 회복력, 연민, 유머, 사랑에 대해 많은 것을 가르쳐 주었다.

이 프로그램에 대한 정부의 보조가 끝났을 때, 나는 시러큐스대학교의 더그 비클린 교수가 설립한 촉진적 의사소통 연구소의 일자리를 제안받았다. 나는 내게 도움이 된다고 생각하는 대학원 과목을 계속해서 수강하고 있었다. 나는 질적 연구가 얼마나 어려운지 배우고 그 매력에 빠져들었다. 나는 다양한 논문 주제를 생각하기 시작했다.

처음에는 거나 딥와드Gunnar Dybwad의 전기를 쓰고 싶었다. 그는 수용소의 실태를 밝히고 정신지체자들의 삶의 질을 향상하는 데 공헌함으로써 국내 및 국제적으로 장애 관련 학문에 깊은 영향을 끼친 중요한 인물이었다. 다행히도 나는 거나, 그의 아내인 로즈메리와 함께 많은 시간을 보낼 수 있어서 그들을 인터뷰하고 그들에게 배울 수 있었다.

마침내 나는 원고 초안 몇 장(章)을 써서 거나에게 보여 주었다. 그는 내가 그를 괴상한 역정과 헌신을 가진 평범한 사람으로 묘사한 방식에 대해 깊은 상처를 받고 불쾌해했다. 그는 자신을 이런 식으로 보이고 싶어 하지 않았다. 그는 역사적으로 권위 있는 인물로 기억되기를 바랐다. 물론 그는 그런 역사적인 인물이었지만, 그의 인간적인 모습에 대한 나의 묘사는 그를 깎아내리는 것처럼 느끼게 했다. 나는 거나에 대한 논문을 포기하고 말았다.

나는 새로운 논문 주제 때문에 자녀들이 성공적으로 촉진적 의사소통을 하게 된 열 가족을 방문하게 되었다. 나는 촉진적 의사소통이 그들의 관계나 부모가 아이를 인지하는 데 어떻게 영향을 주었는지 알고

자 했다. 나는 한 가정 이상의 부모들이 아이를 다시 낳은 것과 같다고 묘사한 것을 들었는데, 이는 의사소통을 할 수 있는 새로운 사람으로 태어났다는 뜻이었다. 이 무렵 벤이 이 방법을 통해 의사소통을 하고 있었기 때문에 나는 그들의 감정을 충분히 공감할 수 있었다. 나는 이 가족들의 이야기를 듣고, 가족 행사에 참여하고, 그들이 경험하는 것을 최대한 이해하려고 애쓰면서 1년여를 보냈다. 그들의 직관은 강력했는데, 나에게 가장 충격을 준 것은 그들의 인내와 그들을 지탱해 준 회복력이었다. 나는 겸손한 마음이 들었다.

교수님들과 가족이 내가 과연 논문을 끝낼 수 있을까 의심했으리란 생각이 들지만 어쨌든 나는 논문을 끝마쳤다. 나는 학교에 다니는 것을 좋아했고(나는 처음으로 이런 감정을 느꼈다), 가족과 장애인, 교수님과 일하는 것이 좋았기 때문에 논문의 마무리가 반갑지만은 않았다. 나는 이런 관계와 감정을 잃고 싶지 않았다. 하지만 어느 날 "끝내려고 하는 거지?" 하는 남편의 물음에 때가 되었다는 것을 알았다.

나는 계속 시러큐스대학교에서 여러 가지 직책으로 일을 했다. 하지만 결국 나는 옮겨야 한다는 것을 알고 있었다. 나는 지역의 사립대학에서 조기 교육을 가르치는 자리를 얻었다. 하지만 내게 잘 맞지 않는 일이었다. 나는 대학원 과목을 가르칠 때의 치열함, 더 큰 대학 환경의 문화를 그리워했다. 3년이 되기 전에 나는 남편이 다니던 뉴욕주립대학교의 교육대학에 자리를 얻었다. 나는 통합 초등교육학과를 개설하는 데 참여하고 그 뒤에는 비슷한 대학원 과정을 여는 데 동참했다. 그 두 프로그램은 곧 뉴욕 주 교육부로부터 인가를 받고 국가적 승인까지 받게 되었다. 2005년에 은퇴하기 전까지 나는 장애학문연구소를 설립하는 데 마지막 노력을 쏟아부었다. 이 연구소는 장애인, 그들의 가족, 그리고 이 세상의 일부인 사회로부터 장애에 대해 배우는 데 초점을 둔 연구 기관이었다.

제 **12** 장

초등학교 그리고 그 후

1982년 가을에 벤은 시러큐스 시의 통합 자폐 프로그램 3학년으로 들어갔다. 벤은 일반 초등교사인 캐런 허비와 초등 일반교사 및 특수교사 자격증을 가진 패트리샤 플로이드가 팀으로 가르치는 학급에 배정되었다. 허비 선생님과 플로이드 선생님이라고 소개받았지만 벤은 재빨리 그들을 통합하여 플러비라고 불렀다. 그들은 불쾌하게 여기지 않고 재미있다고 생각해 주었다. 남편과 나는 안도의 한숨을 쉬었다. 아마도 벤이 진짜 교육을 받게 될 것 같았다.

특수교사인 플로이드 선생님은 벤과 그의 프로그램, 그리고 그의 생존에 관한 일차적 책임을 지고 있었다. 우리는 그녀를 일찍 만났는데 확실히 지난 2년간의 전쟁으로 인한 상처가 나타났다. 우리는 아직 상처가 아물지 않아서 경계를 하고 있었다. 그녀가 무슨 말을 들었는지 알 수 없었지만 그녀가 조심스러워하고 있다는 것은 확실했다. 후에 플로이드 선생님은 우리가 '소송을 하기 좋아하는 부모'라는 평판이 있고, 조심하라는 경고를 받았다고 말해 주었다. 이 얼마나 훌륭한 환대인가.

플로이드 선생님과 나머지 교직원들을 처음 만났을 때, 우리는 묻고 싶은 질문이 정말 많았다. 벤이 여기서 상처받게 될까? 이 사람들은 벤을 동물처럼 취급할까? 벤을 격리할까? 우리의 질문이 모래를 담은 풍선처럼 공중을 떠돌았다.

"제 이름은 페트리샤 플로이드입니다. 제가 벤의 담임을 맡게 되었습니다. 저는 좋은 선생님이에요. 이게 나의 직업이고 나는 잘 해낼 겁니다. 나는 벤에게 상처를 주거나, 교사로서가 아닌 그 어떤 일도 하지 않을 겁니다. 자, 이제 시작합시다."

남편과 나는 그녀가 솔직하게 대해 준 데 감사했다. 하지만 이 선생님이 매일 이렇게 할까?

벤이 집에서 상당히 멀리 떨어진 학교에 다니게 되어 어려움이 있었다. 벤이 학교에서 안전한지 봐 줄 동료나 증인이 없었다. 하지만 벤이 정보 제공자가 되었다. 벤은 행복한 모습으로 집에 돌아왔다. 벤이 하루 종일 무엇을 하고 지냈는지 정보가 가득 적힌 공책과 벤이 공부하고 배운 흔적이 가방 안에 들어 있었다. 플로이드 선생님, 허비 선생님이나 다른 전문가들은 벤이 참여한 활동을 설명해 주고, 집에서 이 활동에 대해 벤과 함께 이야기하도록 요청하기도 했다. 선생님들은 수학과 영어 시간에 어떤 개념을 배우는지 알려 주고 그중 일부는 집에서 다시 강조해 주도록 부탁을 했다. 마침내 다른 사람들이 우리에게 벤의 교육을 돕도록 요청한 것이다. 이것은 반갑고 신선한 일이었다.

허브 러빗Herb Lovett(장애인을 위한 대변인이며 학자이자 친구)은 "모든 것은 인간관계에 달려 있다."고 말하곤 했다. 그가 정말 맞았다. 그가 의미한 바는 만약 사람들이 벤과 같은 누군가를 알게 된다면 그들의 우정으로 좋은 일이 생길 수 있다는 것이다. 친구가 벤을 도와주고, 대변해 주고, 또 함께 있어 줄 것이다. 벤이 새 학교에 다닐 교통수단을 마련하는 과정에서 우리는 이것을 배웠다.

지난 2년간 벤은 누나들, 동네의 아이들과 함께 버스를 타고 내리는 곳까지 걸어 다녔다. 우리는 언제나 벤이 동네 아이들과 어울릴 수 있는 이 기회를 좋아했다. 그 아이들은 벤의 친구가 되고 놀이 동무가 되어 주었다. 하지만 이제 벤은 혼자서 다른 버스에 타고 학교를 가게 되었다. 벤이 버스 타는 시간은 누나들이나 동네 아이들과 맞지 않았다. 교통부장은 우리에게 버스가 도착하고 출발하는 시간과 누가 버스에 탈 것인지, 어느 정류장에 정차할 것인지, 그리고 운전사는 누구인지 알려 주었다.

버스 운전사의 이름은 제인이었는데 그녀는 진흙 속의 다이아몬드와 같은 존재였다. 세 명에서 다섯 명의 아이가 이 '특수 버스'를 함께 타게 되었는데 모두 장애를 가진 아이들이었다. 그리고 이 아이들은 각각의 요구에 따라 지역 내의 특수교육 프로그램으로 이송되었다. 제인은 아이마다 특별한 자리를 배정하고 아이들이 모두 안전벨트를 제대로 매고 있는지 확인했다. 그녀는 아이들이 서로 놀리거나 하는 데 정신을 빼앗기지 않도록 아이들을 떨어뜨려 앉혔다. 그런데도 벤은 다른 아이를 움켜잡거나 때리려고 했는데 자기 또래의 한 여자아이에게 특히 심했다. 돌이켜 생각해 보면 벤이 그 여자아이를 좋아했던 것 같다.

제인은 버스를 강력하게 통제했다.

"시시덕거리지 마라. 손은 몸에 붙이고. 여기서는 내가 대장이야. 너희들은 내 말을 듣고 얌전히 행동해야 돼."

그녀는 명료하고 강했지만 자기 직업을 통해 만난 아이들을 깊이 배려해 주었다. 그녀는 매일 아침 "반갑다, 벤." 혹은 "오늘은 화요일이야. 준비됐니?" 하고 반갑게 인사를 했다. 그리고 몇 분간 시간을 주어 우리가 이야기할 수 있게 해 주었다. 특히 벤이 학교에서 돌아오는 오후에 그랬다. 그녀가 벤의 선생님에 대해서도 알려 주고, 벤이 버스를 타고 오는 동안 무엇을 했는지, 어떤 때는 벤이 버스를 타고 오는 동안 내내 노래를 했다는 등의 이야기를 해 주어서 그 시간이 참 소중했다.

벤은 고등학교를 졸업할 때까지 제인이 모는 버스를 탔다. 나중에 다른 아이들은 대부분 다른 버스로 등교하게 되었다. 제인과 벤은 끈끈한 유대를 형성했지만, 그렇다고 벤이 그녀를 힘들게 하지 않은 것은 아니다. 한동안 벤은 제인이 운전하는 동안 그녀의 팔을 잡으려고 한 적도 있었다. 교통부장은 벤에게 억제대를 사용하고자 했지만 우리가 거부했다. 우리는 벤이 버스의 뒷자리에 앉고 제인만이 풀 수 있는 방법으로 안전벨트를 하면 안 되겠느냐고 물었다. 교통부장이 망설였지만 제인은 이 방법을 시도하고자 했다. 그녀가 나중에 말하길, 벤이 자기를 해치고 싶어 하지 않는 것을 알고 있었다고 했다.

"한참이 지나고 나서는 버스를 타는 게 지겨워진 것 같아요."

편도가 45분 걸렸으니 그녀의 말이 맞을지도 모르겠다. 새로운 방법으로 안전벨트를 매기로 한 전략은 성공적이었다.

통학 버스와 버스 기사

페니가 고등학교 1학년 때 시러큐스 시의 고등학교로 전학 가게 되었을 때, 우리는 워터스 학군에 벤이 타는 버스를 페니도 타고 다닐 수 있는지 물었다. 벤의 중학교와 페니의 고등학교가 1마일밖에 떨어져 있지 않았고, 제인이 벤을 데려다 줄 때 늘 지나치는 길이기도 했기 때문이다.

학군의 교통부 직원은 페니가 장애아가 아니라서 학군의 특수교육위원회가 이를 승인하지 않을 거라고 말했다. 그 당시에 나는 시러큐스 시에서 일하고 있었기 때문에 페니를 태워다 줄 수 있었다. 하지만 고속도로에서 벤과 제인이 탄 버스가 우리 앞을 달릴 때는 좌절감이 들곤 했다. 또한 나는 하굣길에 페니를 태우고 재빨리 집으로 와서 벤의 버스를 기다려야 했다. 단순하게 우리는 이 일정을 가능하게 했고 나는 페니와 함께 다니는 시간을 좋아했다. 페니는 아주 재미있는 아이라 우리의 하굣길은 종종 웃음바다가 되었다. 나는 그런 게 필요했다.

하루는 내가 페니를 학교에 데려다 줄 수 없는 사정이 생겼다. 우리 동네에는 대중교통이 없었기 때문에 페니가 하루 학교에 가지 않거나 제인에게 말해 보는 수밖에 없었다. 남편은 학회에 가고 없었다. 그날 아침, 나는 제인과 잠시 수다를 떨다 이 문제에 대해 이야기하고 페니가 하루만 그 버스를 탈 수 있을지 물었다. 제인은 망설이더니 페니를 한 번 보고 자신의 운전석에 몇 분간 앉아 있었다. 나는 기다렸다.

"알지? 벤이 이 버스의 유일한 승객이라 나는 뒷자리를 검사하지 않아. 일단 벤을 내 옆자리에 앉히고 안전벨트를 묶고 나면 나는 그냥 출발한다고. 후방 거울을 보긴 하지만 다른 얼굴이 보이리라곤 생각지 않지."

그런 다음 그녀는 운전석에서 조용히 나와 나에게 버스 문에서 떨어져 서라고 했다.

"저쪽에 가서 이야기합시다. 저쪽에서 자라고 있는 붓꽃도 보고 싶고 다리도 좀 펴고 싶어요."

나는 그녀의 의중을 알아차렸다. 페니는 재빨리 버스에 올라타서 뒷좌석에 웅크리고 앉았다. 밖에서 보면 버스에 다른 누군가가 있다는 것을 알 수가 없었다. 나는 제인을 안아 주고 싶었다. 하지만 나는 그녀가 우리를 위해 감수하는 위험을 알릴 수 없었다. 그녀는 내가 학교에 아무것도 말하지 않으리라는 것을 알고 있었다. 그녀는 나의 신중함을 믿고 나는 그녀의 연민을 믿었다. 페니도 아무 말 하지 않았다.

벤은 제인을 무척 좋아했다. 나는 제인도 벤을 아주 깊이 배려한다는 것을 알았다. 때때로 그녀는 벤을 위해 과자를 가져오기도 했다. 그녀는 벤이 자신의 워크맨으로 노래를 들으면서 노래를 따라 부르는 것을 좋아했다. 15년이 더 지난 지금도 우리는 다른 주로 이사 간 제인에게 명절 카드나 편지 등을 받고 있다. 우리는 벤에 대한 제인의 믿음과 벤을 다른 아이들과 마찬가지로 학교에서 고전하는 아이로 볼 줄 알았던 그녀의 능력에 감사한다.

그해는 정말 빨리 지나갔다. 셰리와 페니는 새 학교에 쉽게 적응하면서 각자 자기 방식대로 꽃을 피우고 있었다.

뮤지컬에 참여하다

봄이 되자 3학년의 관심은 해마다 돌아오는 뮤지컬에 집중되었다. 이 공연은 3학년 학생 전체가 참여하는 행사로 벤처럼 어려운 학생도 예외가 아니었다. 플로이드 선생님의 의무는 벤이 이 작품에 성공적으로 참여할 수 있도록 돕는 것이었다. 벤이 그냥 무대에 올라가게 하는 것만도 힘든 일이었다. 그래서 플로이드 선생님은 벤의 학급에 있는 아이들과 함께 작전을 짰다. 또한 벤은 3학년 전체 아이들과 함께 노래도 해야 했다. 벤은 노래하는 것을 좋아했지만 다른 아이들보다 느리게 부르곤 했다. 아이들과 노래하는 것, 모든 노래의 가사를 외우는 것… 벤이 할 수 있을까? 플로이드 선생님은 벤이 할 수 있다고 자신했지만 우리는 믿을 수 없었다. 하지만 가장 중요한 것은 공연을 하는 동안 벤이 조용히 있어 주고 이 뮤지컬의 보통 참가자가 되는 것이었다. 쉬운 일이 아닐 터였다.

"무대 위에서 45분? 다른 아이들과 선생님들이 보고 있는 데서? 행정 직원과 학부모도 있는데? 도저히 안 될 거야."

나는 압박감이 쌓여 가는 걸 느꼈고, 벤이 공연에 앞선 흥분과 열광을 따라잡고 있다는 것 또한 느꼈다. 나는 정말 벤이 할 수 있을까 의심하고 있었다. 심지어 나도 할 수 있을지 자신이 없었다.

공연하는 날 저녁, 우리는 벤을 음악실에 데려다 주고 자리를 잡으러 강당으로 갔다. 남편과 나는 누군가가 우리를 찾아와서 벤을 데려가라고 할 것이라고 생각하면서 긴장된 마음으로 자리에 앉아 있었다. 우리는 벤이 방해를 해서 끝까지 해내지 못하리라 거의 확신하고 마음의 준비를 하고 있었다. 나는 두통을 느꼈고 심지어 속이 약간 미식거리기까지 했다. 땀이 나고 몸이 떨렸다. 나는 벤이 어떤 심정일지 상상하고 있었다. 우리는 초초하게 기다렸다. 선생님이 우리가 앉아 있는 줄로 다가올 때마다 나는 공연하는 아이들이 기다리고 있는 음악실로 불려 갈 것이라고 생각했다. 그러나 그런 일은 없었다. 선생님들은 우리를 향해 미소 지으면서 엄지손가락을 치켜들어 보였다. 나는 눈물이 솟아올랐지만 여전히 무슨 일이 생길까 봐 조마조마한 마음이었다.

피아노의 첫 번째 화음이 울리자 이것을 신호로 아이들이 무대 위로 열을 지어 들어왔다. 우리는 벤을 보기 위해 목을 쭉 빼고 있었는데 벤이 아이들과 함께 행진을 하는 게 보였다. 한 손은 앞에 있는 아이의 어깨에 얹었고 다른 손은 뒤따라오는 아이가 잡고 있었다. 3학년 아이들이 벤이 무대 위로 올라가고 단상 위에 자리를 잡는 것을 도와주었다. 그들은 벤의 손을 잡고, 벤에게 이야기를 하고, 벤의 등을 쓰다듬어 주었다. 남편과 나는 이 모든 것을 제대로 보기 힘들었다. 우리의 시야는 눈물로 흐려져 있었다.

벤이 포함된 합창단이 노래를 하기 시작했다. 우리가 보기에 벤은 편안한 듯했다. 그다음에 일어난 일은 상상 밖의 일이었다. 3학년 아이들이 노래를 할 때 벤이 마치 노래를 하는 것처럼 입을 열었다 닫았다 하는 것이었다. 남편과 나는 눈물이 뺨을 타고 줄줄 흘러내렸다. 벤이 노래를 하고, 즐기고, 공연을 하고 있었다. 벤은 학급의 일원이었다. 벤은 그저 한 아이일 뿐이었고, 이것은 정말로 평범하면서 동시에 절대로 평범하지 않은 일이었다. 공연이 끝나자 아이들이 줄을 지어 단상에서 내려갔는데, 벤은 다시 아이들의 손을 잡고 미소를 짓고 있었다. 남편과 나는 기쁨에 넘쳐 밝게 웃었다.

친구들과 함께 있고 그들과 함께하는 것, 이것이 통합교육의 모든 것이다. 벤은 친구들과 선생님들이 기대해 주었기 때문에 공연을 해낼 수 있었다. 그들은 벤을 배려하고 벤의 존재를 존중하고 있었기 때문에 벤에게 어떤 도움을 주어야 할지 알아냈다. 벤은 에드스미스초등학교 3학년 학생 중 한 명이었고, 그렇기 때문에 그들이 하는 모든 것의 일부가 될 책임과 의무를 가지고 있었다.

다시 여름이 오다

학기가 끝났다. 우리는 플로이드 선생님(우리는 그녀를 팻이라 불렀고 벤은 여전히 플러비라고 불렀다)에게 다른 아이들이 그러듯이 여름 동안 벤이 선생님과 매일 몇 시간씩 보낼 수 있는지 물어보았다. 우리가 매일 벤을 데려다 주고 선생님에게는 시간만큼의 보수를 주기로 했다. 그녀는 벤과 긍정적이 관계를 형성했다. 선생님으로서 그녀기 수영장이나 놀이터에서 벤이 다른 학생들과 활발하게 어울리도록 할 수 있다는 것을 우리는 알고 있었다. 그 지역에 살지 않았기 때문에 우리가 할 수 없었다. 그녀가 동의했는데, 이것은 그녀와 나의 깊은 우정의 시작이자 플로이드와 벤의 지속적인 우정의 시작이었다. 지금까지도 벤은 그녀를 플로비라 부르고 그녀와 그녀의 가족을 만나는 것을 즐거워한다.

모든 게 당신의 관점 안에 있다

나는 이 이야기를 수년이 지난 후에 들었다. 하지만 나는 이 이야기가 어른들이 아이들에게 장애를 받아들이는 것에 대해 어떻게 모범을 보여야 하는지 분명히 보여 주는 비유라고 생각한다.

플로이드 선생님의 3학년 학급에 노아 비클린이 있었다. 그 아이의 아버지인 더그 비클린은 나의 교수이자 조언자이자 친구였다. 내가 시러큐스대학교의 특수교육과 박사과정에 입학했을 때 내 지도교수였다. 나중에 더그가 내게 말해 주었는데, 어느 날 저녁 식탁에서 4학년이 된 노아에게 "벤은 요즘 어떻게 지내?" 하고 물었다고 한다. 노아는 "아빠, 걔는 정말 똑똑한가 봐요. 벤이 학년을 건너뛴 거 아세요?" 하고 대답했다.

얼마나 긍정적인가. 사실 벤은 플로이드 선생님의 3학년 학급에서 마루소 선생님의 5학년 학급으로 옮겨졌다. 벤이 정말 잘해서 또는 벤이 매우 똑똑해서가 아니라 마루소 선생님과 매슈스 선생님이 벤을 가르치고 싶어 했기 때문이다. 4학년 선생님들은 아직 준비가 되지 않았다고 했다.

　3학년 팀과 마찬가지로 5학년 팀도 모든 것을 함께 계획했다. 그들은 모든 아이들이 교육과정을 배우고 사회성을 키울 수 있는 다양한 긍정적 방법을 진지하게 고려했다. 그들은 벤과 같은 아이들이 각각 도움을 받을 수 있도록 각자의 개인적인 방식을 발견해 냈다. 그들의 목표는 모든 아이들의 성공이었다. 그들은 또한 학교가 즐겁고 흥미 있는 장소여야 한다고 믿었다.

　물론 벤은 행동 문제를 가지고 있었다. 그의 문제는 대개 자기 자신을 꼬집거나, 기둥에 머리를 찧거나, 자신의 뺨을 때리는 것 등이었다. 종종 큰 소리로 울기도 했다. 이런 일로 벌을 주는 대신에 마루소 선생님은 벤이 정말 스트레스를 받았다고 이해해 주었다. 그는 공격적이지 않으려고 노력했다. 그는 그가 어떻게 느끼는지, 무슨 일이 일어나고 있는지에 대한 그의 혼란들을 표현하려고 노력을 하고 있는 거였다.

　벤은 평생 동안―그는 지금 30대 중반이다―다양한 방법으로 자신을 다치게 했다. 그것은 자폐증의 가장 끔찍한 부분이었다. 벤이 자기 얼굴을 할퀴거나, 살이 부풀어 오를 때까지 자기 목을 때리거나, 피가 날 때까지 자기 팔을 꼬집는 것을 보기란 정말 괴로운 일이었다. 어린 아이 때부터 고등학생이 된 후까지도 벤은 날카로운 칼로 자신을 베어 자해하곤 했다. 외과 의사처럼 자신의 팔이나 다리에 칼로 정확한 평행선을 그려 놓곤 했다.

　요즘 심리학자나 정신과 의사는 자신을 칼로 베는 젊은이를 치료한다. 하지만 그 시절에 우리는 이것을 새롭고 보다 복잡한 행동 문제로, 또 자폐의 새로운 발현으로 단순하게 생각했다. 물론 우리는 칼을 모두 숨겨 놓고 벤이 자신을 때리는 것을 막으려고 노력했다. 하지만 항상 성공하지는 못했다. 한편으로 우리는 벤이 우리를 다치게 하고 싶어 하지 않는다는 것을 알고 있었다. 때때로 벤은 일부러 우리를 다치게 하려고 했는데 우리는 그 이유를 알 수가 없었다. 벤은 몇 가지 이유를 설명했다.

어떤 때 벤은 단지 우리를 화나게 하고 싶었다. 아마도 우리는 포기를 했었을 것이고 그를 그냥 마음대로 하도록 두었을 것이다. 또 어떤 때 벤은 의사 표현을 하고 싶어 했다.

나는 괴상ㅇ하게 ㄱ굴ㄹ어서 그 삿람이 자폐가ㅏ 먼지 알겝하려고 ㄱ 랬어(나는 괴상하게 굴어서 그 사람이 자폐가 뭔지 알게 하려고 그랬어).[1] [I WAS WIERD TO HINM SO THAQRT H E COUILDS ASEE QJHAT AUTISM WAS LIKEWE(I was weird to him so that he could see what Autism was like.)]

만약 벤이 우리를 화나게 하려고 하는데 내가 봐 주지 않으면 벤은 내 팔을 잡고 애원하듯이 내 눈을 바라보았다. 종종 벤은 내 팔을 긁거나 아주 세게 잡아서 나는 움찔하고 놀라곤 했다.

행동 문제 – 무슨 일이 일어나고 있는 걸까?

벤의 구두 언어는 늘 제한되어 있었다. 벤은 흔히 무의미한 어구를 "입 닥쳐!!!" 하고 소리 지르고 싶어질 때까지 반복했다. 정말 미쳐 버릴 것만 같았다. 우리가 처음에 모두 웃었던 어구는 '끝을 당겨'였다. 이게

---

1 역자 주 : 이 문장은 벤이 촉진적 의사소통을 하면서 키보드를 이용하여 말한 것이다. 맞춤법에 어긋나는 단어는 타이핑의 실수를 나타낸다.

대체 무슨 소리란 말인가? "끝을 당겨, 끝을 당겨, 끝을 당겨, 끝을 당겨…." 계속해서 이 말을 하는 것이었다. 찰리 브라운이 말하듯이 "아아아아!!!" 나는 그 말이 무슨 의미인지 알아내려고 애썼다. 수년 동안 우리는 그 뜻을 몰랐다. 정말 절망적이었다.

우리가 놓친 것은 그 당시에 무슨 일이 일어났는지 전체적으로 파악하지 못한 것이었다. 행동과학자로서 남편은 강화 유관성을 찾도록 훈련을 받았다. 하지만 우리는 벤이 뜻도 없는 주문 같은 말을 해서 무엇을 얻는지 이해할 수가 없었다. 한번은 우리의 반응이 강화되는 것은 아닌지 생각한 적도 있었다. 우리가 반응을 보이기 때문에 벤이 재미있게 생각하는 것은 아닌가? 그래서 우리는 벤을 못 본 척하기로 했다. 하지만 소용없었다. 벤은 이 말을 계속 반복했고, 심지어 목소리를 점점 크게 하거나 다급하게 하기도 했다.

이 어구가 무엇을 뜻하는지 알아내는 데는 수년이 걸렸다. 그 뜻은 '조심해. 나는 화가 나고 있어. 내가 너를 잡을 거야. 나는 도움이 필요해.'였다. 이 문장이 벤이 하고자 한 말을 그대로 옮긴 것은 아니지만 그의 뜻을 모두 담고 있다. 그에게 '끝'이라는 것은 우리 팔의 피부를 말하는 것이었다. 벤은 '피부'라는 말을 몰라서 우리 몸의 바깥 끝인 피부를 '끝'이라고 표현한 것이다. 그리고 '당긴다'는 벤이 우리의 팔을 잡고 손톱으로 파면서 피부를 당기려고 한다는 뜻이었다. '끝을 당겨'라는 말은 우리를 해치려고 한다는 뜻이었고, 이는 대개 벤이 신체적으로 혹은 정신적으로 뭔가 고통을 느끼기 때문이었다. 벤은 '끝을 당겨'라는 말을 반복하고 우리를 잡고 긁으면서 도움을 갈구했던 것이었다. 우리는 이러한 행동 문제를 보는 방식을 완전히 바꾸면서 이것을 깨닫게 되었다.

강화나 벌, 분리된 행동에 집중하는 대신에 우리는 전체적인 상황을 보았다. 우리는 허브 러빗, 앤 도널런, 댄 홉스의 논문을 읽고 각 상황을 환경적으로 접근하는 법을 배웠다. 즉, 모든 것을 고려하는 법(각 사건의 누가, 무엇을, 언제, 어디서, 그리고 각각의 ABC를 고려하는 법) 말이다. 여기서 A는 실제 행동이 일어나기 전에 있었던 상황antecedent conditions, B는 문제가 되는 행동의 자세한 묘사complete description of the actual behavior, C는 일어난 행동의 결과consequences of the behavior occurring를 나타내는 약자이다. 이 각각을 감정의 이입 없이 체계적으로 관찰함으로써 우리는 벤이 표현하고자 하는 것을 이해하도록 도울 수 있는 반복되는 행동 양식을 알아내기 시작했다.

첫째, 우리는 벤의 행동(때리고, 꼬집고, 칼로 베는 것 등)이 그가 생각하거나 느끼는 것을 표현하려는 시도임을 알기 시작했다. 얼마나 범상치 않은 폭로인가? 이것은 벤이 생각하고 느끼는 인간이라는 분명한 선포였다. 누군가는 "그게 뭐 어쨌다고."라고 할 만한 일일지 몰라도, 이게 바로 우리가 오늘날 자폐증에 대해 좀 더 많이 알게 된 이유인 것이다. 1970년대 후반부터 1980년대까지 벤이 자랄 때는 행동주의가 자폐 아동을 위한 접근법으로 받아들여지고 있었다.

남편은 행동주의 학자로 훈련을 받은 사람이었지만 차마 벤에게 벌을 주지는 못했다. 특히 전기 쇼크를 주거나 독한 연기를 얼굴에 뿜는 것과 같은 혐오 요법은 정말 사용할 수 없었다. 남편은 이런 방법을 실험실의 쥐에게 쓰는 것을 많이 보았다. 과학자로서 그는 동물이 결국은 행동을 변화시키는 것을 관찰해 왔지만, 벤에게 이런 중재를 사용하는 것은 주저했다.

우리는 전기 총이나 소를 모는 전기 막대로 자폐 아동에게 전기 충격을 주는 비디오를 본 적이 있다. 또 자폐 아동에게 듣거나 보지 못하도록 헬멧을 씌우거나, 백색 소음을 귀에 직접 들려주어 다른 소리를 못 듣게 하는 등 감각 박탈을 하는 법을 보여 주는 비디오를 본 적도 있다. 자해를 방지하기 위해 보조기 재킷을 입혀 놓거나, 부적합한 행동을 했다고 벌로 푹신한 벽으로 둘러싸인 작은 방에 가둬 두는 것도 보았다. 이런 중재를 찬성하는 사람들은 아이가 더 이상 문제 행동을 일으키지 않는다는 성공을 자랑스럽게 이야기할 것이다. 우리가 자주 본 것은 약에 취하고, 겁에 질리고, 감정 없이 몸을 웅크린 아이들의 모습이었다. 하지만 우리는 벤에게 그럴 수 없었다. 벤을 도울 수 있는 보다 나은 인간적인 방법이 분명히 있을 것이라고 생각했다. 전체적인 상황과 벤에게 무슨 일이 일어났는지를 고려하는 접근법을 쓰는 것이 더 가능성 있게 느껴졌다.

워터스 학군에서 2년 동안 1학년에 머물렀던 벤은 새 학교인 에드스미스초등학교에서는 3학년을 1년, 4학년을 1년 다녔다. 그런 다음 벤은 레비중학교로 옮겼다.[2] 노아가 묘사했던 대로 아이들은 벤이 똑똑하다고 생각했다. 나중에 우리는 그 아이들의 생각이 그리 틀리지 않았다는 것을 발견했다. 우리는 벤의 지적 능력을 조금씩 보기 시작했다. 하지만 그때는 벤이 말도 안 되는 일들로 우리를 어리둥절하게 하곤 했다.

---

2   역자 주 : 미국의 학제는 학군에 따라 초등학교에서 4학년까지 마친 후 5학년부터는 중학교로 편성되기도 한다.

공포와 협박

벤은 특정한 것에 공포를 느꼈는데, 왜 그런지 우리는 도무지 이해할 수 없었다. 아주 어릴 때부터 한창 유아원과 초등학교를 다닐 때까지도 벤은 팅커토이나 오트밀 통 같은 원통형의 물건만 보면 움츠러들었다. 만약 원통형 물건의 바닥이 반짝이는 금속이면 벤의 공포는 거의 통제가 불가능할 지경이었다. 벤의 유아원 선생님은 이런 물건을 벽장에 잘 감춰 두었지만 그것만으로는 충분치 않았다. 선생님이 어떤 물건을 꺼내려고 벽장을 열기라도 하면 벤은 말 그대로 총알처럼 움직였다.

손을 씻는 비누 또한 벤이 공포를 느끼는 대상이었다. 심지어 지금도 벤은 협박하는 목소리로 "비누를 네 입에 넣어 버릴 테다."라고 말하는 적이 가끔 있다. 누가 이런 말을 벤에게 했다는 말인가? 누군가가 벤의 입에 비누를 넣기라도 한 걸까? 왜? 벤이 워터스 학군의 학교에 다닐 때, 몇몇 아이가 비누를 들고 다니는 어른을 본 적이 있다고 말했다. 아이들은 그 이유를 몰랐다. 우리도 그저 상상을 할 뿐이다.

투명한 비닐을 동그랗게 말아 놓은 것도 벤을 괴롭게 하는 것이었다. 우리는 계속 집을 개조하고 보수하느라 철물점과 주택 보수 센터에 자주 갔다. 우리는 우선 줄에 플라스틱을 말아 놓은 것과 또 다른 자극물인 주황색 전기선이 진열되어 있는지 정찰을 해야만 했다. "7번 복도에는 우리가 필요로 하는 게 없다."는 암호는 주황색 전기선이 7번 복도에 있다는 뜻이었다.

하지만 우리가 선수를 쳤다는 자부심은 공격적인 판매 전략에 무너지곤 했다. 성공적으로 7번 복도를 지나치고 회심의 미소를 지으면서

8번 복도로 들어섰는데 주황색 전선이나 투명 비닐 롤을 만난 것이다. 물건을 다른 장소로 옮겨 놓았던 것이다.

"아이고 젠장, 망했다."

우리는 어떤 식으로든 해결해야 했다. 우리는 셰리나 페니가 먼저 가게의 복도들을 정찰하게 하는 법을 재빨리 배웠다. 머리를 빨리 가로젓는 것은 '안 돼. 이 복도는 가지 마.'라는 뜻이었다. 하지만 이따금 우리가 사야 할 물건이 거기 있기 때문에 악마의 소굴로 들어갈 수밖에 없었다. 우리 중 한 사람만 가도 된다면 가장 좋겠지만 간혹 어쩔 수 없는 경우도 있었다. 우리는 또한 우리가 벤을 영원히 보호할 수 없다는 것을 서서히 깨닫기 시작했다. 벤은 이런 상황을 어떻게 해결하는지 배워야 했다. 우리의 유일한 행동 방침은 벤이 이런 어려움을 헤쳐 나가도록 돕는 방법을 알아내는 것이었다.

"자, 벤, 이 복도에 뭐가 있는지 알아?"

남편이 물었다. 벤은 이미 알고 있는 것 같았다. 우리는 벤이 우리보다 더 똑똑해서 그 괴로운 물건이 어디에 진열되어 있는지 다 알고 있었다는 것을 깨닫기 시작했다. 알고 있는데도 벤은 숨이 빨라지고 얼굴이 창백해졌다. 우리는 벤의 눈이 커지고 공포가 그를 감싸는 것을 눈치챌 수 있었다.

"우리는 주황색 전선을 지나 이 복도를 걸어가야 돼. 부엌의 전선을 연결할 접속 단자가 필요하거든."

남편은 작은 목소리로 말했다. 벤은 손을 뻗어 남편의 어깨 위에 얹었다.

"할 수 있을 것 같니?"

남편의 목소리는 작았지만 안심을 시키는 것 같았다.

"우리는 같이 할 수 있을 거야. 내 어깨를 잡고 있으면 도움이 될까?"

남편이 묻자 벤은 남편의 어깨에 손을 얹고 살짝 움켜쥐었다.

"해 볼 거지? 그렇지?"

벤은 목소리가 떨렸지만 복도를 걸어가기 시작했다. 주황색 전선이 있는 곳에 다다르자 벤이 잠시 멈춰 섰다. 남편은 몇 초를 기다리고 나서 벤의 손 위에 자기 손을 얹은 채 "봐, 우리가 원하는 접속 단자가 여기 있다." 하고 말하면서 걸어가기 시작했다. 벤이 따라가고 있었다.

훗날 우리는 벤과 함께 걸어가고 있었는데 갑자기 벤이 사라졌다. 잠시 후 우리는 벤이 스스로 이 '공포'를 견딜 수 있는지 시험해 보고 있다는 것을 알게 되었다. 벤은 아직도 같은 행동을 하며 대부분은 괜찮다. 같은 상점을 계속 이용하고, 이제는 벤이 친구들이나 도움을 주는 사람들과 함께 가기도 하기 때문에 점원들은 벤을 알고 있다. "벤은 저기 플라스틱 물건을 새로 온 종업원보다 더 빨리 찾을 수 있어요." 하고 한 점원이 말했다. 벤을 긍정적으로 보았다는 점에서 그에게 점수를 주고 싶다.

벤은 왜 그런 물건을 무서워할까? 벤도 모르는 것을 누가 알겠는가. 우리는 여러 가지 방법으로 벤에게 물어보았다. 하지만 그의 대답은 "그게 너도 무섭지? 그렇지?"였다. 추측하기에 벤이 그 물건을 보는 방식과 뭔가 관련이 있는 것 같았다. 벤이 어떻게 인지하는지 알 수 없었지만, 다른 자폐아들처럼 벤도 종종 사물을 다르게 인지했다. 우리가 주황색 전선을 보지만, 어쩌면 벤은 각각의 코일을 보고 두려움을 느끼는지도 모르겠다. 투명한 플라스틱 롤은 아마 그에게 아주 다른 시각적 자극 또는 인식으로 작용하는 게 분명했다.

벤이 실제로 그것들을 만질 수 있게 된 지 이제 5년도 되지 않았다. 벤은 그 물건을 만지기 위해 손을 조심스럽게 준비하고도 몸을 떨고 도망가 버리곤 했다. 때로는 손가락으로 표면을 쓸거나 플라스틱의 접힌 곳을 엄지와 검지로 살짝 꼬집어 보기도 하고, 롤을 살짝 들어 올리고는 재빨리 제자리에 놓고 뒤로 물러서서 몸을 떨었다. 이것은 전형적인 '접근-회피' 반응이었다. 하지만 그가 이런 행동을 하는 동안 그가 어떤 생각을 하는지 우리는 알 수 없을 것이다.

지금 벤을 위해 수년째 일하고 있는 안젤로는 벤이 그 롤을 꼭 가서 찾아본다고 전했다. 그러면 안젤로는 "가자, 벤. 거기 갈 필요 없잖아? 가야 돼? 우리는 폴리우레탄을 한 깡통 사야 돼." 하고 말하면서 벤을 막는다고 한다. 벤은 안젤로에게 또 들켰다는 듯이 미소를 짓거나 키득거리곤 한다. 그들은 신뢰와 돌봄을 바탕으로 매우 좋은 관계를 쌓아 왔다.

앗, 잠깐, 내가 앞서 나가고 있군. 중학교가 빠졌네. 벤의 초등학교에서 몇 마일 떨어진 새 건물, 새 선생님들, 세 군데의 초등학교에서 오게 된 아이들, 혼잡한 복도에서 교실 옮겨 가기, 다른 버스 일정, 그리고 또 뭐가 있지? 우리는 인종 간의 긴장감과 싸움이 조금은 있다는 것을 벌써 전해 들었다. 우리는 또한 벤의 친구 관계에 대해 걱정하고 있었다. 여학생들은 어떻지? 어떤 일들이 일어날까? 벤이 잘 견딜 수 있을까? 벤을 위한 도움은 어디서 얻게 될까? 우리가 견딜 수 있을까?

제 **13** 장

중학교

벤은 중학교 1학년이 되어 새 건물과 새 일과를 맞게 되자 아주 어려워
했다. 건물이 낯설었을 뿐만 아니라 선생님들과 아이들도 모두 새로웠
다. 벤은 시간표에 따라 과목별로 다른 교실에 가야 했다. 혼돈과 혼란
의 연속이었다.

초등학교 때와는 달리 중학교 1학년을 맡은 두 선생님이 짝을 이루
어 가르치는 것이 왠지 잘되지 않았다. 그 선생님들은 둘 다 성격이 굉
장히 강하고 서로 통제하려고 했다. 협력해서 일할 방법을 찾으려고
노력하기보다는 서로를 괴롭히는 것처럼 보였다. 두 사람 다 젊고 팀
으로 일하는 게 처음이었다. 두 선생님의 반에는 벤처럼 다루기 어려
운 아이 몇 명과 자신의 문제 무더기를 교실로 끌고 들어오는 전형적
인 도심 학교 학급의 아이들이 섞여 있었다. 이 학급에 인종 차별이 존
재한다는 것을 느끼는 데는 얼마 걸리지 않았다.

일반 교사가 비장애 아동을 맡고 조너스 선생님이 자폐 아동을 맡았는데 그중 많은 아이들이 정말로 힘든 경우였다. 벤은 상당히 예측하기 어려웠으므로 가장 어려운 아이들 중의 하나였다. 선생님은 벤에게 필요하다고 생각하는 도움을 주고자 최선을 다했다. 하지만 학급 내의 긴장감이 뚜렷했다. 벤이 다른 교실로 이동할 때는 보조 교사가 함께 가 주었지만, 조너스 선생님이 벤에게 필요한 보조가 무엇인지 가르쳐 주거나 어떤 일을 하라고 하면 보조 교사는 거절을 했다.

　"당신은 여기 선생님이 아니잖아요. 당신은 그저 특수교사잖아요. 나는 당신이 하라는 대로 할 필요가 없어요. 나는 이 학군에서 보조교사를 오랫동안 해 왔어요. 나한테 이래라 저래라 하지 말라고요. 나는 정년을 보장받았고 당신은 아니잖아요."

　조너스 선생님은 이런 말을 자주 들었다. 이런 일은 그녀의 업무를 더욱 어렵게 만들었다. 이 학군에는 매우 강력한 노조가 있었는데 이 보조 교사들은 자신들이 잘 보호받으리라는 것을 알고 있었다. 특히 아직 정년을 보장받지 못한 신참 교사와 부딪히게 될 때 말이다. 그들은 누가 주류 세력인지 재빨리 알았던 것이다.

　비장애 아동들은 훌륭했다. 많은 아이들이 초등학교 때부터 벤을 알고 있었고, 비록 다른 아이들은 벤을 몰랐지만 벤을 좋아하는 것 같았다. 아이들은 벤을 대변하고 보호해 주었다.

또래의 힘

한번은 벤을 모르는 한 남자아이가 벤을 흉내 내고, 벤이 팔을 날갯짓하듯 움직이고 몸을 앞뒤로 흔드는 것을 놀렸다.

"얘들아, 저 바보 좀 봐. 하하하."

그 아이는 벤을 가리키며 웃었다. 아이들은 학교 식당 바깥쪽의 복도에 있었는데 몇몇 아이들이 둘러서서 보고 있었다. 어떤 아이들은 따라 웃고 어떤 아이들은 주저하면서 뒤로 물러섰다. 벤을 초등학교 때부터 알아 왔고 벤과 같은 반인 한 아이가 놀리는 아이의 앞을 막고, 둘러선 아이들과 벤 사이에 서면서 앞으로 나섰다. 그 아이는 몸을 앞으로 내밀고 손을 허리춤에 얹고 있었다.

"잘 들어, 이 녀석들아. 얘는 벤이야. 멋진 아이지. 우리는 이 아이를 놀리지 않는다. 알아들었니?"

아이는 질문처럼 말했지만 이 말의 의도는 분명했다. 바로 "물러서!"라는 메시지였다.

이 광경을 보고 있던 한 교사가 이 사건에 대해 이렇게 말해 주었다.

"나는 무슨 일이 일어나는지 보고 있었는데 내가 개입해야 한다는 걸 알고 있었죠. 하지만 언제 어떻게 끼어들어야 할지 모르겠더라고요. 나 대신에 아이가 떠맡도록 했네요."

그 아이는 벤의 친구였기 때문에 벤의 일에 관여한 것이다. 그 아이는 어떻게, 무엇을 해야 할지 알고 있었다. 그보다 더 잘할 수는 없을 것이라고 나는 생각했다.

벤은 그해에 남자아이가 되는 것에 대해 많이 배웠다. 그것은 어른이 아이에게 가르칠 수 있는 것이 아니라 또래들에게 배워야 했다. 내 남동생은 나에게 부모나 교사가 아이를 교육할 수는 있겠지만, 아이를 현명하게 만드는 것은 다른 아이들이라고 말한 적이 있다. 나는 이 말속에 진실이 담겨 있다고 생각한다. 벤은 주머니에 손을 넣고 걷는 법이라든지 우노 게임 하는 법, 농구 골 넣기 시합 등 멋진 것들을 배웠다. 벤은 책상에 걸터앉아 발을 의자에 얹는 것이나 어떻게 어울려 놀아야 하는지를 배웠고, 자신에 대해 좋게 생각하기 시작했다. 우리는 그의 행동과 태도에서 이것을 볼 수 있었다. 벤은 학교를 좋아했다. 얼마나 기분 좋은 일인가.

중학교 2학년은 벤에게 가장 좋았던 해 중의 하나이다. 윌리스 선생님은 우리가 가지고 있던 통합교육에 관한 모든 가치를 다 가진, 젊고 헌신적이며 매우 야심찬 사람이었다. 게다가 그는 이런 가치를 모든 아이들에게 도움이 되도록 의미 있는 사회적·학술적 경험으로 만들어 낼 줄도 알았다.

아이들이 서로에 대해, 자신과 같은 점과 다른 점을 배울 수 있도록 매일 아침은 사회 활동으로 시작되었다. 이 아침 활동은 보드 게임이나 춤과 음악, 요리, 역도 등의 활동을 중심으로 이루어지기도 했다. 실제로 역도는 모든 아이들이 좋아하는 활동이었다. 여자아이도 참여하게 되어 있었다. 아침 활동은 경쟁을 하는 시간이 아니었다. 이 시간은 친구들 사이에서 자기 자신이 되는 시간이었다.

윌리스 선생님은 훌륭한 역할 모델이었다. 그는 자신이 함께하지 않는 한 아이들에게 어떤 것도 시도하도록 지시하지 않았다. 그는 아이들과 함께 많이 웃었고, 아이들이 긍정적이고 고무적인 방식으로 서로에게, 자기 자신에게 도전하는 모습을 보는 것을 좋아했다. 매일 아침을 시작하는 훌륭한 방법이었다. 아카데미상 다큐멘터리 부문에 수상 후보로 올랐던 〈보통 삶Regular Lives〉은 통합교육에 대한 서술 부분에서 윌리스 선생님의 학급을 보여 주기도 했다. 벤도 그 영화에 잠깐 카메오로 나온다. 아침 활동의 끝 무렵에 벤은 손과 얼굴을 씻고 양치질도 하고 옷매무새가 바른지 점검하곤 했다. 그런 다음 벤은 자기 교실로 갔다. 하루 일과는 학업 과목과 점심, 개인 기술 훈련으로 꽉 차 있었다.

벤이 아기를 때렸다고?

나는 선생님이나 학교 직원이 벤이 무슨 일을 저질렀다고 알려 주려는 전화일까 봐 전화벨을 두려워했던 공포에서 많이 벗어나 있었다. 나는 안심하기 시작했다.

그러던 어느 날 전화벨이 울렸다. 그 소리만 듣고도 나는 뭔가 잘못되었다는 것을 예감할 수 있었다. 나는 조심스럽게 전화를 받았다.

"리어 여사, 저는 레비중학교의 교장인 로렌스입니다."

나는 내 이름을 듣자마자 상대방이 누군지 알았다. 그와 여러 번 회의를 한 적이 있었지만 그가 나를 '리어 여사'라고 부르는 데 놀랐다. 내가 벤에 대해 묻기도 전에 로렌스 선생님은 계속해서 말했다.

"오늘 오후에 시내버스에서 벤과 관련된 사건이 있었습니다."

나는 숨을 멈췄다.

"벤이 아기를 때렸습니다."

나는 숨이 턱 막히고 마음이 회오리치기 시작했다. 벤이 아기를 때렸다고? 나는 말을 잃었다. 로렌스 선생님은 말을 이어 갔다.

"벤은 때리거나 싸우는 것에 관한 우리 학군의 규칙을 어겼습니다. 나는 벤에게 2주간의 정학을 주겠습니다."

나는 뭐라고 말을 해야 할지 몰랐다. 마침내 내가 입을 열었다.

"아기는 괜찮은가요?"

로렌스 선생님은 아기는 다치지 않았지만 아기 엄마가 극도로 화가 난 상태라고 말했다. 그는 우리가 학군으로부터 벤이 돌아와도 좋다는 공식적인 편지를 받게 될 것이라고 했다. 통화를 마치고 전화가 끊기고 나서도 얼마나 오래 전화기를 들고 있었는지 나도 모르겠다. 전화기에서 삑삑거리는 소리가 나는 것을 듣고서야 나는 전화기를 내려놓았다. 다음에는 어떤 사건이 일어날지 모르는 일이었다.

무엇을 해야 할지 몰랐다. 나는 말 그대로 얼어붙었다. 벤이 학교에서 돌아왔다. 무슨 일이 있었던 건지 아이에게 어떻게 물어봐야 할까? 어떻게 아이의 편을 들어 주고, 방어를 해 주고, 나 또한 이해하지 못하는 것을 설명해 주어야 할까? 나의 모든 생각이 멈추어 벤의 선생님에게 전화를 했다. 나는 몹시 흥분한 상태여서 윌리스 선생님의 방향 제시가 필요했다.

"무슨 일이 일어난 거예요?"

선생님의 이야기를 들어 보니 충분히 단순한 일처럼 보였다. 벤은 개별화 교육 계획의 일부로 지역사회를 방문했다. 또한 교육 계획의 일환으로 벤은 시내버스에 탔는데 그때 사건이 일어난 것이다. 중학교 앞 정류장에 버스가 다가오고 있을 때, 엄마와 함께 타고 있던 아기가 울기 시작했다. 엄마와 아기는 버스 운전사 근처의 앞자리에 앉아 있었다. 벤이 버스에서 내리면서 손을 뻗어 아기를 때렸다. 아기 엄마가 소리를 질렀고 즉시 윌리스 선생님이 개입했다. 그는 재빨리 벤에게 자폐가 있고 아기를 해치려고 한 것은 아니라고 설명했다. 연락처를 주고받고 벤은 윌리스 선생님과 버스를 떠났다. 그런 직후에 내가 전화를 받은 것이었다.

나는 겁에 질렸다. 벤은 워터스 학군으로 돌아가야 할까? 왜 아기를 때렸을까? 우리는 아기의 울음소리가 벤을 자극한다는 것을 알고 있었다. 하지만 아기를 때리다니. 그건 누구의 기준에서도 용납할 수 없는 일이었다. 이제 무엇을 해야 할까?

그날 저녁 우리는 윌리스 선생님과 다시 이야기를 했다. 우리는 아기 엄마와 통화를 하여 그녀를 위로하려고 애썼다. 그녀는 상당히 화가 나 있었다. 벤이 흑인이라는 것도 도움이 안 되는 문제였다. 우리는 불안한 상태로 잠자리에 들었다. 무슨 일이 일어날까? 우리는 벤이 이 학군에서 쫓겨날까 봐 불안했다. 이 상황 자체가 뭔가 잘못된 것처럼 느껴져서 좀 더 조사를 해 봐야 했다.

다음 날 아침 우리는 전화를 해서 약속을 잡았다. 그날 오후에 윌리스 선생님이 전화를 했다. 선생님의 이야기는 우리를 감동시켰다. 벤이 때렸던 아기의 형이 벤과 같은 학교에 다니고 있었던 것이다. 무슨 일이 있었는지 아기 엄마가 묘사했을 때, 아기의 형이 벤을 방어해 주었다고 한다.

"엄마, 걔는 우리 학교 아이예요. 내가 그 애를 알아요. 걔는 누구를 해칠 아이가 아니에요. 아기를 다치게 하려고 한 게 아니라는 건 확실해요. 걔는 자폐아인데 때때로 흥분을 하죠. 그냥 가끔 자기 통제가 안 되는 거예요. 걔는 좋은 아이예요."

아, 통합교육의 힘이란. 우리는 교감 선생님을 만났다. 그녀는 동료 학생의 변론을 들었고, 아기 엄마가 벤을 어떻게 처리해야 할지 다시 고려 중이라는 것을 알고 있었다. 하지만 교감 선생님이 때리는 것과 싸우는 것에 관한 학교의 방침에 대해 엄중한 편지를 쓰리라는 것은 분명했다. 우리는 참담한 심정이었다.

교감 선생님이 입을 열었다.

"정상적인 상황이라면 벤을 2주간 정학시켰을 겁니다. 사실 그것이 우리의 처음 의도였어요."

그녀의 목소리는 낮고 강했다. 그녀의 턱은 강직해 보이고 눈빛은 차가웠는데 남편과 나를 꿰뚫어 보는 것 같은 느낌이 들었다.

"아기의 형인 카를로스가 벤이 나쁜 의도로 그런 것이 아니라고 마르티네즈 부인을 설득한 것 같습니다. 그 아이가 벤에 대해서 설명했대요. 자기가 벤을 아는데 벤이 아기를 해롭게 하려고 한 게 아닐 거라고 말이죠. 마르티네즈 부인은 우리에게 처벌을 결정할 때 그것을 고려하라고 요청했습니다."

'처벌'이라는 단어가 내 마음에 꽂혔고 나는 눈에 눈물이 차오르는 것을 느꼈다. 나는 이를 꽉 물고 기다렸다. 교감 선생님은 말을 이어 갔다.

"벤이 처벌을 받아야 한다는 것이 내 의견입니다. 때리거나 싸우는 것에 관한 학교의 규칙을 어겼어요."

그녀는 벤이 정학을 받아야 한다는 의견을 반복했다. 나는 눈물이 쏟아지려는 것을 느꼈다. '울지 마' 하고 나는 속으로 계속 되뇌었다. 나는 어렵게 침을 꿀꺽 삼키고 무엇이 그다음에 올지 기다리면서 숨을 참고 있었다.

"이 사건에 대해 교장 선생님, 윌리스 선생님과 의논을 했습니다. 그분들은 정학이 벤에게 가장 도움이 되는 결정은 아니라고 믿으시더라고요. 하지만 결정은 교감인 제 권한입니다."

이제 우리가 말할 차례였다. 우리는 벤이 학교에 가지 않고 집에 있는 것이 버스에서 아기에게 한 짓에 대한 벌이라는 것을 이해하지 못할 거라고 처참한 심정으로 설명했다. 적어도 우리에게는, 그리고 벤에게는 거기에 단절이 있는 것이다.

"이 끔찍한 경험이 우리와 벤에게 의미 있도록 도와주십시오."

우리는 간청했다. 그녀는 우리의 말을 열심히 듣고 마지막 견해를 남겼다.

"제가 들은 모든 것을 고려하겠습니다. 결정을 내리면 오늘 늦게라도 전화 드리지요."

벤의 정학은 취소되었다. 벤이 스트레스를 받았을 때나 흥분했을 때 손을 자신의 몸에 붙이고 있게 한다든지 도움을 요청하는 등 자신을 통제하는 법에 관한 목표가 개별화 교육 계획에 첨가되었다.

승리한 것인가? 우리는 더 이상 이런 방식으로 생각하지 않는다. 우리는 학교를 이기는 것을 포기했다. 이기고 지는 문제가 아니라 벤이 관한 것이었다. 우리는 벤에게 최선이라고 생각하는 것을 언제든지 원했다. 때로는 다른 사람들이 동의하지 않더라도 말이다. 우리는 정치적 이슈와 무능력으로 인해 곁길로 샌 것을 알아차린 것이다. 친구들, 동료들, 그리고 벤을 아는 사람들을 가지게 된 것이 아마도 우리가 바랄 수 있는 가장 소중한 것이리라. 오래 걸리긴 했지만 우리는 이것이 학교 밖의 보다 큰 지역사회에서도 가능하다는 것을 서서히 깨닫게 되었다. 이것은 늘 우리에게 벤을 위한 꿈이었는데 이제는 우리가 희망을 가지게 되었다.

● ●

중학교 1학년 때 벤은 두 가지 방과 후 클럽에 들어갔고 방과 후에는 지역 센터에 갔다. 벤은 또래들과 어울릴 수 있었기 때문에 특히 이 활동을 좋아했다. 많은 계획과 도움 없이는 벤이 이 활동에 참여한 것은 아니다. 선생님들과 나는 어떻게 벤이 참여할 수 있는지, 어떤 도움을 주어야 하는지, 비장애 아동이 벤과 사귈 수 있도록 어떻게 장려할 수 있는지 등을 알아내기 위해 오랜 시간을 함께했다. 벤이 가장 좋아했던 클럽 중의 하나는 스페인어 클럽이었다. 벤이 이 클럽을 좋아할 거라고 선생님이 처음 소개했을 때 나는 농담인 줄 알았다.

"훌륭하네요."

나는 빈정대듯이 말했다.

"상상이 가요. 영어도 겨우 하는 아이에게 스페인어 클럽을 권하시는군요. 정신이 이상해지신 건 아니죠?"

되돌아온, 부드럽지만 약간은 도도한 표정에 나는 농담을 그만두었다. 이것은 어른이 정상적이고 건강한 상호 작용에 방해가 되는 또 하나의 예(이 경우에는 나)인가? 나는 이런 경우를 정말 많이 봐 왔다. 좋은 의도를 가진 어른이 장애 아동을 너무 감싸고 있어서 비장애 아동이 가까이 오지 못하게 하는 경우를 말이다. 아니면 내가 벤이 그런 것을 할 능력이 없다고 생각하고 벤을 과잉보호해서 아이가 정상적인 기회를 갖지 못하게 하는 것일까?

"안 됩니다."

나는 결정했다. 벤을 스페인어 클럽에 보낸다는 아이디어는 정말 이상했다. 내 마음을 읽기라도 하듯이 윌리스 선생님은 인내심을 가지고 스페인어 클럽이 전통적으로 매년 할로윈 댄스파티에 귀신의 집을 만든다고 설명해 주었다. 댄스파티에 온 아이들은 50센트를 내면 이 귀신의 집에 입장할 수 있다. 댄스파티가 있기 전 오후에 동네 초등학교 학생들에게 이 귀신의 집을 공개하는데, 이 집은 터널과 덫이 놓이고 공이 많이 들어 있는 조형물이었다. 이 집을 계획하고 짓는 것이 이 클럽의 주요 가을 활동이라는 것이었다. 망치질하기, 재봉질하기, 드라이버 쓰기 등 집을 짓는 데 관련된 모든 활동은 사실 벤이 좋아하는 것이기도 했고 잘하기도 했다. 윌리스 선생님은 이것을 알고 가능성을 보았던 것이다. 벤은 클럽에 들어가게 되었고 귀신의 집은 큰 성공을 거뒀다. 벤은 그날 밤 다른 회원들을 도와 입장권을 팔았다. 또한 벤은 성공적인 활동을 축하하려고 몇 주 뒤에 열린 파티에서 피자를 많이 먹어 치우기도 했다.

제 14 장

노팅햄고등학교

노팅햄은 거대한 도심 고등학교였다. 시러큐스 시의 학군은 크게 네 구역으로 나뉘어 있었는데 이 학교는 남동쪽 구역에 위치해 있었다. 이 지역은 시러큐스대학교와 르모인대학에 인접해 있어서 노팅햄고등학교에는 두 대학의 학생이나 교수의 자녀가 많았다. 노팅햄고등학교는 다양한 언어가 사용되는 다문화적인 학교였다. 벤이 이 학교에 들어갔을 때, 우리는 이 건물 안에서 29가지의 문화가 대표적이라는 것을 들었다. 자폐를 가진 벤은 여기에서 가장 새로운 이민자 같았다(이 개념을 우리에게 알려 준 신디 서튼에게 감사한다). 우리는 다른 문화가 그렇듯이 벤이 이 환경에 동화되고 살아남기를 바랐다.

벤은 특수교육 학급인 카슨 선생님의 반에 배정받았다. 우리는 엄청난 충격을 받았다. 우리는 통합 자폐 프로그램이 고등학교까지 이어지는 줄 알았다. 벤이 일반 학급에 가고 중학교에서처럼 일반 교육 일정을 따라 움직일 거라고 생각하고 있었던 것이다. 얼마나 오래, 얼마나 많이, 얼마나 열심히 우리는 벤이 또래들과 통합되도록 노력해야 하는 걸까?

우리는 만난 지 몇 분 만에 카슨 선생님이 옛날 방식의 특수교사라는 것을 알 수 있었다. 벤과 같은 어린이들(카슨 선생님은 벤을 청소년이 아니라 어린이라고 생각했다)은 상당히 제한점이 많았다. 그에 따르면 이 아이들은 결국 공동 주거 시설에서 살고 보호 작업장에서 일하게 될 것이라고 했다. 그의 개별화 교육 계획은 모든 아이들에게 같은 목표를 복사한 것이었다. 그는 자신의 역할이 평화를 유지하고 아이들을 조용하게 하는 것이라고 생각했으며, 아이들에게는 말 잘 듣고 좋은 행동을 하는 것 외에 많은 것을 기대하지 않았다. 이것은 우리가 계획한 것이 아니었고, 우리는 여태 이것을 위해 싸워 왔던 게 아니었다. 우리는 카슨 선생님에게 벤의 개별화 교육 계획은 영어, 사회, 미술, 그리고 다른 일반 학급에 가는 것이라고 설명했다. 그는 키득거리고 웃더니 우리를 기묘하게 쳐다봤다.

"글쎄요, 아시다시피 제 학생 중에는 아무도 일반 학급에 가는 경우가 없습니다. 그 아이들이 내 학급에 오는 이유가 그거니까요. 특수 아동들은 일상생활 기술을 연습하고 작업장과 공동 주거 생활을 준비합니다."

그가 잘난 척하려고 한 것은 아니었지만 나는 토할 것 같다고 생각했다. 우리는 교장 선생님에게 따졌다.

모두 다시 새로 시작해야 한단 말인가? 다행히도 그건 아니었다. 시러큐스대학교의 몇몇 젊은 교수가 벤을 비롯해 그와 유사한 학생들의 학업에 개입하게 되었다. 그들이 벤의 일반 학급 통합을 지지했고, 벤의 교사와 또래뿐만 아니라 벤에게도 어떻게 하면 이 통합이 성공적인 경험이 되도록 할 수 있는지 연수를 해 주었다. 이것은 언제나 쉬운 일이 아니었다. 그들은 벤과 같은 학생이 자신의 학급에 속할 수 없다고 믿는 교사들의 저항에 부딪히곤 했다. 하지만 벤과 교수들, 그리고 대학원생들은 대부분의 경우에 이 저항을 이겨 냈다. 카슨 선생님은 이의를 제기하지 않았다. 학년이 끝나기 전에 그는 은퇴하고 싶다고 선언했다.

처음에 벤이 노팅햄에서 만난 가장 큰 문제는 보조 교사였다. 그들은 특수 학급에 하루 종일 앉아서 신문을 읽거나, 빙고나 우노 게임을 하면서 노는 데 익숙해져 있었다. 그들은 종종 학생들을 데리고 쇼핑을 가거나 은행에 가고 백화점을 걸어 다니곤 했다. 정말 꿈의 직업 같았다. 하지만 벤이 일반 학급에 가게 되면서 그들은 필기를 대신 해 주거나 벤을 도와주고, 벤이 자기 행동을 조절하도록 도와야 했으며, 벤의 숙제도 도와야 했다. 그들은 이와 같은 새로운 책임에 대해 망설였다. 즉, 그들은 이런 일을 좋아하지 않았다. 어떤 사람은 해야 할 일을 했지만, 어떤 사람은 벤의 프로그램을 송두리째 뒤엎었다.

이 학군은 벤을 위해 새 교사를 고용했고 비용은 워터스 학군에서 댔다. 우리는 선생님이 벤의 통합교육을 위한 해답이 되어 줄 것을 바라면서 뒤로 물러싰다. 우리는 그녀에게 기회를 주고 싶었고, 벤이 해낼 수 있다고 우리가 믿는다는 것을 벤이 알도록 하고 싶었다. 우리는 또 시러큐스대학교의 특수교육학과 교수들이 우리와 벤뿐 아니라 교사들을 도와주리라는 것도 알고 있었다.

촉진적 의사소통

그때 나는 대학원 공부의 일부로 촉진적 의사소통 연구소에서 더그 비클린 교수와 일을 하고 있었다. 호주에 가서 창시자인 로즈메리 크로슬리를 만나고 돌아온 후, 비클린 교수는 시러큐스대학교에 이 연구소를 설립하고 이 새로운 의사소통 방법을 시도하고 싶어 하는 자폐증이나 다른 심각한 장애를 가진 사람들을 위해 훈련과 도움을 제공했다.

그의 박사과정 학생 중 한 사람으로서, 주오니오 학부모의 한 사람으로서, 나는 주로 행동 문제 등의 이유로 부모를 힘들게 하는 벤과 같은 아이를 둔 부모들을 위한 몇몇 부모 모임의 토론 리더를 맡게 되었다. 우리는 아이들이 한 일(때리기, 물기, 얼굴에 상처를 입고 오기, 옷 찢기, 칼로 베기, 머리카락 뽑기 등)에 대해 이야기했다. 내 역할은 부모들에게 안전한 토론의 장을 제공해서 부모들이 얼마나 상처받았는지, 가족 관계가 얼마나 복잡해졌는지, 다른 자녀가 얼마나 고통을 받는지, 자기 아이를 통제하지 못하기 때문에 다른 사람들이 나쁜 부모라고 생각하는 것에 대해 어떻게 느끼는지에 대해 솔직히 이야기 나눌 수 있게 해 주는 것이었다. 우리는 우리의 이야기를 나누고, 함께 울고, 서로 안아 주기도 하고, 함께 웃었다. 그리고 이런 부모 역할의 어려움을 가진 사람이 자신만이 아니라는 것을 알게 됨으로써 가장 큰 도움을 받곤 했다.

비클린 교수는 나에게 새로이 생긴 촉진적 의사소통 지지 그룹에 부모들을 초대하고 그 그룹의 진행자가 되어 달라고 했다. 벤이 촉진적 의사소통을 하고 있지는 않았지만 나는 그 제안을 받아들였다. 남편과 나는 이 문제에 대해 의논해 보았는데, 이 의사소통법이 벤에게는 잘 맞지 않을 것 같다고 결론 내렸었다. 우리는 그때까지도 벤에게 정신 지체가 있다고 믿고 있었다. 비클린 교수는 남편과 나에게 벤이 이 방법을 시도하는 것을 원치 않느냐고 여러 번 물어보았다. 뼛속까지 과학자인 남편은 회의적이었다. 남편은 이 방법이 어떤 아이들에게는 효과적이라는 것을 믿었지만, 단순히 벤에게는 효과가 없을 것이라고 생각했다.

"잘 모르겠어. 어떤 사람들에게는 이게 효과가 있는 것 같던데 벤은 아닐 거야. 난 이것에 대해 어떻게 생각해야 할지 모르겠어. 아마 나는 벤의 지능이 너무 낮다고 생각하나 봐. 벤은 읽을 줄도 모르잖아. 걔가 어떻게 타이핑을 하겠어? 그냥 불가능한 일인 것 같아."

우리는 한 번도 "안 돼, 시도도 하지 마."라고 말한 적이 없었다. 우리는 그냥 이 방법이 벤에게 소용없을 것 같았던 것뿐이다.

벤의 새 선생님인 제임스 선생님은 다른 생각을 가지고 있었다. 제임스 선생님은 벤이 보기보다 똑똑하다는 것을 드러내는 일을 여러 번 보았기 때문에 촉진적 의사소통을 시도해 보고 싶어 했다. 벤이 읽을 줄 알지도 모른다고 생각하게 된 짧은 순간들이 있었던 것이다. 우리는 아직 그녀를 만나 보지 못했지만 벤은 그녀를 좋아하는 것 같았다. 그것이 시작이었다.

나중에 제임스 선생님이 우리에게 말해 주었는데, 그녀는 벤에게 촉진적 의사소통을 시도해 보고 싶은지 물어보았다고 한다. 그녀가 과정을 설명해 주고 벤에게 시도해 보고 싶은지 물었을 때, 벤은 '아니요no'라고 키보드를 쳤다. 벤이 '아니요'라고 타이핑을 했다니, 어떻게 그럴 수가 있지?

제임스 선생님은 이 주제에 대해 한동안 언급하지 않다가 며칠 후에 다시 이야기를 꺼냈다.

"벤, 나는 정말로 네가 이걸 할 수 있다고 믿어. 그리고 나는 이것이 네 인생을 변화시킬 거라고 믿어. 한번 해 볼까? 쉬운 것부터 시작해 보고 점점 늘려 가면 돼. 하지만 하고 싶지 않으면 중단해도 돼. 어때?"

벤의 반응은 그의 일생을 영원히 바꾸어 놓았다.

"해 볼게요, 네."

벤은 말로 대답하면서 손을 내밀었다. 그들은 벤의 이름, 우리가 살고 있는 동네의 이름, 벤이 좋아하는 색, 음식, 친구와 누나의 이름을 시도했다. 제임스 선생님은 우리를 몰랐기 때문에 그리고 그 학교가 처음이었기 때문에 벤의 답이 정확한지 알 수가 없었다. 하지만 그녀는 벤이 읽고 쓸 줄 알며 촉진적 의사소통을 이용할 수 있다는 확신을 갖게 되었다고 한다.

"멋지구나, 벤. 부모님께 말씀드리는 게 어때?"

제임스 선생님은 우리의 공식적인 허가 없이 벤이 촉진적 의사소통을 사용하게 하는 것을 불편하게 여겼다. 그녀는 우리가 얼마나 요구가 많은 부모인지 공포스러운 소문을 많이 들었고, 처음부터 실수를 할까 봐 무서웠다고 한다. 한편으로 그녀는 벤의 발전해 가는 독립성을 격려하고 싶기도 했다 — 벤이 처음에는 안 하겠다고 해서 선생님이 기다려 주었다. 몇 주가 지난 후에 제임스 선생님은 벤에게 다시 물었다.

"우리가 촉진적 의사소통을 쓰기 시작한 지가 벌써 한참이 되었구나." 하고 선생님이 타이핑을 했다. "그런데 나는 왜 네가 부모님께 이걸 알리고 싶어 하지 않는지 모르겠어. 부모님 모르게 이걸 하고 있다가 문제를 일으키고 싶지는 않은데. 그러면서도 나는 네가 원하는 대로 해 주고 싶기도 해. 그러니까 한번 이야기해 보자. 왜 부모님이 알게 되는 걸 원치 않는 거지?" 나중에 선생님이 우리에게 알려 주길, 이 말을 타이핑으로 치기만 하고 읽어 주지는 않았다고 한다. 선생님은 손을 내민 채 기다렸다. 벤은 선생님의 손을 잡고 천천히 타이핑을 했다.

왜냐하면 우리 아빠가 나에 대해 더 많은 걸 기대하게 될 테니까요. 내가 내 행동을 통제할 수 있을 거라는 생각(BECAUSE MY FATHER WILL RAISE HIS EXPECTATIONS OF ME. THINK I CAN CONTROL MY BEHAVIOR). 다행히도 제임스 선생님은 단순하게 "글쎄, 어떻게 될지 한번 해 봐야 할 것 같은데? 안 그래, 벤?" 하고 대답했다.

벤이 키보드를 치고, 읽고, 촉진적 의사소통을 할 수 있다는 것을 알게 되면서 벤에 대한 우리의 생각이 바뀌었다. 물론 벤의 말이 옳았다. 처음에 우리는 벤이 차분해지고, 자해하지 않고, '정상'이 되기를 기대했다. 하지만 촉진적 의사소통이 자폐증을 낫게 하지는 않는다는 것을 곧 깨닫게 되었다. 그것은 단지 새로운 형태의 의사소통 방법으로서 가끔 우리가 벤의 생각을 들여다볼 수 있게 해 주고, 어떤 때는 우리를 어리둥절하게 하기도 했다.

15분간의 명성

오래지 않아 촉진적 의사소통과 자폐의 수수께끼를 풀 수 있는 그 잠

재력이 미디어에 소개되었다. 불행히도 비클린 교수와의 친분, 시러큐스대학교에 신설된 촉진적 의사소통 연구소와의 관계 때문에 벤은 이 관심의 중심이 되었다. 이번이 처음은 아니었다.

조 샤피로는 자신의 저서 **동정하지 않기***No Pity*(1993)에서 시러큐스에 있는 레비중학교를 처음 방문했을 때를 묘사했다. 그는 벤과 같은 아이를 둔 부모들이 친구를 만들고 '이방인처럼 느끼지 않는 것'(p. 169)이 매우 중요하다고 인정했다. 교실의 분위기는 학교 전체 아이들의 방문을 환영하도록 고안되어 있었고, 또 아이들이 그렇게 했다. 아이들은 벤과 자폐를 가진 다른 아이들을 알게 되었다. 분명한 장애에도 불구하고 많은 아이들이 어떻게 도와주어야 하고 어떻게 사귀어야 하는지를 직감적으로 배웠다.

샤피로는 그 당시에 시러큐스대학교의 교수이자 이 프로그램의 디자인 협력자였던 루애나 마이어의 말을 인용했다. "이 자폐 아동들은 복잡한 세상에 대해 준비되어 있습니다. 그리고 지역사회는 이 아이들을 어떻게 다루는지를 배우고 있는 거죠. 우리는 이 두 그룹의 사람들이 서로에 대해 알아야 할 확실한 필요성을 뒤로 미루지 않고 있습니다"(p. 170). 후에 우리는 많은 사람들이 이 책을 읽었고, 벤의 이름이 자폐 아동 부모들의 모임에서 유명해졌다는 것을 알게 되었다.

1990년대 초반에는 두 가지 통로로 벤이 세상의 이목을 받게 되었다. 한 가지는 메리 마카루시카가 1991년 뉴욕 타임스에 쓴 기사였다. 이 기사는 벤과 두 친구(제프 파월과 루시 해리슨)에 대해 썼는데 제프와 루시도 자폐를 가지고 있었다. "그들이 할 수 없는 말"이라는 이 기사는 일반 독자에게 복잡한 자폐의 세상을 소개하면서 촉진적 의사소통이 '언어 사용으로의 문을 열' 열쇠를 가진 것처럼 보인다고 했다. 찰스 하벗이 찍은 벤의 사진은 벤이 집중하고 있는 모습을 보여 주었다. 제프가 "나는 타자기 앞에서 자폐적이지 않다"라고 타이핑한 것이 인용되기도 했다. 하벗이 찍은 제프의 사진은 그의 생각에 잠긴 듯한 슬픈 눈을 담고 있었다. 이 사진들은 생각을 환기시키는 것이었다. 마카루시카의 기사는 자폐의 역사에 대해 약간 설명했지만 주로 벤, 제프, 루시가 어떻게 촉진적 의사소통을 하고 이것이 그들의 생에 어떤 영향을 주었는지에 중점을 두었다. 그녀는 벤과 우리에게 자폐란 청소년기만큼이나 혼돈스러운 것이고 우리는 모두 적응해야 했다고 사려 깊게 설명했다.

벤에게 명성(돈은 아니다)을 가져다준 두 번째 방송은 다이앤 소여가 진행하는 〈프라임 타임 라이브〉였다. 이 방송은 1992년 1월에 전파를 탔는데, 여기서 벤은 다이앤 소여, 촉진적 의사소통 보조자인 파머 선생님과 함께 앉아 있는 동안 자신이 얼마나 맹렬하게 자폐증과 싸우는지를 보여 주었다. 벤은 자신의 폭력적인 행동을 주체할 수가 없었다. 시청자들은 벤이 자신의 목과 얼굴을 빠르게 후려치고, 머리를 치고, 힘차게 몸을 앞뒤로 흔들고, "안 돼, 벤. 안 돼." 하고 소리치는 모습을 보게 되었다. 다이앤 소여는 인내심 있게 조용히 앉아서 벤이 촉진적 의사소통을 하도록 기다렸지만 결국은 포기할 수밖에 없었다. 며칠 후 벤은 자폐를 가진 것에 대한 자신의 생각을 촉진적 의사소통을 통해 표현할 수 있었다. 벤은 **"이것은 형편없는 일이다(IT IS LOUSY)"**라고 썼다. 또한 벤은 자신의 정치 학습에 대해 쓰고(벤은 자신이 민주당이라고 썼다) 유머 감각을 보여 주었다. 많은 시청자들이 벤과 제프가 자폐증의 일부로서 견뎌야 하는 고통스러운 행동을 보았다. 벤과 제프의 열다섯 살짜리 친구인 루시는 촉진적 의사소통을 빼앗길까 봐 두려운 점에 대해 타이핑했다. 그것은 타당한 두려움이었다.

비클린 교수가 처음 촉진적 의사소통을 소개했을 때 이를 둘러싼 논란은 벤이나 제프, 루시 같은 아이들의 능력에 대해 의문을 던졌다. 그들이 읽거나, 의미가 통하는 글을 타이핑하거나, 개인적이고 독창적인 생각이나 아이디어를 표현하리라고는 아무도 기대하지 않았던 것이다. 회의론자들은 촉진자가 이런 아이들을 조정하고 있다고, 실제로 촉진자가 손으로 키보드를 누른다고 했다. 그들은 이 의사소통이 독립적으로 이루어진 것임을 증명하는 통제 연구를 임상에서 해 보자고 했다. 하지만 이것은 원하는 가족이 거의 없었다. 위험이 너무 두려웠기 때문이다. 우리에게 이것은 의사소통의 자유에 관한 문제였다. 즉, 벤과 같은 사람들을 포함해서 누구도 그들이 할 말이 없을 것이라는 전제하에 의사소통의 권리를 침해받아서는 안 된다는 생각이었다.

자연스럽게 행동하세요

〈프라임 타임 라이브〉를 찍는 중에 영상, 조명, 음향 팀이 우리의 특별한 가족 상호 작용을 찍기 위해 우리 집에 오게 되었다. 일요일 이른 오후에 우리는 늘 하던 대로 브런치를 먹고 있었다. 스태프가 조명, 카메라, 음향 기기를 우리 식탁 한가운데에 설치하기로 했다. 우리는 각자 마이크로폰을 감추어 장착했다.

카메라맨과 스태프가 우리 식탁 한가운데로 오르내리면서 "그냥 자연스럽게 행동하세요. 평소처럼 대화를 나누세요." 하고 말했다.

페니와 셰리는 우스운 짓을 하면서 서로 놀렸다. 그리고 구긴 냅킨을 서로에게 던지기 시작했다. 이는 우리의 식탁에서 종종 일어나는 일이었다. 이런 소란을 눈치채지 못하는 벤은 늘 앉는 자리인 식탁 구석에 앉아서 계속 먹고 있었다. 우리는 모두 웃었다.

그 당시에 시아버지가 함께 살고 계셨는데, 방송에 관련된 모든 것이 시아버지에게는 정신 산란한 일이었다. "아들아, 무슨 일이냐? 이 사람들이 다 뭐하는 거냐?" 우리는 웃지 않을 수 없었다. 네댓 명이 식탁 한가운데로 걸어 다니면서 우리 얼굴에 카메라를 들이대고 있는데 어떻게 평소처럼 행동하겠는가. 더구나 이것을 어떻게 92세 노인에게 설명할 수 있겠는가. 다행히도 이 장면은 방송되지 않았다.

• •

대중적 관심은 흥분되는 것이었고 대부분 재미있었다. 하지만 내 마음 저편에는 깊은 두려움이 서서히 자라고 있었다. 나는 벤을 무척 자랑스럽게 생각하고 있었지만, 그의 생모가 그를 알아보고 나타나서 데려가고 싶어 하면 어쩌나 하는 두려움이 점점 커지고 있었던 것이다. 나는 이것이 말도 안 되는 두려움이란 것을 알고 있었지만 어쩔 수 없었다. 나는 그녀에게 뭐라고 말해야 할까? 벤은 어떻게 생각할까? 우리는 벤을 입양했다는 것을 숨긴 적이 없었고, 페니와 벤 모두에게 언제든지 원한다면 낳아 준 부모를 찾아도 된다고 가능성을 열어 두고 있었다. 하지만 이제 나는 벤이 유명해져서 생모가 벤을 다시 원할까봐 진정으로 두려워하게 되었다. 만약 그녀가 돈을 원한다면? 나는 남편 이외에 누구에게도 나의 두려움에 대해 이야기한 적이 없다. 남편은 내가 어리석다고 하지 않았다. 그저 걱정할 필요가 없다고만 했다. 물론 그가 맞았다.

벤의 고등학교 생활이 달라졌다. 선생님들은 벤이 수업에 오는 것을 환영하고 고마워했다. 벤은 자신의 감정과 생활에 대해 글을 쓰고 다른 학생들에게 말을 하기 시작했다. 학교 신문에 벤은 '바로 내 타입Just My Type'이라는 제목으로 칼럼을 쓰기 시작했는데, 자신의 장애 그리고 촉진적 의사소통이 자기 인생을 어떻게 달라지게 했는지에 대해 썼다. 벤은 선생님들과 친구들, 그리고 남편, 나와도 촉진적 의사소통을 하는 법을 배웠다. 이것은 아주 신나기도 하고 굉장히 무서운 일이기도 했다. 우리는 오랫동안 알아 온 아들이 새로이 태어나는 것을 보고 있었다.

한편 제임스 선생님은 그녀만의 문제를 가지고 있었다. 벤이 여전히 특수교육 학급에 배정되어 있었기 때문에, 제임스 선생님은 이 교실을 자신의 담임 학급으로 이용하고 있었다. 다른 보조 교사들과 학급 보조들은 그녀에 대해 분개하고 있는 것처럼 보였다. 이유는 잘 모르겠지만 추측해 볼 수는 있었다. 그들은 제임스 선생님을 괴롭히기 시작했다. 누군가는 뜨거운 커피를 그녀의 핸드백에 쏟았다. 그녀의 외투가 사라지고, 일정이 적혀 있고 벤의 숙제가 담긴 보관철이 망가져 있었다. 우리가 들은 사건이 이 정도이며, 이것은 빙산의 일각이라는 것을 우리는 알고 있었다. 고맙게도 제임스 선생님은 꾸준히 일해 주었지만 학년 말이 되자 다른 학교로 옮기기로 결정했다. 우리는 그녀를 원망할 수 없었고, 선생님이 떠나는 걸 보기란 정말 슬픈 일이었다. 그녀는 유능하고, 열심이고, 획기적이려고 노력하는 훌륭한 선생님이었지만, 젊고 아직 정년을 보장받지 못했다는 것이 그녀를 힘들게 했다.

그 후 2년간은 다양한 사람들과 경험으로 뒤죽박죽이었다. 많은 선생님이 벤과 일대일로 공부하거나 일반 수업에 가는 것을 도와주고 촉진적 의사소통을 하도록 고용되었다. 일부 선생님은 효과가 있었지만 효과가 없는 경우도 있었다. 선생님들은 노력했지만, 내 생각에 남편과 나는 우리가 할 수 있는 최선이 도움을 주지 못했던 것 같다. 우리는 지쳐 가고 있었다. 우리에게는 정말 단순해 보이는 것이었다. 물론 단순하지는 않았다. 하지만 그 당시에 우리의 초점은 상당히 좁아져 있었다. 성공하기 위해 벤은 필요한 도움을 받으면서 일반 학급에 가야 했다. 이것을 이루기 위해 선생님들은 어떤 훈련이든 받아야만 했다. 하지만 우리가 보지도 이해하지도 못했던 것은, 다른 사람들은 우리가 생각하는 것처럼 벤이 일반 교실에 갈 권리가 있다고 생각하지 않는다는 것이었다. 우리는 아직도 이로 인해 고생하고 있다.

미국 헌법하에 벤은 자유로울 권리를 가졌고, 장애인법하에 벤은 무상으로 공교육을 받을 권리와 필요한 도움을 받을 권리를 보장받고 있다. 세상에, 이게 그렇게 어렵단 말인가? 아마도 어떤 사람들에게는 그런가 보다. 벤이 자폐증을 가졌다는 이유로 다시 차별받지 않도록 나는 싸울 것이고 이런 관념을 거부할 것이다. 고결하고 대단하고 단순하게 들릴지 모르지만 맹세코 그렇지 않다. "격리는 평등한 것이 아니다."라고 선언한 브라운과 토피카의 판례 덕에 나는 벤이 피부색이나 타고난 것 때문에 차별을 받아서는 안 된다고 믿고 있었다. 나는 단순히 벤이 자폐를 가지고 있다는 것 때문에 어떻게 학교가 그를 차별할 수 있는지 이해가 되지 않았다. 한 가지가 다른 한 가지를 위한 판례가 된 것 같았다.

끔찍한 일이 벌어지다

벤은 잘 살아남고 있는 것 같았다. 하지만 그때 혼돈이 시작되었다. 벤은 그가 얼마나 심하게 말썽을 피우고 다른 아이들을 다치게 했는지에 대해 쓰인 선생님의 쪽지를 가지고 집에 돌아왔다. 벤이? 벤은 전에 자해를 하거나 가족을 아프게 한 적은 있지만 다른 사람을 다치게 한 적이 한 번도 없었다(그때 버스 안에서의 아기를 제외하고). 벤은 자기 뺨을 때리고 눈과 관자놀이를 손톱으로 긁기 시작했다. 피부가 부풀어 올라 결국 피가 났다. 벤은 비참했고 우리도 마찬가지였다. 벤은 학교에 가기 싫어했지만 우리는 등교를 강요했다. 여러 번 선생님이 전화를 걸어 와 벤을 일찍 데려가라고 했다.

"벤이 몹시 화가 났어요. 흥분을 가라앉히지 못하네요."

우리는 무슨 일이 일어나고 있는지 몰랐다. 하지만 곧 벤의 프로그램이 한 보조 교사의 손으로 넘어갔다는 것을 알게 되었다. 나는 그 사람이 싫었다. 그는 체격이 크고 지저분했다. 늘 헐렁한 운동복 차림이었는데 벤이나 다른 흑인 아이들에게 좋은 모범이 아니었다. 나는 그와 벤의 상호 작용을 관찰했는데 그가 너무 통제하여 기분이 좋지 않았다. 그는 벤이 알아듣지 못하는 것처럼 벤의 앞에서 이야기를 했다. 그는 벤과 촉진적 의사소통을 하지 않았다. 나는 걱정되는 점을 선생님에게 알렸다. 하지만 벤을 통제할 사람이 필요하다는 말을 들었다. 나는 이 말에 동의하지 않았지만 학교의 중재에 맞서고 싶지도 않았다.

벤의 행동이 더욱 엉망이 되어 우리는 무척 놀라고 당황했다. 우리는 교사들, 행정부와 함께 회의를 하기로 했다. 학교에 도착하여 복도를 걸어가다가 나는 그 학교에서 교사로 재직하고 있는 옛 친구를 만났다. 우리는 같은 학교를 졸업했고 수년간 알고 지냈다. 나는 그를 좋아하고 존경했기 때문에 환한 표정으로 인사를 건넸다.

"안녕, 짐. 어떻게 지냈어?"

하지만 그의 표정을 보고 곧바로 뭔가 잘못되었다는 것을 알 수 있었다.

"고디를 만나러 온 거야?"

짐이 물었다. 고디는 바로 우리가 염려하던 벤의 보조 교사였다.

"응."

대답하는 내 목소리에는 아무 감정이 없었다. 나는 그저 뭔가 아주 심각하게 잘못되었다는 것을 알고 있었다. 짐은 재빨리 옆에 연결된 복도로 가라고 신호했고, 우리는 누가 보고 있는지 둘러보았다.

'세상에, 이건 텔레비전에서 본 FBI나 뭐 그런 것 같잖아. 무슨 일이 있는 거지?'

내가 묻기도 전에 짐이 조용히 말했다.

"고디가 자기 딸을 강간한 혐의로 오늘 체포되었어. 딸이 고작 세 살인데 증거가 있대."

나는 내가 숨을 삼키고 침을 넘기는 소리를 들었다. 나는 아무 말도 할 수가 없었다.

"너는 이 말을 나한테 들은 적 없는 거다. 하지만 벤을 데리고 가. 아이가 안전하도록."

그는 재빨리 복도를 걸어갔다. 몇 분 후에 우리는 교장실로 안내되었다.

"벤이 자기에게 배정된 보조 교사에 대해 성추행 혐의를 진술했습니다."

이럴 수가! 나는 남편을 보았다. 남편 역시 나만큼 충격을 받은 것처럼 보였다. 교장 선생님은 벤이 기소한 후 경찰이 와서 벤을 조사하고 있다고 말을 이었다. 그의 언어치료사인 파머 선생님이 함께했고 제임스 선생님도 함께 있었다고 했다. 벤의 기소는 분명하고, 생생하고, 매우 놀라웠다. 끔찍했다. 우리는 심한 무력감을 느꼈고 침해받은 기분이었다. 왜 우리에게 연락을 하지 않았을까? 벤은 어디에 있는 걸까? 왜 벤을 볼 수 없지? 교장 선생님은 우리의 질문에 무덤덤하게 대답했다.

"경찰 조사가 끝나면 벤을 만날 수 있을 겁니다."

"벤을 조사한다고? 여기서는 그 아이가 피해자라고요!" 하고 소리치고 싶었지만 입이 너무 말라 있어서 아무 말도 할 수가 없었다.

교장 선생님은 계속 말했다.

"벤에 관한 회의 때문에 오신다는 걸 알고 있었습니다. 그래서 벤이 직접 만나 말씀드리려고 기다리고 있었고요."

벤을 만나서 안아 주고, 너는 안전하다고 안심시켜 주는 게 내가 지금 하고 싶은 전부였다. 교장 선생님은 경찰 조사가 아직 끝나지 않았으니 기다려야 한다고 다시 말했다. 우리는 기다렸다. 그것 말고 우리가 무엇을 할 수 있겠는가. 나는 복잡한 감정을 느끼고 있었다. 벤을 생각하면 고통스럽고, 고디에 대한 분노가 끓어올랐으며, 학교의 감독하에서 그런 일이 일어나게 된 데 화가 났다. 기다리는 동안 남편과 나는 손을 꼭 잡고 있었다. 우리는 별로 말을 하지 않았지만 서로 생각이 비슷했을 것이다.

나중에 우리는 벤의 면담을 글로 옮긴 기록을 받았다. 너무나 끔찍하고 역겹고 혐오스러웠다. 우리는 전신에 냉기가 느껴져서 마비되는 것 같았다. 그 기록을 읽은 뒤 우리는 그것이 실제로 벤에게 일어난 일이라는 것을 깨달았다. 벤은 고디가 어떻게 자신을 추행했는지 생생히 묘사하고, 다른 보조 교사가 대부분의 시간 동안 고디와 함께 있었다는 것을 타이핑해서 글로 썼다. 그 보조 교사는 보고 있었다고 한다. 벤은 이 일이—표면상 운동을 하기 위해 혹은 벤이 자신의 행동을 조절하는 것을 돕기 위해—그들끼리 체력 단련실에 갔을 때 일어났다고 했다. 나는 충격을 받은 상태라 무슨 말을 들었는지 별로 기억이 나지 않는다.

"어떻게 이런 일이 일어날 수 있지? 어떻게 교장은 이런 일들을 감정도 없이 우리에게 전달할 수 있지?"

고디가 벤과 딸을 해친 것처럼 그를 해치고 싶다고 생각하면서 나는 눈물을 흘렸다. 비명을 지르고 싶었다. 당신은 어디 있었어? 교사들은 어디 있었냐고? 어떻게 이런 일이 일어날 수 있지? 그놈이 에이즈나 HIV 검사를 받았을까? 내 안의 공포는 마치 끓고 있는 뜨거운 염산을 주사한 것과 같았다. 만약 벤이 에이즈에 걸리거나 HIV 양성 반응이 나온다면? 나는 더 이상 생각할 수가 없었다. 나는 벤을 안고 위로해 주고 싶었다. 나를 위로하고 싶었던 걸까? 나는 무엇을 하고 싶은지 알 수가 없었다.

마침내 우리는 벤을 만날 수 있었다. 창백한 벤은 공포로 눈을 크게 뜨고 있었다.

"집에 가고 싶어. 그래도 되지?"

아이의 목소리가 떨렸다.

"그래, 벤. 우리도 집에 가고 싶어. 가자."

우리는 학교를 나와 집으로 운전해 가는 동안 거의 침묵했다. 우리는 각자 생각하고 있었다. 집에 가는 길에 맥도널드에 들렀는데 그래서인지 벤이 집중하고 좀 편안해진 것 같았다.

남편과 나는 와인을 엄청 마시고 나서야 겨우 좀 안정할 수 있었다. 처음에 우리는 무엇을 해야 할지 전혀 알지 못했다. 우리의 첫 번째 걱정은 벤이었다. 우리는 벤에게 안전하다는 것과 이런 일이 다시는 없을 것임을 확신시키기 위해 우리가 할 수 있는 모든 것을 해야 한다는 데 동의했다. 우리는 벤에게 그가 믿을 수 있고 또 우리가 믿을 수 있는 사람이 언제나 함께 있도록 하겠다고 말해 주었다. 또한 벤이 파머 선생님과 경찰에게 고디와 데릭(보조 교사)이 한 짓을 말한 용기를 칭찬해 주었다.

"벤, 그들은 약하고 나쁜 사람들이야. 너는 강하지."

벤에게 이렇게 말하는 것만으로는 충분치 않았다. 이 사건이 공포스러웠던 것은, 그동안 수년에 걸쳐 벤을 겁에 질리게 한 사건이 여러 번 있었다는 사실이 밝혀졌다는 것이다. 벤은 강간을 당한 것이다. 지금까지도 벤은 고디와 비슷하게 생긴 사람을 보면 놀라서 몸을 움츠린다. 고디라는 이름을 듣기라도 하면 벤은 긴장을 하고 불안하게 둘러보았다. 나도 그랬다.

지금은 돌아가신 정신과 의사, 랠프 모러를 국립자폐위원회를 통해 알게 되었는데, 그분 말씀으로는 벤이 외상 후 스트레스 장애로 고통받고 있다고 했다. 우리는 이런 일이 베트남 전쟁 참전 군인에게나 있는 일이지 성추행 희생자에게도 있는지는 모르고 있었다. 다행히 시대가 달라졌다. 사람들이 좀 더 이해해 주고 준비되어 있었다. 하지만 그렇다고 해서 장애인이 학대받는 것을 막아 주는 것은 아니었다.

우리는 개인 상해 변호사에게 연락을 했다. 하지만 그 변호사는 벤이 촉진적 의사소통을 통해 기소했다는 말을 듣고는 우리에게 법정에 서지 말라고 했다. 그는 벤과 우리를 믿는 것 같았지만, 벤을 법정에 세우는 것은 근본적으로 벤과 촉진적 의사소통을 재판하는 것과 같다고 하면서 이 사건을 맡고 싶어 하지 않았다. 우리는 의기소침해졌지만 예상하던 바였다. 아무도 벤을 믿지 않으리라는 것을 알고 있었다. 특히나 벤이 촉진적 의사소통을 통해 진술했기 때문에 더욱 그랬다.

우리는 고디와 데릭이 어떻게 되었는지 정말 몰랐다. 몇 년이 지난 후에 우리는 고디가 살인을 저질러서 감옥에 갔다는 소식을 들었다. 나는 그가 종신형을 받았기를 바랐다.

상담이 도움이 될까?

어떻게 가능한지는 몰랐지만, 우리는 우리의 삶이 계속되어야 한다는 것을 알고 있었다. 벤은 자신의 경험에 대해 이야기하고 싶어 하지 않았지만, 남편과 나는 벤이 다시 자존감을 회복하기 위해 상담을 받아야 한다고 생각했다. 남편은 벤과 함께 일주일에 한 번씩 상담사를 만나러 갔다. 하지만 그는 벤이 어떻게 자신의 자폐를 경험하고 있는지에 더 관심이 많은 것 같았다. 물론 흥미로운 일이기는 하지만 벤이 필요로 하는 것은 그게 아니었다. 그림을 그리는 것도 도움이 되지 않았다. 심리학자인 남편은 포스토라 박사가 벤에게 사용하는 기술이나 전략에 대해 잘 알고 있었고, 벤에게 효과가 없으리라는 것도 정확히 알고 있었다. 매회의 상담이 남편과 벤에게 점점 더 큰 고통이 되었다. 벤은 단순히 자신이 학대를 당한 것에 대해 이야기하고 싶지 않았다. 매주 만나기를 두 달 이상이나 한 후에야 남편과 벤은 상담을 그만두었다.

이제 우리는 그냥 살아가는 것 이외에 무엇을 해야 할지 몰랐다. 우리는 천천히 일과 학교, 가정생활의 일상으로 돌아가고 있었다. 하지만 위기가 있었다. 남편과 나는 벤과 함께 있으려는 모든 남자를 날카롭게 의심했다. 우리는 벤이 또 학대를 당할까 봐 편집증적이 되었고 두려웠다. 우리는 과잉보호하지 않으려고 노력했지만 마음대로 되지 않았다.

벤은 우울해 보였다. 학교에 가는 것이 고통과도 같아 보였다. 우리는 새 선생님을 요구하고 벤에게 필요한 것을 해 주지 않으면 고소하겠다고 학교를 위협했다. 벤을 위해 새로 일대일 선생님이 고용되었는데, 우리는 그 선생님이 여자이며 헌신적이고 아이를 잘 돌볼 것 같아 보여 안심했다.

우리는 타인을 믿고 싶었지만 어려운 일이었다. 로버츠 선생님은 벤을 위해 최선을 다했다. 그녀는 새로운 의사소통 책도 만들고 벤이 하루 종일 촉진적 의사소통을 할 것을 기대했다. 그녀는 벤의 급우 몇 명에게 어떻게 벤과 촉진적 의사소통을 하는지 가르쳐 주고, 그들이 의사소통을 할 수 있는 공간을 만들어 주기도 했다. 그녀는 학급 내에서 벤이 비장애 아동들과 우정을 나눌 수 있도록 도와주고, 벤의 총체적인 통합을 주장했다. 그녀는 벤의 안전을 보장했다. 우리는 안정되기 시작했고, 점점 벤의 인생이 괜찮을 것이라고 다시 낙관하기 시작했다.

억울한 학대 혐의

"리어 여사, 저는 노팅햄고등학교의 교장인 아처입니다."

'아이고, 이건 또 뭐야?' 하고 나는 생각했다. 아처 선생님은 은밀하게 현재 벤의 보조 교사인 조이가 주립 아동 학대 신고 전화에 내 남편을 신고했다는 것을 알려 주었다.

"뭐라고요? 남편이 뭘 했다고요?"

나는 내 귀를 의심했다. 남편은 훌륭한 아빠였다. 자상하고, 부드럽고, 사랑을 주고, 엄격하지만 아이들을 도와주는 그런 아빠. 어떻게 조이가 그렇게 생각할 수 있는지. 정말 믿을 수가 없었다.

40대 흑인인 조이가 아동 학대 신고 전화에 남편이 벤을 학대한다고 신고한 모양이었다. 그는 벤의 얼굴과 팔에 상처가 있다고 묘사했다고 한다. 나중에 우리를 방문한 사회복지 조사관이 벤에게 "네 아버지가 너를 때렸니?" 하고 물었을 때 벤은 "네." 하고 대답했다.

실제로 벤은 얼굴에 상처가 있었다. 벤은 울면서 관자놀이를 긁고, 목 뒤를 세게 때리고, 자기 팔·얼굴·옆구리를 꼬집곤 했다. 벤의 손톱을 짧게 깎아 놓지 않으면 피를 내고 딱지가 앉고야 말았다. 게다가 벤이 이따금 머리카락을 뭉텅이로 뽑아 놓기도 해서 우리는 그러지 못하도록 머리를 짧게 밀어 주었다.

"아이고, 얘가 남자아이인 게 다행이네. 여자아이였으면 어쩔 뻔했어?”

우리는 스스로를 위로하고 싶었다.

심리학자를 위한 문헌에서는 이런 행동을 '자학적 행동'이라고 일컫는다. 그런데 조이는 이것을 보고 남편이 벤을 학대했다고 오해한 것이다. 우리는 몹시 놀랐고 화가 머리끝까지 났다. 어떻게 이런 일이 일어날 수 있지? 남편은 내가 아는 한 세상에서 가장 부드럽고 가장 공격적이지 않은 사람 중의 하나였다.

사회복지 조사관은 남편이 벤을 때렸느냐고 질문했다. 물론 그랬다. 벤이 손을 불이나 부엌 난로에 가까이 대면 우리 둘 중 하나가 벤의 손을 탁 치면서 “안 돼, 만지지 마! 그건 위험한 거야!” 하고 강하게 말하곤 했다. 우리가 벤을 아프게 하려고 때린 건가? 아이를 데려가 버릴 수 있는 권력을 가진 조사관이 한 질문이 아니라면 이 얼마나 바보스러운 질문인가.

우리가 유일하게 생각하고 있는 것은 만약 벤이 임시로 어딘가에 맡겨진다면 무슨 일이 일어날지에 대한 것이었다. 벤과 같은 사람의 요구에 맞는 곳은 없을 것이다. 또한 더욱 중요한 점은, 우리는 벤을 빼앗기고 싶지 않다는 것이었다. 우리는 벤을 다치게 한 적이 없다. 평생 동안 우리는 벤이 보다 나은 삶을 살 수 있도록 하기 위해 노력해 왔다. 우리는 불안하고 무섭고 화가 났다. 나는 사회복지사에게 말했다.

“맙소사. 우리가 정말 벤을 학대하려고 했다면 적어도 증거를 감추려고 했을 것 같지 않아요? 우리가 바보는 아니잖아요. 우리가 아무렴 누구나 볼 수 있는 곳을 때렸겠어요?”

사회복지사는 노트에 뭔가를 적으면서 아무 말도 하지 않았다. 지겹도록 긴 심문 끝에 사회복지사는 벤이 집에 있어도 좋다는 결론을 내렸다. 하지만 우리는 6개월간 엄격한 감시를 받게 되었다. 우리는 또한 이웃, 친구, 동료, 그리고 벤의 학교 교사들이 우리가 적절한 부모인지 결정하기 위해 면담을 하게 되리라는 것을 알게 되었다. 우리는 이 말을 듣고 사실 좀 안심했다. 대부분의 사람들은 우리가 최선을 다한다고 생각하고 있었고, 또 그렇게 말해 줄 것이었기 때문이다.

우리의 반대에도 불구하고 조이는 벤의 곁에 남아 있었다. 고디 사건 때문에 우리는 고등학교에 있는 우리 친구들에게 벤을 돌봐 주고, 보호해 주고, 안전하게 지켜 달라고 부탁을 했다. 우리는 정직한 시민이 되려고 노력하는 사람들이지만 어쩐지 계속 감시를 당하는 것 같은 느낌이 들었다. 나중에 안 사실이지만 우리는 실제로 감시를 당하고 있었다.

두통과 자학

6개월이 지나는 동안 우리는 우리에게 깊은 정신적 고통을 줄 사실에 대해 알게 되었다. 벤이 촉진적 의사소통을 시작하면서 제일 먼저 알게 된 것은 벤이 편두통인 듯한 굉장한 두통을 앓고 있다는 것이었다. 두통이 생기면 벤은 자기 눈과 관자놀이를 난폭하게 찔렀다. 스스로 꼬집고, 자신의 팔과 손을 가구 모서리에 찧기도 하고, 목과 얼굴을 철썩철썩 때리기도 했다. 처음에는 벤이 두통 때문에 그런다는 것을 몰랐다. 우리는 그 아이에게 두통이 있는지조차 몰랐다. 말을 못하는 아이가 어떻게 두통이 있다고 말해 줄 수가 있겠는가. 나중에 벤은 우리에게 "복통이 머리에 있다."고 말했다. 콧물이 자주 흐르기도 해서 우리는 벤에게 알레르기가 있는 것 같다고 생각했었다. 축농증이 있는 듯이 눈 밑이 살짝 부어 보이기도 했기 때문이다. 우리는 알레르기 전문의에게 의뢰해 달라고 우리 가정의에게 요청하기도 했다.

스미스 박사는 부드럽고 친절하며 확신이 있는 사람이었다. 그는 벤에게 전형적인 피부 검사를 하는 것은 끔찍한 일일 것이라고 설명하면서 채혈을 했다. 우리는 결과를 기다렸고, 벤이 모든 유제품, 특히 우유와 치즈에 아주 심한 알레르기가 있다는 것을 알고는 무척 놀랐다. 스미스 박사는 벤의 식단에서 유청이나 카세인이 들어간 빵을 포함해서 유제품이 들어간 모든 음식을 즉시 빼라고 권고했다.

"포장에 유제품과 관련된 어떤 것이라도 표기되어 있으면 그 음식을 벤에게 먹여서는 안 됩니다."

스미스 박사는 초콜릿이나 카페인도 피해야 한다고 했다. 이 말을 듣자마자 우리는 벤의 학교에 이 사실을 알렸다. 심지어 벤의 친구들도 벤이 유제품을 피하도록 도와주었다. 두통이 줄어든 듯했고 아이가 좀 더 행복해 보였다. 벤은 자학하는 행동을 덜 하거나 적어도 천천히 했다.

하지만 아동 학대 혐의가 벤으로 하여금 새로 자학을 하게 만드는 것 같았다. 우리는 무슨 일이 일어나고 있는지 알 수가 없었다. 우리가 무슨 노력을 하든 벤은 계속해서 자해를 했다.

6개월이 다 되어 갈 무렵, 조이는 벤 앞에서 자기가 남편보다 더 좋은 아빠라고 말했다. 그는 자신이 벤을 더 잘 돌볼 수 있으며, 벤을 더 잘 먹일 수 있다고도 했다. 나는 의심이 들기 시작했고, 교장인 아처 선생님에게 조이가 6개월이 되자마자 또 아동 학대 신고 전화에 우리를 다시 고발할까 봐 걱정이 된다고 말했다.

역시나 그는 우리를 고발했다. 이번에는 우리가 벤을 굶기고 건강한 식사를 주지 않는다고 고발했다. 그는 사회복지사에게 벤이 우리 집에서 나와야 하고, 자신이 벤을 돌봐야 한다고 했다. 그는 자신이 우리보다 더 좋은 부모가 될 수 있다고 말했다고 한다. 그러나 아처 선생님이 사회복지사에게 우리의 걱정을 미리 일러 주었기 때문에, 사회복지사는 조이가 벤에게 매일 점심에 초콜릿 우유와 치즈가 든 과자를 먹였다는 것을 밝혀낼 수 있었다. 벤의 자학 행동은 알레르기 반응으로 인한 것이고, 남편이 벤을 때리거나 잘못 먹이지 않았다는 것이 밝혀졌다.

우리의 혐의가 풀렸고 무죄가 입증되었다. 하지만 그렇다고 해서 우리의 씁쓸함이 줄어든 것은 아니었다. 언제쯤 이런 괴로움이 끝날까? 언제쯤 벤이 존엄성을 가진 사람으로 존중받을 수 있을까? 언제쯤 벤이 그냥 사람으로, 학생으로, 아이로 취급받을 수 있을까? 언제쯤 고디나 조이처럼 악한 자들이 무력한 이 아이를 먹잇감으로 삼는 일이 멈춰질까? 언제쯤 다른 사람들이 나서서 벤을 보호해 줄까?

우리는 이제 벤이 또래 아이들 속에 속해 있다고 전보다 더 강하게 믿고 있었다. 벤의 친구들은 벤이 안전하도록 지켜 주었지만 무슨 일이 일어나고 있는지는 몰랐다. 그 아이들은 보조 교사가 혼자 벤을 체력 단련실이나 체육관에 데려가면 안 된다는 것을 모르고 있었다. 벤의 친구들이 벤의 보디가드가 되리라고 기대한 것은 아니지만, 고등학교에서 일어나는 일들은 단순히 뭔가가 잘못된 것이었다. 벤은 상처를 받았다. 하지만 벤은 자신이 속해 있는 수업을 통해 학구적인 교육은 받고 있었다. 벤은 최선을 다했고, 친구들과 교사들은 그런 벤을 도와주었다. 시러큐스대학교의 몇몇 교수도 벤을 돕고 있었다. 벤은 자유의 전사였지만 혼자였다. 그건 매우 어려운 일이었다. 벤이 겪은 그 모든 일에도 불구하고 우리는 여전히 벤이 완전히 통합되기를 바랐고, 벤도 그랬다. 벤은 다시 친구들과 함께 있고 싶어 했다.

벤은 스물한 살까지 학교에 다녀야 할까?

고 3은 달라

벤의 고등학교 생활이 끝나 가고 있었다. 곧 열일곱 살이 된다. 법적으로 벤은 스물한 살이 될 때까지 학교에 다닐 수 있었지만, 우리는 그건 말이 안 된다고 생각하고 있었다. 벤의 친구들은 열여덟 살이 되면 졸업을 하고 대학을 가거나, 직업을 갖거나, 군에 입대할 것이다. 우리는 벤도 친구들과 함께 졸업을 해야 한다고 생각했다. 그런데 그다음에는 어떻게 될지 우리도 모르는 일이었다.

벤은 고 3이 되었고 일대일 선생님이 또 바뀌었다. 독(벤을 비롯해 모든 사람들이 그를 이렇게 불렀다) 선생님은 벤을 아는 사람들과 친구들의 추천으로 채용되었다. 우리는 믿을 수 있고, 벤이 학교 문화에 더욱 통합될 수 있도록 도와줄, 자격증을 가진 특수교사가 오게 된 것이 기뻤다.

독 선생님은 벤의 가장 강력한 협력자이자 대변인이었다. 그는 다른 교사들과 친구가 되어 벤이 어떻게 그들의 학급에 통합될 수 있는지를 보여 주었고, 벤과 함께 숙제와 수업을 했다. 또한 다른 학생들과의 유대 관계도 돈독히 해서 아이들이 벤을 인정할 수 있도록 했다. 그는 언제 끼어들어야 하는지, 또 언제 그냥 자연스럽게 일이 진행되두록 두어야 할지 잘 알았다. 독 선생님은 벤의 촉진적 의사소통을 도왔기 때문에 다른 아이들이 벤과 촉진적 의사소통을 하도록 가르칠 수도 있었다. 그의 도움으로 사람들이 점점 더 벤에 대해 알게 되었고 벤은 그들의 친구가 되었다. 그들은 벤을 돌봐 주고 벤과 함께하는 것을 즐기게 되었다. 벤이 꽃피게 된 것이다.

학교 신문에 연재되는 벤의 '바로 내 타입' 칼럼은 학교 전체에 그에 대해, 그의 행동·생각·감정에 대해, 그리고 자폐증에 대해 가르치는 장이 되었다. 벤의 사진이 매회 함께 실려서 모든 사람이 벤이 누군지 알게 되었다. 더 이상 고디 같은 사람이 벤을 체력 단련실로 데려가 학대하는 일 따위는 있을 수가 없었다. 벤은 일반 수업 시간표를 따르고 있었고 모든 수업에 참여하도록 되어 있었다. 벤은 아이들과 함께 점심을 먹었다. 더 이상 조이 같은 사람이 우유를 마시도록 강요할 수 없었다.

벤의 친구들은 벤의 협력자가 된 멋진 젊은이들이었다. 그들은 수업 시간을 통해 벤을 알게 되었는데, 그들의 우정이 자라나도록 독 선생님이 도와주었다. 독 선생님은 벤이 비장애아들을 사귈 수 있는 시간과 공간을 마련해 주고, 또 사귀도록 도와주었다. 그는 자신이 있어야 할 때, 자연스러운 관계와 도움이 생겨나도록 물러서야 할 때를 잘 알았다. 고등학교에서 늘 그렇듯이 친구 그룹이 형성되었고 벤도 그 일부가 되었다. 아이들은 점심시간, 학교 시작 전과 방과 후에 어울려 놀곤 했다. 함께 이야기하고, 안아 주고, 서로를 나누며 돌봐 주었다. 그 아이들은 열광적인 10대였고, 남자아이와 여자아이, 동성애자와 이성애자, 모범생과 운동선수, 그리고 벤이었다. 무엇이 그들을 한 그룹으로 만들었는지 누가 알겠는가? 무엇이 그들을 하나로 묶어 주는지는 수수께끼이다. 하지만 그들은 한 그룹이었고 벤은 그 일원이었다.

우리는 벤이 다른 친구들과 함께 졸업해야 한다고 결정했고, 벤은 '졸업 후 학습'이라는 직업 훈련을 받기 위해 1년 더 학교에 다니기로 했다. 그러는 사이에 졸업반 학생들의 댄스파티가 점점 다가오고 있었다. 아이들 사이에서는 누구와 파트너가 되어 댄스파티에 갈 것인지 이야기가 오고가고 있었다. 독 선생님은 벤도 그 파티에 가고 싶어 한다는 것을 잘 알고 있었다.

벤은 그룹 안에서 한 살 어린 여학생인 앨리샤와 함께 가고 싶어 했다. 벤은 앨리샤에게 남자 친구가 있는 것을 알고는 있었지만 그 남자 친구는 노팅햄고등학교의 학생이 아니었다. 그래서 벤이 보기에 그는 앨리샤의 남자 친구가 아니었다. 다른 남학생들처럼 벤도 거절을 당할까 봐 두려워서 앨리샤에게 물어보지 못하고 있었던 것 같다. 우리는 이런 것을 나중에 독 선생님이 말해 주어 알게 되었다. 벤은 독 선생님에게 물어보았고, 독 선생님은 벤에게 "네가 물어보지 않으면 절대로 답을 알 수 없을 거야."라고 조언해 주었다. 마침내 벤은 용기를 끌어모아 앨리샤에게 댄스파티에 함께 가지 않겠냐고 물었고, 앨리샤는 "그래." 하고 대답했다. 그녀의 남자 친구는 몹시 화를 냈다. 앨리샤는 남자 친구가 학교를 중퇴했기 때문에 이번 기회가 아니면 졸업 댄스파티에 가 보지 못할 것이라고 설명했다. 벤은 그녀의 가장 친한 친구 중 한 명이었다.

"가장 친한 친구 중 하나가 아니라면 누구와 댄스파티에 가겠어요?"

앨리샤가 우리에게 물었다. 맞는 말이었다.

벤은 턱시도를 빌렸고 앨리샤는 드레스를 사 입었다. 독 선생님은 운전기사와 보호자가 되어 주겠다고 했다. 남편과 나는 몹시 기쁜 나머지 두렵기도 했다. 독 선생님은 모든 일이 잘될 거라며 우리를 안심시켰다. 우리는 꽃집에다 코르사주를 주문했는데, 꽃집 주인은 벤이 턱시도 입은 모습을 보기 위해 직접 배달을 왔다. 키가 훤칠하고 검은 피부에 아주 잘생긴 벤은 정말 남자다워 보였다. 독 선생님이 앨리샤를 태우고 우리 집에 왔다. 그녀는 무척 예뻤고 벤은 기뻐서 흥분한 기색이 역력했다. 우리는 사진을 많이 찍고 눈물을 머금은 채 웃었으며, 아이들이 파티에 가기 위해 출발할 때 열심히 손을 흔들어 주었다.

독 선생님이 차 문을 닫고 출발하면서 "기다리지 마세요." 하고 말했다.

'농담이겠지.' 하고 나는 생각했다. 그들은 새벽 5시경에야 돌아왔다. 벤은 매우 행복해하면서도 피곤해했다. 독 선생님도 행복하고 피곤하긴 마찬가지였다. 그는 아주 멋진 밤이었다고 말해 주었다. 그는 자신이 그 행사의 일부였다는 것을 기뻐했다. 나는 백만 가지 질문을 하고 싶었지만 참았다.

다음 날 아침, 아니 벤이 깨어난 오후에 나는 댄스파티가 어땠냐고 물었다. 벤은 대답하지 않았다. 나는 벤이 그건 자기 댄스파티이지 엄마의 댄스파티가 아니라고 말하는 듯한 느낌을 받았다. "꼬치꼬치 묻지 마세요." 하고 딸이 말했다. 나는 더 이상 묻지 않았지만 궁금해서 견딜 수가 없었다.

며칠 후 나는 벤의 초등학교 3학년 때 선생님이었던 팻 플로이드 선생님을 만났다. 팻은 벤이 그녀의 반을 떠난 이후에도 줄곧 벤을 지켜보고 있었다.

"댄스파티에서는 벤이 정말 멋졌죠?"

나는 그녀가 무엇에 대해 이야기하는 건지 몰랐다. 벤은 나에게 아무 말도 하지 않았고 독 선생님도 마찬가지였다. 팻은 다정하게 웃었다.

"벤이 파티에서 왕의 사자로 뽑혔잖아요. 거의 왕으로 뽑힐 뻔한 걸요. 모든 사람이 벤을 보고 좋아했어요."

나는 눈물이 차오르고 목이 메었다.

"사진 나오면 보세요. 벤이 아주 멋져 보였답니다. 그 아이는 분명히 스타였어요."

내 아들 벤, 자폐를 가진 아이가 졸업 댄스파티에서 스타가 된 것은 사람들이 자비로워서가 아니라 급우들이 진심으로 벤이 거기에 속한다고 믿어 주었기 때문이다. 벤이 영광스러운 자리를 얻은 것이다.

후에 앨리샤는 몇몇 선생님이 자신에게 파티에 벤과 함께 참석해 주어서 참 착하다고 했다고 우리에게 말했다. 하지만 선생님들이 마치 앨리샤가 우월하다는 식으로, 벤에게 친절을 베푼 것처럼 이야기했기 때문에 언짢았다고 했다. 그녀는 그 선생님들에게 "벤은 가장 친한 친구 중 하나이고, 벤이 저에게 파티에 함께 가겠냐고 물어봐 줘서 기뻐요." 하고 말했단다. 나는 '이보다 더 좋은 대답이 있을까?' 하고 생각했다.

졸업장을 받다

학년 말이 빠르게 다가오고 있었다. 시험, 기말 숙제, 공연, 졸업식 연습… 독 선생님은 벤이 이 모든 것에 참여해야 한다고 주장했다. 우리 모두는 벤이 어떤 도움을 받더라도 졸업장을 받으러 무대에 올라갈 것이라고 생각했다. 졸업식은 이 지역의 역사적인 극장에서 치러질 예정이었다. 독 선생님은 벤에게 졸업 가운과 사각모를 재빨리 받아 오라고 했고, 우리는 그를 만나러 벤을 데리고 극장으로 갔다. 페니가 함께했고 플로이드 선생님도 왔다.

"나는 절대로 이 졸업식에 빠지지 않을 거야."

그녀는 군중 소리보다 더 크게 말했다. 극장은 사람들로 꽉 차 있었는데 우리는 일층의 조금 먼 좌석에 자리를 잡았다. 독 선생님은 우리에게 어느 쪽에 앉으면 무대에 올라간 벤을 잘 볼 수 있는지 알려 주었다. 수백 명의 고 3 학생이 졸업하는 날이었다. 아이들의 이름이 알파벳순으로 호명되면 한 명씩 무대로 올라가 중간쯤에서 고 3 담임 선생님과 악수를 하고, 교장 선생님이 건네주는 졸업장을 받은 다음, 장학사에게 걸어가서 악수를 하고 무대에서 내려왔다. 벤이 이것을 다 해낼 수 있을까? 벤이 악수를 한 다음 졸업장을 잘 들고 내려올 수 있을까? 나는 벤이 모든 걸 엉망진창으로 할까 봐 몹시 걱정이 되었다. 벤이 복도를 걸어 내려가는 모습이 긴장되어 보였다. 독 선생님이 벤의 어깨를 손으로 잡고 있었고, 뒤에 걸어가는 학생이 이따금 벤의 등을 쓰다듬어 주었다. 벤이 무대에 다가가는 동안 나는 숨을 참고 있었다.

"벤 리어."

아나운서의 목소리가 크고 분명하게 강당에 울려 퍼졌다. 아주 잠깐 침묵이 흘렀다. 벤은 독 선생님의 뒤를 바짝 따라가며 무대에 올랐다. 교장 선생님에게 빠르게 이동해서 졸업장을 받자 갑자기 고3 학생 전체가 벌떡 일어서더니 벤에게 박수를 보내기 시작했다. 내 주변에 앉아 있던 사람들도 모두 일어나 박수를 쳤다. 나는 무슨 일이 일어나고 있는지 볼 수가 없었다. 나는 의자 위로 올라가려고 애썼는데, 이미 벤은 장학사와 악수를 하고 서둘러 무대에서 내려오고 있었다. 강당에 있던 모든 사람들이 벤을 위해 박수를 치고 있었다. 적어도 내게는 그렇게 보였다. 나는 벤이 자랑스러워서 어쩔 줄을 몰랐다. 또한 이것이 벤에게 어떤 의미인지를 이해하는 그의 친구들에게 마음 깊이 뜨거운 감정을 느꼈다. 페니의 표현을 빌리자면 이건 정말 '끝내주는 일'이었다.

졸업식이 끝난 후, 우리는 극장 밖에서 독 선생님과 벤을 만났다. 그들은 가운과 사각모를 벗을 수 있게 되어 고마워하고 있었다. 날씨가 더워서 그들은 땀을 흘리고 있었다. 나는 그들이 긴장을 해서 땀이 나기도 했다는 것을 알고 있었지만 상관없는 일이었다. 나는 그들 둘을 껴안고 내가 얼마나 그들을 자랑스러워하는지 말해 주었다. 흐느껴 울면서 말했지만 아무도 나를 놀리거나 하지 않았다. 페니는 지나가는 사람들에게 일일이 "제 동생이에요. 방금 졸업했어요. 제 동생 정말 훌륭하지 않아요?" 하고 말했다. 벤은 자신의 졸업장을 페니에게 건네주었고 우리는 모두 졸업식에 대해 이야기했다. 갑자기 페니가 말했다.

"벤, 엄마, 독 선생님, 이것 좀 보세요. 이건 진짜 졸업장이에요. 엄마, 벤, 이것 봐! 특수교육 졸업장이 아니라고."

페니는 펄쩍펄쩍 뛰었다. 우리는 조심스레 들여다보았다. 그랬다.

그건 진짜 졸업장이었다.

"어머, 세상에! 어떻게 이런 일이 있지?"

나는 무슨 일이 있었을까 재빨리 생각했다. 벤이 정말 졸업에 필요한 모든 필수 과목을 이수했던가? 벤이 특수교육 졸업장을 받기로 되어 있지 않았나? 교육청에서 실수를 한 걸까? 벤의 졸업장을 빼앗아 갈 수도 있을까? 나는 무엇을 해야 하지? 그때 남편이 나를 구제해 주었다.

"벤이 방금 졸업했잖아. 가서 축하합시다."

남편이 확실한 걸 말하도록 맡겨 두자. 나중에 '진짜' 졸업장에 대해 고민하면 되겠지. 그리고 지금은 벤이 빛나는 순간이지 않은가. 많은 급우들이 가운과 사각모를 던지고, 웃고, 기쁨에 소리를 지르며 지나갔다. 또한 아이들은 우리 곁에 잠깐 멈춰서 이렇게 말했다.

"잘했어, 친구."

"벤, 축하한다!"

"우리가 해냈어! 벤, 우리가 졸업을 했어!"

우리는 서로 안고, 키스를 하고, 펄쩍펄쩍 뛰었다. 기막힌 밤이었다! 그동안의 모든 싸움과 상처, 고통이 마무리되었다. 그래, 다 가치 있는 일이었어! 전투의 상처는 깊었지만 벤은 그렇지 않았다. 그는 자랑스럽고 행복한 어엿한 졸업생이었다.

제 **15** 장

직업, 자원 봉사, 사업

벤이 고등학교를 졸업한 후, 우리는 벤이 매일 무엇을 하며 지내야 하는가 하는 딜레마에 빠졌다. '졸업 후 학습'이라고 부르기는 했지만 벤은 1년 더 학교에 다니기로 했다.

벤은 지역의 전문대학 도서관에서 자원봉사를 하고 있었는데 그것을 계속하기를 바랐다. 좋은 생각이었다. 벤은 학생들 사이에 있는 것을 좋아했고, 자신이 수행해야 하는 일과에 재빨리 적응했다. 벤의 주요한 임무는 캠퍼스 여기저기에 비치되어 있는 수거함에서 책을 걷어오는 것이었다. 날씨만 아주 나쁘지 않다면 꽤 좋은 일이었다. 도서관으로 돌아온 뒤에는 회수되어 정리된 책을 다시 서가에 비치했다. 이건 좀 더 어려운 일이었는데, 책을 제자리에 정확히 꽂을 수 있도록 다양한 바코드를 구별할 줄 알아야 했기 때문이다. 계속 집중해야 하고 한눈을 팔 수 없었기 때문에 벤에게는 어려운 일이었다. 벤은 최선을 다했고 기회를 가지게 된 것을 좋아했다. 보통 벤은 학교 식당에서 점심을 먹었는데, 함께 학교를 다니던 아이들을 만나게 되어 벤은 기뻐했다.

졸업이 가까워 올 때 우리는 교육청의 인수 팀[1]을 만나 벤의 도서관 일이 어떻게 지속될 수 있는지, 그리고 이것이 어떻게 실질적인 고용으로 이어질 수 있을지 의논했다. 그들은 벤을 지역 직업재활 사무소의 평가 및 사후 지도에 의뢰했다. 우리는 그들이 도서관에 연락하여 벤의 능력과 실질적인 직업을 갖기 위해 어떤 가능성이 있는지 알아봐야 한다고 생각했다. 그러나 그렇지 않았기 때문에 우리는 직업 사무관이 결국 그렇게 할 것이라고 추측했다. 주립 기관을 기다리는 것은 시간이 걸리고 행정적인 걸림돌이 있곤 했다. 이것이 정말 나를 절망시켰다. 학교 인수 팀을 만나고 나서 나는 고등학교로부터의 전환이 부드럽게 이루어질 것이라고 생각하고 있었다. 하지만 그렇지 않았고 시간이 흘러갔다. 6월 말 벤의 학교생활이 거의 끝날 무렵까지도 아무 일이 일어나지 않았다.

그럴 줄 알았기 때문에 남편과 나는 벤을 위해 작전을 세워 두었다. 우리는 벤이 자신의 일과와 인간관계를 잃도록 하고 싶지 않았다. 그래서 우리는 벤과 함께 도서관에서 일할 사람들, 주로 대학생들을 찾기 시작했다. 우리는 그들에게 우리 돈으로 급여를 주었다. 어떤 때는 이 학생들이 벤을 차에 태워서 다니기도 했는데 늘 그럴 수 있었던 것은 아니다. 시간표를 짜기가 매우 어려웠고, 이는 또 다른 경제적인 압

---

1 역자 주 : 장애를 가진 학생이 고등학교에서 대학교로 진학하거나 직업교육을
   받도록 도와주는 팀

박이 되었다.

막막한 벤의 앞길

그 무렵 벤을 위해 일하는 서비스 코디네이터가 있었는데, 이 사람의 임무는 지역사회에서 벤에게 필요한 서비스를 찾아 주는 것이었다. 나는 시러큐스대학교에서 가르칠 때 브래드를 만났는데, 그는 직업재활 프로그램의 대학원생으로 장애인을 위한 지역 인간 서비스 기관에서 일하고 있었다. 그는 벤을 수차례 만난 적이 있고 그 둘은 서로 좋아했다. 나도 브래드가 좋았는데 그가 조용하고, 부드럽고, 벤과 같은 사람들이 의미 있는 직업을 갖도록 하는 데 헌신하는 사람이었기 때문이다. 그는 벤을 위해 급여를 주는 파트타임 자리를 목표로 도서관 직원을 만났다. 그는 또한 벤이 파트타임으로 대학을 다닐 수 있는지 알아보았다.

이런 협상이 진행되는 동안 나는 벤의 일정이 안정적이 되도록 노력했다. 그런데 그것은 악몽이었다. 나는 직장에서 전화로 벤을 도울 사람들의 시간을 조정하고 대학에 가고 오는 차편을 확인하느라 몇 시간을 보냈다. 하지만 가장 황당했던 것은 벤이 잘하고 있는지 전혀 알 수가 없다는 것이었다. 도서관 직원들은 아무런 얘기가 없었고 벤을 돕는 사람들도 거의 의사소통이 없었다. 브래드가 좀 들여다보려고 했지만 벤이 잘 지내는지 아무도 관심이 없었기 때문에 실망하고 말았다. 아무리 노력해도 일이 더 잘되는 것 같지 않았다. 대학생들은 자기 자신의 시간이 얽혀 버리거나, 다른 풀타임 직장을 잡거나, 혹은 다른 이유로 벤을 돕는 일을 그만두었다.

일이 더 복잡해져서 직업재활 과정이 정체된 것 같았다. 그들은 벤이 도서관 일과는 아예 무관한 직업 테스트 과정을 통과할 것을 요구했다. 내 입장에서는 그게 완전히 시간 낭비처럼 보였다. 특히 그 시험을 보기 위해 일을 빠지게 되어 더 그랬다. 또 다른 문제는, '벤의 사례'를 담당하게 된 직업 상담가가 우리에게 벤의 장애가 중증이어서 직업교육 서비스의 자격이 되는지 의문이라고 말한 것이었다. 정말 말도 안 되는 소리였다. 주 정부의 직업 서비스는 장애인을 위한 것이다. 그런데 어떻게 벤이 거절을 당할 수 있단 말인가? 이것은 단지 자폐증을 가진 사람이 진정한 직업을 가질 수도 있다는 기대가 아예 없기 때문에 생긴 일이었다. 벤과 같은 사람들은 주간 치료 센터에 자리가 생기거나 기껏해야 보호 작업장에 가게 되면 감사해야 한다고 기대하는 것이다.

"리어 부인, 아시다시피 이 자리에 들어오려는 대기자 명단이 상당히 길어서 벤이 들어오려면 몇 달, 어쩌면 몇 년이 걸릴 겁니다. 벤의 이름을 대기자 명단에 하루속히 올리셔야 합니다."

나는 내 귀를 의심했다. 그렇게 말하자면, 벤은 이미 자기 자신의 '자리'를 도서관에 가지고 있지 않은가.

"거기에서 벤을 도와주시면 안 됩니까? 벤은 직업교육 같은 것을 받아야 할 필요가 없어요. 이 애는 직업이 있는걸요. 그걸 도와주시는 게 어떻겠습니까?"

나는 했던 말을 또 하고 있었다. 나는 절망하고 있었다.

"벤의 누나인 페니가 벤을 돕고 싶어 합니다. 하지만 그 아이는 급여가 필요합니다. 그게 가능할까요?"

　나는 상담가의 얼굴에서 이것이 절대로 가능하지 않으리라는 것을 읽었다. 나를 정말로 화나게 하는 것은 이 상담가와 내가 다른 기관에서 함께 일을 한 적이 있다는 사실이었다. 나는 주립 직업재활 사무소의 고문위원회에서 일해서 위원회장을 잘 알고 있었다. 벤이 졸업을 하기 수년 전부터 나는 그들에게 벤에 대해, 그리고 벤이 보통 직업을 갖기를 바라는 우리의 희망에 대해 이야기해 왔다. 벤은 보호 작업장이나 주간 치료실을 갈 계획이 아니었다. 우리는 이 아이가 여기까지 오도록 고등학교에서 가능한 한 가장 통합적인 환경에서 교육받도록 최선을 다했다. 하지만 주간 치료 센터가 유일한 선택으로 주어졌고, 몇 달 후면 거기에 가야 할 처지였다.

　"안 돼요! 우리는 당신이 벤의 이름을 대기자 명단에 넣도록 허락하지 않을 겁니다."

　한편 브래드는 도서관이 카운티에 의해 운영되고 시민 봉사 고용에 관계되어 있어서 벤을 고용할 수 없다는 것을 알아냈다. 모든 파트타임 고용직도 학생으로만 채워져야 한다는 것이다. 이건 될 일이 아니었다.

　브래드와 그의 아내가 다른 주로 이사 가기로 결정했을 때는 이 아이디어가 전부 깨져 버렸다. 우리는 새로운 코디네이터를 찾아야 했는데 그것은 시간이 걸리는 일이었다. 나는 여기에 매달리고 있었지만 도움을 주는 사람들을 관리ㆍ감독하고, 채용하고, 해고하고, 교통 문제를 해결하는 이 모든 일이 너무도 복잡했다. 남편과 나는 계속 노력하고 벤도 그랬지만 실패였다.

우리는 포기했다. 우리는 도서관 직원에게 벤이 앞으로 가지 않을 것이라고 이야기했다. 그들은 전혀 반응이 없었다. 정말 서글프고 기운 빠지는 일이었다. 지역 인간 서비스의 고용 담당 코디네이터의 도움으로 벤은 다시 자원을 했는데 이것이 다른 직업으로 연계되기를 바라고 있었다. 짧은 기간 동안 벤은 푸드뱅크[2]에서 일하기도 했는데 그 일을 정말 싫어했다. 그다음에 벤과 남편은 해비타트라는 자선 단체에서 자원봉사를 했는데 그것도 잘되지 않았다.

우리는 모든 것을 잘 조절하려고 노력했지만 일관성이나 조화가 없었다. 어느 것도 진정한 직업으로 연결되지는 않는 것 같았다. 친구들도 도와주려고 애썼지만 어떤 방향으로 가야 할지 아는 사람이 없었다. 다시 돌이켜 보면 우리는 벤을 전통적인 직업 방식에 끼워 맞추려고 애썼던 것이지만, 벤은 전형적인 노동자가 아니었다. 이것을 깨닫는 데까지 오랜 시간이 걸렸으며, 우리는 벤에게 무엇을 하고 싶은지 묻기 시작했다.

몇 년 동안 벤은 대학에 가고 싶다고 말하곤 했다. 영어와 글쓰기를 공부하고 싶어 했다. 벤은 전문대학에서 수업 하나를 청강해 보려고 했는데 원하는 수업에 들어갈 수 없었다. 유일하게 수강이 가능한 과목이 생물학이어서 서비스 코디네이터가 그 과목에 등록해 주었다. 나는 어떻게 그 과목으로 결정되었는지 모르지만, 아마도 그 과목의 교수님이 벤에게 시도해 보도록 허락해 주었으리라 추측하고 있다.

그러나 역시 실패였다. 아무도 벤과 함께 수업을 듣거나, 그를 도와

---

2   역자 주 : 빈곤층을 위해 음식을 나눠 주는 자선 단체

주거나, 벤이 수강신청을 하고 조정하는 것을 도와주려는 사람이 없었다. 벤은 많은 수업을 결석했다. 마침내 벤이 강의 시간 동안 가만히 앉아 있거나 조용히 있을 수도 없다는 사실이 분명해졌다.

벤이 강의 시간에 가고 싶어 하지 않았는데도, 우리는 벤이 진정 원하는 것을 우리가 알아채지 못했다는 것을 모르고 있었다. 우리는 벤의 하루를 벤이 원치도 않는 것이나 원할 수도 없는 것으로 시간을 짜서 채워 넣으려고 노력하고 있었다. 우리는 벤의 소리를 듣지 않고 있었던 것이다. 하지만 우리는 계속 노력을 했고 우리가 옳은 일을 하고 있다고 생각했다.

몇 년 후에 벤은 다시 대학 공부를 시도했다. 이때에도 대학은 벤에게 맞지 않았다. 나는 벤이 대학 수준의 공부를 시도하는 데 동의한 이유가 대학교수인 부모, 즉 '우리'를 위한 것이었는지 궁금하다.

드디어 일을 찾다

벤은 우울해지고 우리는 절망했다. 이제는 멈춰서 심호흡을 하고 심기일전해서 다시 생각해 봐야 할 때였다. 벤은 이렇게 타이핑했다.

도서관에서 일했어야 돼. 그런데 그 사람들이 못하게 했지. 그 말은 내가 뭔가 새로운 것을 찾아야 한다는 것이지. 나의 재능이 무엇인지 생각해 봤어. 나를 연구했어. 내 재능. 훌륭한 것을 연구했지. 멋진 사람들을 그저 조용히 있도록 도울 수 있을까. 하지만 신이 주신 선물은 내가 친구를 만들도록 도와주는 사람들이야. 선물은 내가 다른 사람들을 도울 수 있다고 생각하는 것이야. 농담. 선물은 친구

들과 존중받는 것이야.

(SHOULKD HAVE LIBRARY JOB BUT (they) KEPT ME FROM WORKING AT THE LIBRARY. MEANT THAT I HAD TO FIND SOME THING NEW. LOOKED (at my) GIFTS. STUDIED MYSELF. MY GIFT. STUDIED GREAT THINGS. COULD WE HELP KOOL PEOPLE TO STAY JUST CALM. BUT GIFT IS PEOPLE WHO TRY TO HELP ME MAKE FRIENDS. GIFTS MEANS WHAT I THINK I CAN GIVE TO OTHERS. JOKE. GIFTS ARE FRIENDS AND BEING RESPECTED.)

"벤, 만약 원하는 걸 무엇이든 할 수 있다면 너는 무엇을 하고 싶어?"

남편과 벤, 나는 가족, 즐거움, 음식, 그리고 진지한 문제 해결의 장소인 저녁 식탁에 둘러앉아 있었다.

전기 도구를 가지고 일하고 싶어요. 그래도 돼요?(WANT TO WORK WITH POWER TOOLS. YES?)

"뭐를 하고 싶다고?"

귀 청소를 해야 하나? 내가 제대로 들은 걸까? 벤을 한번 쳐다보고 나는 벤이 진정으로 원하는 것을 말했다는 것을 알 수 있었다. 후에 나는 '우리가 물어봐 주기를 얼마나 오랫동안 바라면서 이것을 생각하고 있었을까?' 하는 생각이 들었다. 내 마음이 소용돌이쳤고, 남편의 마음도 그러리라는 것을 나는 알고 있었다.

몇 년 동안 우리는 책꽂이를 만들고, 원목 마루를 깔고, 삼나무 조각으로 외장을 하고, 벚나무 판으로 부엌 캐비닛을 짜고, 천장을 고쳐서 낡은 집을 다시 짓고 있었다. 벤은 이 프로젝트의 일원이었다. 벤은 망치질하는 것을 좋아했다. 우리가 앞쪽 현관을 다시 짓기 전 몇 년 동안, 벤은 오래된 나무 둥치에 망치질하기를 즐겼다. 우리가 남은 나뭇조각이나 부서진 나무 기와 조각, 못과 망치를 주면 벤은 망치질을 하면서 어디론가 사라지곤 했다. 우리는 이것을 '벤의 조각'이라고 불렀다. 오래지 않아 벤은 현관의 바닥과 벽에 못을 박기 시작했는데 우리는 개의치 않았다. 결국 우리는 현관을 다 뜯고 거실을 넓혔다.

하지만 망치질을 하는 것과 훨씬 위험한 전기 도구를 쓰는 것은 완전히 다른 이야기였다.

"좋아, 벤. 그걸 한번 생각해 보자. 내가 너에게 다른 도구 사용법을 가르쳐 줄 수 있을 거야. 하지만 정말 열심히 해야 된다. 안전 수칙을 배우고 조심해야 하고, 또 신경질을 내면 안 되지."

남편이 조용히 말했지만 벤과 나는 그가 아주 진지하다는 것을 알고 있었다.

'아이고 맙소사! 진심으로 벤하고 이걸 시도하려고 하다니.' 하고 나는 생각했다. 나는 벤도 진심이라는 것을 알았다. 벤은 큰 소리를 두려워하지 않았다. 남편이 각도 재단기나 전기 드릴을 쓸 때, 벤은 오히려 즐거워하고 흥분하면서 행복해하는 것 같았다. 벤은 때로 자기 손을 남편의 손 위에 부드럽게 얹어 보기도 했다. 시도해 볼 만한 가치는 있었다.

"6개월 동안 시도해 보자. 내 도구를 어떻게 안전하게 사용하는지 보여 줄게. 무엇을 만들지 결정하게 될 거야. 그다음에는 우리가 무엇을 할지 정할 수 있지."

남편이 이렇게 말하자 벤이 미소 지었다.

도구가 좋아. (TOOLS YES.)

정말 단순한 말이었다. 하지만 우리는 지금 막 중요한 한계를 넘어선 것 같았다. 우리는 마침내 벤에게 무엇을 하고 싶은지 물어본 것이다. 이 얼마나 단순한 일인가. 왜 여태 그러지 않았지? 우리는 다시 시작했다.

남편은 창고에서 각각의 도구가 어떻게 사용되는지 벤에게 보여 주었다. 그는 벤이 아주 열심히 배우는 학생이라는 것을 깨달았다. 남편은 벤에게 안전하고 잘 사용하려면 거쳐야 하는 단계를 이야기해 주면서 각 도구를 적절히 사용하는 법을 보여 주었다. 우리는 너무 많은 말을 하는 게 벤에게 좋지 않다는 것을 알고 있었다. 그래서 남편은 벤이 꼭 알아야 하는 것에 대해서만 이야기했다.

"손잡이를 이렇게 잡아라. 다른 손은 칼날에서 멀리 여기에 두고. 톱을 천천히 조심스럽게 당겨."

그들은 각도 재단기를 가지고 일을 하고 있었다. 벤은 보안경 쓰기를 거부했다. 그래서 남편은 그 연습을 포기했다. 그는 벤 옆에 서서 자신의 손을 벤의 손 위에 포개고 칼날을 앞으로 당기고 있었다. 그다음에 남편이 벤의 손목을 잡고 움직이고, 그러고 나서 벤의 팔을 잡고, 팔꿈치를 잡고, 어깨를 잡고, 등에 손을 대고 움직였다. 칼날을 한 번 움직일 때마다 남편은 벤을 점점 덜 도와주었고, 마침내 벤이 혼자서 톱을 사용하게 되었다. 톱이 한 번 왔다 갔다 하는 사이에 벤은 과장해서 움직이기도 하고 앉았다 일어났다 하기도 했다. 하지만 벤의 손이 톱 손잡이 위에 있을 때는 그 움직임이 통제되고 조심스러웠다. 그의 시선은 강렬했다.

남편은 안전과 완성을 위한 각 단계를 가르치면서 벤에게 각 도구를 어떻게 사용하는지 단계적으로 가르쳤다. 그는 벤에게 각 단계를 칠저히 말해 주었다. 후에 벤이 일을 상당히 독립적으로 할 수 있게 되자 남편이 물었다.

"무엇을 제일 먼저 해야 하지? 손은 어디에 두어야 하니? 다음은 뭐지? 잘했다. 이제 무엇을 해야 하지?"

때로는 벤이 대답을 하기도 했지만 보통은 그냥 다음 단계를 해 보였다. 마침내 남편은 벤과 진짜 생산품을 만들 준비가 되었다고 느꼈다. 나는 그때 마침 발에 수술을 받은 상태라 발을 높이 올리고 있어야 했다. 그들은 이미 단순한 새 모이집을 두 개 만들었지만 발받침은 훨씬 복잡한 것이었다.

"몇 달을 벤과 함께 일하고 나니 나는 걔가 무엇을 잘할 수 있는지, 무엇을 하고 싶어 하는지 알게 되었어. 마감하는 것, 염색하거나 색칠하는 것, 방수 처리하는 것은 벤이 좋아하는 일이 아니야. 벤은 엉성해. 섬세한 손기술이 없거나 그런 걸 하는 데 흥미가 없는 것 같아. 사포질을 하거나, 대패를 쓰거나, 각도 재단기로 톱질하는 걸 좋아하지. 이런 일은 정말 잘한다고. 그래서 우리는 식탁을 만들었어. 소나무를 써서 등받이가 없는 미션식 의자도 만들고 말이야. 나는 다양한 종류의 연결 부위에 대해 읽어 보았고, 우리는 비스킷 연결을 시도하기로 했지. 더 튼튼하기도 하고 벤이 만들기를 좋아하기도 해서 나중에는 모티스(장붓구멍)나 장부 연결을 쓰게 되었어. 비스킷 조인트를 쓰려니까 벤이 접착제 바르는 걸 좋아하지 않았고, 종종 식탁 다리에서 커다란 접착제 덩어리가 흘러내리는 것을 볼 수 있었잖아. 정말 지저분하게 말이야."

　그 식탁은 아직도 우리 거실에 놓여 있다. 우리 모두가 벤이 자신의 '재능'을 찾았다는 데 동의했다. 벤은 자신의 재능을 사업으로 전환할 수 있었다.

　나는 남편과 벤이 더 많은 탁자를 만드는 동안 어떻게 창업을 하는지에 관한 책을 샀다. 이 무렵 벤은 독립해 나가 자기 집에서 살고 있었다. 남편과 벤은 지하에 작은 공방을 차렸다. 남편은 교수 일로 바빴기 때문에 벤에게 자신의 도구를 빌려 주었다. 우리는 벤과 함께 일할 수 있는 사람들을 찾아봐 달라고 기관에 의뢰했다. 그동안은 페니가 도와주기로 자청했다. 페니는 지붕이나 석조 복원 등의 공사 일을 해 왔는데, 두 살짜리 딸이 있고 곧 둘째가 태어날 예정이라 벤을 돕는 게 훨씬 나은 선택이었다. 벤은 페니가 자신이 원하는 시간에 와서 일할 수 있도록 융통성을 보여 주었다. 페니는 벤을 돕는 데 필요한 기술을 가지고 있었고, 그들은 함께 일하는 것을 좋아했다.

　벤은 다음과 같이 타이핑했다.

내 일은 나무 테이블을 만드는 겁니다. 나는 사람들에게 예쁜 선물을 하는 것을 좋아하지요. 무언가를 만드는 것 같은 거요.

누나는 저와 함께 일하는 것을 좋아해요. 누나가 아프면 화가 납니다. 누나가 나를 돕는 것은 도구를 작동하게 하는 것과 같아요-조절이 필요한 각도 재단기처럼. 내가 사용하는 도구는 장부 모티스 제조기와 궤도 사포지입니다.

내 공방은 지하실에 있어요. 페니 집의 헛간에서 한다면 참 좋겠어요. 공간이 좀 더 있으면 더 낫겠다는 생각이 들거든요.

공간이 부족해요.

지금도 괜찮지만 조금 너무 작아요. 마감을 해야 하는 것들을 한꺼번에 좀 더 할 수 있으면 좋겠어요.

(MY WORK IS MAKING WOODEN TABLES. I LIKE PEOIPLE DOING PRETTY PRESNTS. JUST LIKE MAKING THINGS.

MY SISTER JUST LIKES TO WORK WITH ME. UPSET WHEN SHE IS SI CK. WHERE I GET HELP FROM PENNY IS TO GET THE TOOLS FUNCTIONING-LIKE THE RADIAL ARM SAW WHEN IT NEEDS ADJUSTING. TOOLS I USE ARE TENON AND MORTISE MAKER AND ORBITAL SANDER.

MY SHOP IS IN THE BASEMENT LOVE TO HAVE MY SHOP IN THE BARN AT PENNY'S HOUSE. JUST THINK THAT IT WOULD BE NICER IF I HAD MORE ROOM.

NOT ENOUGH ROOM NOW.

LOOK HOISE IS OKA. BUT JU ST TOO TINY. GREAT TO BE ABLE TO KILL MORE THINGS AT ONE TRIME THAT NEED FINISHING.)

우리는 사업자 면허에 지원하여 '벤 리어 앤드 컴퍼니'는 실제 회사가 되었다. 벤의 동료는 남편과 페니, 그리고 나였다. 그 이후로 몇 년 동안 여러 사람이 다방면으로 도움을 주었다. 우리의 주요한 문제는 이런 종류의 일을 잘 알고 있으면서 벤에게 지속적인 도움을 줄 수 있는 사람을 찾는 것이었다. 더욱 중요한 것은, 벤이 전기 도구나 자폐증에 겁먹지 않는 사람을 필요로 한다는 것이다. 이것은 정말로 독특한 조합의 요구 사항이었다. 어떻게 이런 것을 직무 요건에 묘사할 수 있겠는가.

다양한 사람을 고용했다. 어떤 사람은 필요한 기술과 헌신적인 태도를 가지고 있었지만 다른 부분이 부족했다. 벤은 더 이상 새집이나 새 먹이통을 만들고 싶어 하지 않았다. 그런 것들은 기술이 부족한 사람이 만드는 것이라고 생각했기 때문이다. 벤은 자신의 작품을 자랑스러워했고, 사람들이 자신이 만든 테이블을 보고 칭찬하는 것을 즐겼다. 그럼에도 불구하고 사람들이 전기 도구를 두려워해서인지, 벤이나 자폐증을 두려워해서인지 벤은 새집과 새 모이통을 점점 더 많이 만들었다. 하지만 물어보면 벤은 테이블을 만들고 싶다고 말했다. 물론 우리는 알고 있었다. 그렇다고 도움을 주는 사람들에게 자신이나 벤에게 위험하다고 생각되는 일을 하라고 강요할 수는 없는 일이었다.

몇 년 후 벤의 집에 불이 났을 때 벤의 작품 대부분이 소실되었다. 도구는 괜찮았지만 벤은 일할 공간을 잃고 말았다. 그 집에서 벤을 도왔던 기관이 나서서 당분간 벤이 공방으로 쓸 수 있는 공간을 지역의 한 교회로부터 빌려 주었다. 그곳은 집에서 상당히 멀었다. 직업 서비스 코디네이터가 아침에 벤을 태워다 주었다. 그는 그 교회에 다니고 있었다. 우리는 거기에 대해 많은 것을 알고 있지는 않았다. 그는 그 건물 안에서 다른 프로그램도 진행되고 있다는 것과 벤이 연극을 하는 10대 아이들과 공간을 함께 쓰게 된다는 것은 이야기해 주었다. 그와 벤은 도구를 설치하고, 나무를 정리하고, 다시 생산을 할 수 있도록 노력했다. 그리고 코디네이터는 벤과 함께 일할 사람을 구하는 광고를 냈다.

환영해요, 안젤로

화재로 인한 혼란 속에서 벤의 생활이 가능한 한 일정하게 유지되도록 우리는 최선을 다했다. 하지만 그것은 복잡하고 불가능한 일이었다. 우리는 벤에게 새집을 지어 주려고 협상을 하고 있었고, 이번에 벤은 진짜 가게를 원했다. 그래서 우리는 그러기로 했다.

새집은 우리가 가지고 있던 넓은 땅에 짓고 있었다. 그 집의 근처에는 낡은 헛간이 있어서 우리는 그곳을 벤을 위한 가게로 전환할 수 있는지 알아보고 있었다. 우리는 벌써 새 지붕을 얹었지만 기초가 약하고 외벽도 낡고 상한 상태였다. 기초 벽을 고정하고 고치는 데 적게 잡아도 2만 5,000달러는 있어야 했다. 그리고 전기 공사, 단열, 창문 설치 등 또 다른 공사를 해야 했다. 필요한 공사에 대해 이야기할수록 새 가게를 짓는 게 더 낫겠다는 것을 깨닫게 되었다. 이 헛간은 나중에 마음만 먹으면 얼마든지 재건할 수 있었다. 새집을 지으려고 은행 융자를 미리 얻어 두었으므로 우리는 새 가게도 짓기로 결정했다. 망가진 옛집은 완전히 고쳐서 팔고, 은행 융자를 써서 새 가게도 지을 수 있게된 것이다.

한편 우리는 벤과 함께 일할, 그리고 그 일을 잘할 사람이 필요했다. 이런 사람이 실제로 존재하는지 우리는 걱정이 되었다. 그런데 그런 사람이 있었다! 하지만 그 전에 진짜 가게 혹은 적어도 도구를 둘 만한 충분한 공간이 필요했다.

그 후 6개월이 더 지나고 나서 벤이 새집으로 이사를 가게 되었을 때, 벤의 최신식 공방도 바로 옆에 지어졌다. 공방은 28×32피트(853

×975센티미터)짜리 건물로, 이 건물의 창문에서 보면 벤의 집 마당 뒤로 산과 들이 보였다. 우리는 벤의 모든 도구와 남편의 몇 가지 도구를 그곳으로 옮겼다. 공방에는 작업 장소가 여러 군데 있고 나무와 다른 재료를 수납하는 공간, 배관 시설과 화장실도 있었다. 채광이 잘되고 바닥은 난방이 되었다. 벤은 자신의 공방에서 시간을 보내는 것을 좋아했다.

안젤로는 도자기, 금속 조소, 회화, 사진, 대리석 조각, 나무 작품도 만드는 예술가였다. 만세! 그는 자폐증을 가진 사람과 함께한 경험이 없었지만 수년 동안 말썽쟁이 10대들, 다른 종류의 장애를 가진 사람들과 함께 일했기 때문에 벤에게 겁먹지는 않았다. 페니와 남편은 안젤로에게 벤과 어떻게 일해 왔는지를 보여 주었는데, 사실상 벤이 진정한 선생님이었다. 벤과 안젤로는 우정을 쌓아 가면서 서로에게 적응하기 시작했다.

안젤로는 주중에 매일 아침 7시경이면 도착했다. 그와 벤은 함께 아침을 먹고 그날의 일을 계획했다. 벤이 필요할 때마다 쉬는 시간을 가지기는 했지만 점심시간이 되기 전까지 대략의 일정에 맞춰 일을 했다. 그들은 점심시간 후 다시 일을 시작하여 오후 3시경에 일을 끝냈다. 하지만 때때로 벤의 상태가 좋지 않아서 일을 하지 못하는 날도 있었다. 그의 몸이 말을 듣지 않아 균형을 찾지 못하는 것처럼 보였다.

어떤 날은 안젤로와 벤이 동네 철물점에 가서 필요한 재료를 사 오기도 했다. 여름에는 매주 한 번씩 장터에 가서 점심을 먹기도 하고 휴식 시간을 가졌다. 그들은 또한 거대한 정원을 만들고 꽃과 야채를 심기도 했다. 늦여름에는 신선한 유기농 음식의 혜택을 보았다. 벤은 특히 토마토, 브로콜리, 콜리플라워를 좋아했다. 작년에는 해바라기가 3미터나 자랐다. 그들은 매일 일을 했고, 벤은 생산적이고 가치 있는 일을 하고 있어서 행복했다.

벤의 작품을 전시회에서 팔다

처음에는 우리가 벤이 테이블을 지역 시장에서 팔 수 있도록 주선해 주었는데 나중에는 지역 수공예 전시회에서 팔게 했다. 이런 일을 해본 적이 없어서 처음에는 우리가 무엇을 하고 있는지도 몰랐다. 하지만 재미있었다. 벤이 테이블을 하나 팔면 우리는 열광했다.

　하지만 전시회는 고된 일이었다. 전시회 하루 전날에는 벤, 남편, 내가 벤의 공방에 가서 낡은 트럭에 테이블을 옮겨 실었다. 우리는 테이블이 긁히지 않도록 낡은 담요로 조심조심 둘러쌌다. 그리고 나는 '일 상자'라고 부르는 것을 준비했다. 그것은 오래된 우유 상자로, 나는 그 속에다 돈 넣는 통, 계산기, 펜과 연필, 가격표 스티커, 줄자, 벤과 그의 작품에 관한 포스터와 안내 책자, 가구 마감재와 부드러운 천, 자외선 차단제, 반창고, 아스피린, 휴지, 종이 타월, 가위, 화장실 휴지를 챙겼다. 또한 탄산음료와 물, 점심과 간식을 아이스박스에 담고 비옷, 여분의 상의, 읽을거리를 준비했다. 매번 세우는 순서를 잊어버려 고생하기는 했지만 천막도 빌렸다. 이 천막은 3×3미터 넓이로 쨍쨍한 햇볕이나 비를 막는 데 그만이었다. 우리는 벤이 만든 테이블들을 앞에 내놓고 야외용 접이식 의자에 앉아 있었다.

　전시회 전날이 되면 벤은 우리 집에서 자곤 했다. 일찍 가서 등록을 한 다음 전시 장소로 가서 준비를 하고, 사람들이 떼로 몰려와 물건을 사기를 바라면서 대비해야 했기 때문이다. 우리는 전시회가 아침 10시부터 열린다고 홍보되었는데도 많은 구경꾼이 훨씬 일찍부터 온다는 것을 알고 있었다. 사람이 많은 복잡한 시간대를 피해서 오는 것 같았다. 전시회 측에서 저녁 6~7시에 끝난다고 홍보했지만, 많은 사람들이 훨씬 늦게까지 돌아다니면서 마지막으로 싸게 파는 물건을 찾으러 다녔다. 우리가 지쳐서 빨리 집에 가고 싶어 한다는 것을 전혀 모르는 사람들이 늦게 도착하여 돌아다니기도 했다.

처음에는 우리도 벤이 하루 종일 그곳에 자리할 수 있을지 확신이 없었다. 하지만 이는 우리가 벤을 얕잡아 본 것이었다. 벤은 전시회를 정말 좋아했고, 나무를 다루는 섬세한 솜씨에 대해 칭찬받는 것을 특히나 좋아했다. 사람들은 늘 남편을 쳐다보면서 칭찬했는데, 그러면 남편은 벤을 가리켰다.

"아, 이건 제 아들의 작품입니다. 그 애가 이 테이블들을 만들었죠. 우리는 그저 도와주려고 온 겁니다."

사람들의 반응이 엇갈렸다. 대부분의 사람들은 벤을 쳐다보고는 무슨 말을 하려고 준비한다. 우리는 잠시 동안 그들의 얼굴에서 깜짝 놀란 표정이 스쳐 지나가는 것을 보게 된다. 그다음에 어떤 반응이 나오든지 우리는 기다린다. 어떤 사람들은 혼란스러워하거나 당황하거나, 혹은 무슨 말을 해야 할지 몰라서 바닥을 내려다보기도 했다. 어떤 사람들은 말없이 다른 데로 가 버리기도 했다. 또 어떤 사람들은 테이블을 둘러보면서 손가락으로 매끈한 표면을 쓸어 보기도 했다.

"네가 이걸 만들었다고? 정말 잘 만들었는걸. 어떤 종류의 나무를 쓴 거지? 어떻게 이걸 만들었어? 솜씨가 정말 좋구나. 주문을 받니? 우리 거실에 테이블이 필요한데 크기를 잘 모르겠어. 웹사이드가 있니?"

벤과 우리가 좋아하는 질문이나 언급이었다.

우리는 규칙적인 일상을 만들어 갔다. 보통 내가 손님들과 대화를 한다. 남편은 우리 가족 중에서 사교성이 적은 사람이었다. 벤은 그냥 앉아서 사람들을 관찰하거나 그들이 하는 말을 듣는 것을 좋아했다. 남자들은 주로 남편에게 어떻게 테이블 다리를 연결했는지, 벤이 어떤 종류의 도구를 사용했는지 묻곤 했다. 우리는 각각의 테이블에 나무의 종류(벤은 사람들이 거의 좋아하지 않기 때문에 소나무를 쓰지 않았다)와 자세한 크기를 적은 꼬리표를 달아 놓았다.

가격도 잘 보이게 표시해 두었다. 사람들은 벤의 테이블을 더 비싼 가격에 판매해야 한다고 자주 말했다. 그 말 자체만도 칭찬이었다. 나는 벤이 돈을 벌기 위해 이걸 하는 게 아니라고 설명하곤 했다. 그는 일하는 것을 좋아하고 테이블 만드는 것을 즐겼다. 가격은 재료비를 충당할 수 있는 것으로 충분했다. 우리는 사람들이 구경만 하는 것이 아니라 구매하기를 바랐다.

버거웠던 주문 제작

한동안 우리는 주문을 받기도 했지만 '무엇을 끝내고 배달하는 것'이 벤에게 너무 큰 압박이 된다는 것을 깨닫고는 곧 중단했다. 그는 빠른 일꾼이 아니었고 이런 압박은 그를 불편하게 할 뿐이었다. 안젤로도 그것을 싫어했다.

주문받기를 중단하게 된 사건이 있었다. 안젤로가 오기 전이었는데, 벤은 심사를 받아야 하는 3일간의 지역 전시회에 계속 뽑혀서 나가게 되었다. 전시회 중에서 수천 명의 사람들이 몰리는 한 부문이 지역 예술가들만을 위해 지정되었다. 한 도예가가 출품을 권해서 벤은 자신의 작품 사진을 보냈다. 벤이 뽑히게 되었는데 그 전시회에서 유일하게 목공품을 하는 사람이었다. 우리는 자랑스러움으로 벅찼지만 사정을 잘 몰랐다. 그동안 우리가 참가한 전시회는 대부분 하루 동안 하는 행사였지만, 이번 전시회는 금요일 아침에 시작해서 일요일 저녁 6시에 끝나는 것이었다. 이런 전시회에서 가장 어려운 점 중의 하나는 충분한 작품을 가지고 있어야 한다는 것이었다. 우리는 준비를 했고, 만약 필요하면 남편이 벤의 집에 가서 테이블을 더 가져오기로 했다.

다행히 날씨가 환상적으로 좋고 구경꾼들이 인산인해를 이루었다. 우리는 좋은 장소를 잡았는데, 우리 양쪽에 자리를 잡은 사람들이 재미있기도 하고 많은 도움이 되었다. 하지만 3일 동안 사람들을 만나고 인사를 하는 것은 정말 지치는 일이었다. 우리는 어떤 사람들의 말이나 질문에 대해 웃지 않을 수 없었다.

"이게 뭐죠?"

어떤 사람이 테이블을 가리키며 물었다. 나는 '글쎄, 뭘까요?' 하고 생각했지만 그렇게 대답하지는 않았다.

"손님이 이걸 어떻게 사용하시느냐에 달렸겠죠."

나는 다정하게 미소를 지었다.

"소파 끝에 놓는 테이블로도 쓸 수 있고, 발받침으로도 쓸 수 있고, 아이들의 받침으로도 쓸 수 있죠. 무엇을 찾으시나요?"

물론 멈춰 서서 보고, 두드려 보고, 들어 보고, 뒤집어 보고, 질문을 하거나 수다를 떨고는 그냥 가 버리는 사람들도 있었다. 사람들에게 말을 시켜야 하는지 아니면 그들이 대화를 시작할 때까지 기다려야 하는지 결정하기란 늘 어려운 일이었다. 무슨 말을 하기 전에 나는 뒷전에 서서 기다렸다. 때로는 "궁금한 점이 있나요?" 하고 묻기도 했다. 어떤 사람이 다시 돌아와서 같은 물건을 다시 보고 있으면 나는 항상 이 질문을 했다.

심사를 하는 이 전시회의 둘째 날, 옷을 잘 차려입은 나이 든 신사와 그의 아내가 들렀다. 그들은 둘러보고 몇 가지 상투적인 질문을 한 뒤, 뒤로 물러서서 서로 이야기를 하더니 가 버렸다. 그런데 몇 시간 후 그들이 다시 돌아와 신사가 물었다.

"주문도 받으시나요?"

"글쎄요, 무엇을 원하시는지에 달려 있는 것 같은데요."

나는 이 사람이 벤이 할 수 있는 것 이상을 생각하게 하고 싶지 않았다.

"제 아들이 여행 중에 사 온, 손으로 그린 도자기 타일을 제가 가지고 있는데 아주 예쁘지요. 타일을 우리 집 벽에 붙이고 싶었는데, 이 테이블을 보고 여기 상판에 붙인다면 근사할 거라고 생각하게 되었습니다."

그는 참나무 원목 테이블을 가리켰다.

"제 생각에는 아래에 선반이 하나 있으면 좋겠군요. 저 사람이 그걸 할 수 있을까요?"

벤은 이 신사가 묘사하는 모양의 테이블을 만든 적이 있었다. 하지만 도자기 타일을 붙여 본 적은 한 번도 없었다.

"제가 벤과 남편에게 이야기해 볼게요."

남편은 확실히 회의적이었고 나는 그를 쳐다보았다. 벤은 아무 생각이 없었다.

"제 생각에는 우리가 할 수는 있겠지만 시간이 좀 걸릴 겁니다."

이렇게 말하면서 나는 우리가 할 수 없는 일을 장담하고 있는 건 아닌지 생각하고 있었다.

"똑같은 걸로 두 개를 만들었으면 합니다."

그는 기대에 찬 눈으로 나를 보았다.

"벤은 물건을 한 번에 하나씩 만듭니다. 테이블 두 개가 똑같도록 최선을 다하겠지만 약간 다를 수도 있습니다. 노력해 보지요."

"제가 원하는 높이를 재서 다음 주에 연락을 드리죠. 타일을 가져가실 수 있도록 만날 약속을 합시다. 이런 건 얼마나 하죠?"

그는 벚나무 테이블 상판을 톡톡 두드리며 물었다.

"글쎄요, 솔직히 말씀드리자면 잘 모르겠어요. 벤과 또 함께 일하는 사람에게 물어볼게요. 다음 주에 통화할 때 가격을 말씀드리겠습니다."

나는 내가 무슨 짓을 하고 있는지 몰랐고 남편이 당황하는 게 보였다. 신사는 나에게 자신의 이름을 알려 주고 자리를 떠났다.

"이걸 만드는 건 그리 어렵지 않지요? 이 테이블 말이에요. 그렇죠?"

나는 희망을 가지고 벤과 남편을 바라보았다. 두 사람 다 나를 멍하니 바라보았다. 그들은 벤이 이것을 할 수 있을지 확신이 없었다. 다른 손님들이 왔기 때문에 그 일을 잠시 접어 두었다. 마침내 전시회가 끝났다.

우리는 완전히 지쳤지만, 또한 벤이 매우 잘한 것에 대해 마냥 행복했다. 벤의 솜씨에 대한 언급은 긍정적이고 들뜨게 하는 것이었으며, 벤은 거의 모든 테이블을 팔았다.

몹시 기분이 좋았는데 보너 씨의 전화가 현실을 일깨워 주었다. 그는 손으로 그린 도자기 타일을 전달할 시간 약속을 잡고, 그것을 상판에 붙이고 밑에는 선반을 둔 참나무 테이블 두 개를 제작해 달라고 했다. 나는 동의했다. 내가 왜 쉬운 일이라고 생각했는지는 모르지만, 아무튼 나는 그러겠다고 했다. 나는 남편이 도와줄 수 있을 거라고 생각했다. 나는 그의 알츠하이머병[3]이 우울증의 형태로 나타나는 것을 깨닫지 못하고 있었다.

우리 모두는 그 테이블을 만드는 데 달라붙었다. 나는 보너 씨를 만나 타일을 받았다. 3인치 정사각형의 타일이 여러 박스 있었다. 그는 각각의 타일이 멕시코에서 손으로 그린 것이며, 아들이 자신을 위한 선물로 사 온 것이라고 설명했다.

"만약 이사를 하게 된다면 테이블을 가지고 가겠어요."

단순한 말이었지만 나는 그 말이 얼마나 중요한 것인지 알고 있었다.

"보너 씨, 우리는 최선을 다하겠습니다. 제 생각에는 테이블을 만드는 데 약 두 달이 걸릴 것 같습니다. 제가 전화로 진행 상황을 알려 드리죠."

---

3 역자 주 : 치매를 일으키는 퇴행성 질환

"이걸 조심스럽게 다뤄 주시기 바랍니다. 그러실 거죠?"

나는 그가 타일을 두고 가기 두려워하는 것을 느낄 수 있었다. 타일은 하나씩 신문지에 싸여 단단한 판지로 된 상자 속에 고이 들어 있었다. 나는 그가 테이블을 만들고자 하는 이유를 알 것 같았다.

"아주 조심하겠습니다. 약속드리죠. 전화드리겠습니다."

타일 상자를 내 차의 트렁크에 실으면서, 나는 그가 지금 자신이 무슨 일을 하고 있는지 의심스러워한다는 것을 깨달았다. 우리는 그의 집과 우리 집 중간에 있는 주차장에서 만났다. 나는 자신 있어 보이게 손을 흔든 후 차를 몰고 나왔다. 나 또한 다시 한 번 생각하기 시작했다.

남편, 페니, 디(페니의 남자 친구), 그리고 벤의 도우미들이 다 함께 모델을 만들었다. 원형이 만들어졌는데 형편없었다. 밑의 선반이 너무 낮고 솜씨도 형편없었으며, 타일을 어떻게 안전하게 붙일 수 있는지 여전히 모르고 있었다. 벤은 그 테이블을 만들기 위해 몇 주째 일하고 있었다. 나는 벤도 이것이 쓰레기 덩어리라고 생각하고 있는지 궁금했다. 두 달이 벌써 지나가고 있었다. 나는 보너 씨에게 전화를 해서 상황을 이야기해야만 했다.

"원하신다면 타일을 반환하겠습니다. 당신이 얼마나 인내심 있게 기다려 왔는지 잘 알고 있습니다. 하지만 우리가 정말 실수했습니다. 제 생각엔 벤이 할 수 있을 듯하지만 새로 처음부터 다시 시작해야 할 것 같습니다. 시간이 많이 걸리겠지요."

나는 그의 목소리에서 실망을 느낄 수 있었다.

"나는 아들이 다음 달에 왔을 때 테이블을 보여 주고 싶었습니다. 그때까지 하실 수 있겠습니까? 약속해 주실 수 있나요?"

"아니요, 보너 씨. 벤이 최선을 다할 거라는 것밖에 약속드릴 수 없습니다."

나는 그가 다 그만두겠다고 하기를 바라고 있었다. 남편과 나는 처음부터 이 작업 전반에 대해 동의하지 못했다.

"나는 이걸 하고 싶지 않아. 벤을 도와줄 수가 없다고. 이 타일을 보내 버려. 무슨 상관이람?"

나는 내가 만들어 낸 압력과 스트레스에 대해 깨달아야 했다. 하지만 그러지 못했다.

페니와 디가 나서서 전체 작업을 구제했다. 페니가 벤을 도와 테이블을 만들고 디가 타일을 붙였다. 아름다운 테이블이었다. 우리는 벤과 페니, 디가 자랑스러웠다. 나는 보너 씨에게 전화를 해서 배달할 날짜를 잡았다. 그는 테이블을 자기 집으로 배달해 주기를 바랐다.

정말 이해할 수 없는 일이었다. 보너 씨가 집에 없었다. 그의 아내가 현관에서 우리를 맞아 어디에 테이블을 놓을지 알려 주었다. 부엌이었다.

"고맙습니다. 얼마를 드려야 되나요?"

'그게 다야?' 하고 나는 생각했다. 테이블에 대해서는 아무 언급도 없는 건가? 얼마나 솜씨 있게 만들었는지는 보지도 않고? 나는 그녀에게 벤에 관한 유인물을 주었다. 그녀는 우리에게 돈을 건네고 나가는 문을 알려 주었다. 그뿐이었다. 내가 무엇을 기대했는지 잘 모르겠지만, 아마 벤의 작품이 훌륭하다는 칭찬을 원했던 것 같다. 그 모든 일과 스트레스, 조바심을 견뎌 낸 후에 남는 게 돈뿐이라니. 내 기대가 너무 컸나 보다. 벤을 데려가지 않은 게 다행이라고 생각했다. 얼마나 실망스러운 일인가.

그 일이 있은 후 우리는 주문을 받는 것은 너무 큰 스트레스라고 결론지었다. 우리는 두 가지 정도의 주문 일을 더 했는데 상황이 달랐고 그것으로 끝이었다. 이제 우리의 선택은 전시회였다.

수공예 전시회는 옳은 선택이었을까?

이 또한 그리 좋은 계획이 아니었다. 나는 전시회를 하는 것, 사람들과 이야기를 나누는 것, 다른 공예 작가들과 수다를 떠는 것, 벤이 자기 작품에 대해 칭찬 듣는 것을 보는 게 좋았다. 하지만 남편은 이런 시간을 끔찍하다고 생각했다. 그는 참여하기는 했지만 싫어했다. 남편은 우리의 작은 전시 공간 뒤에 앉아서 신문을 읽곤 했다. 한 전시회는 남편도 좋아했는데, 우리 지역에서 열리는 것이라 대개 아는 사람이 찾아왔다. 이것은 마치 귀향 주간 같아서 서로 방문하고, 이야기를 나누고, 새로운 소식을 나누었다. 하지만 다른 전시회는 너무 힘들었다. 더 이상 전시회에 참여하기 힘들다는 것을 깨닫는 데는 얼마 걸리지 않았다. 우리의 마지막 전시회가 결말을 지어 주었다.

전시회가 열리는 곳에 갔을 때, 나는 등록을 하고 우리 전시 공간이 어디인지 확인하려고 차에서 내렸다. 등록을 하려고 길을 건넜는데, 뒤를 돌아보니 차에 탄 남편이 혼란스러워 보였다. 그는 건강이 좋지 않아서 나는 그에게 무리인지 걱정이 되었다. 하지만 한편으로 나는 벤이 잘되기를 바라고 있었다. 마음이 아팠다.

나는 안심시키기 위해 손을 흔들며 "금방 돌아올게요." 하고 말했다. 등록을 하는 동안 나는 초조하고 불안했다. 무슨 일이 있지는 않은지 계속 차를 돌아보았다. 나는 등록증을 받고 곧장 전력 질주해서 길을 건넜다.

"자, 이제 다 됐다. 우리가 작년에 자리 잡았던 데와 가까운 자리를 얻었어."

나는 미소를 짓고 차를 몰았다.

"작년에 어디에 있었지? 이곳에 온 기억이 없는데."

남편이 천진난만하게 말했다.

"글쎄요, S-17 자리를 찾아봅시다. 인도에 분필로 표시되어 있을 거예요."

우리는 장소를 찾고 차에서 짐을 내렸다.

"자, 벤, 네가 이 테이블을 가져다가 저기다 놓아라."

남편은 천막, 의자와 다른 필요한 물품을 꺼내고 있었다. 나는 남편이 혼란스러워 보이고 스트레스를 받고 있다는 것을 알 수 있었다. 나는 속도를 줄이고 재미있게 하려고 노력했지만 잘되지 않았다. 우리는 짐을 다 내리고 천막을 치기 시작했다. 천막 치는 순서를 따로 배우지 않았기 때문에 이것은 언제나 쉽지 않았다. 나는 천막 치는 것에 대해 걱정했던 터라 설명서를 꺼내 들었다. 하지만 아무리 노력해도 천막을 펼 수가 없었다. 우리 옆에 있던 공예인들이 도와주려고 했지만 잘되지 않았다. 나는 초조해지기 시작했고 남편과 벤이 거의 폭발할 지경이라는 것을 알 수 있었다. 절대로 재미있는 일이 아니었다.

"어머나, 세상에. 여보, 이것 좀 봐요. 천막 꼭대기가 도로 표지판과 나뭇가지에 걸려 있어요. 이러니 펼칠 수 없었지."

올려다보았더니 천막 꼭대기가 도로 표지판에 걸려 엉망이 되었고, 다른 한쪽은 늘어진 나뭇가지에 걸려 있었다. 우리는 우유 상자를 뒤집어 밟고 올라서서 표지판에 걸린 천막을 꺼냈다. 남편은 벤의 테이블에 올라가서 나뭇가지를 부러뜨리고 천막을 꺼냈다. 그제야 우리는 천막을 펼 수 있었다. 전시회는 아직 시작도 하지 않았는데 우리는 벌써 지쳐 버렸다.

전시회는 아주 성공적이었다. 벤은 가져갔던 모든 것을 팔았다. 또한 번 날씨가 환상적이었고, 사람들이 벤의 작품에 대해 관대했다. 하지만 저녁 7시경 짐을 쌀 때쯤 우리는 완전히 지쳐 있었다. 정말 긴 하루였고, 나는 이것이 우리의 마지막 전시회가 되리라는 것을 알고 있었다. 이런저런 이유로 우리 모두에게 너무나 힘든 일이었다. 마치 내 생각을 더 확실히 하기라도 하듯 남편은 지친 목소리로 말했다.

"나는 이걸 더 이상 할 수 없어. 나에겐 너무 힘든 일이야. 정말 더는 못하겠다고."

벤이 집에 가는 길에 맥도널드에 들려도 되냐고 물었을 때, 적어도 감정적으로 나는 자책하게 되었다. 그러면서도 나는 스스로를 동정하는 기분에 젖었다. 나는 남편과 벤을 생각해야 했다.

"좋은 생각이야."

나는 와인을 커다란 잔으로 한 잔 마시고 싶었지만 나중에 마시기로 했다.

전시장을 만들다

안셀로를 만났을 때, 그는 자신의 예술 작품을 만들 화실을 찾고 있다고 했다. 그는 2~3미터나 되는 커다란 금속 조각품을 만들 공간이 필요했던 것이다.

"그럼 저기 낡은 헛간을 이용하면 어때요? 가능할까요? 거기에 필요한 공간을 만들 수 있겠어요?"

그 헛간은 낡았지만 독특한 매력이 있었다. 안젤로는 즉시 가능성을 보았다. 가을에서 겨울로 넘어서는 시점에 안젤로와 벤, 몇몇 친구가 헛간의 내부를 고치기 시작했다. 안젤로는 벌써 헛간의 아래층에 있는 마구간을 개조하여 용접실로 만들었다. 하지만 일층은 아직도 난장판이었다. 그들은 청소를 하고, 단열재와 창문을 넣고, 현관을 짜 넣고, 한쪽 벽면에 석고 보드를 붙였다. 전기 배선도 새로 하고 바닥도 마감했다. 일층의 다른 한쪽에는 안젤로가 대리석을 자르는 공간과 도자기 스튜디오를 만들었다.

아직도 해야 할 일이 남아 있었다. 우리는 난방의 연료를 결정하고 수도도 연결하고 헛간의 외장도 해야 했다. 안젤로는 커다란 금속 소조 작품 몇 점을 공방이자 전시장인 이곳의 입구에 두었는데, 뜬금없이 벤의 공방 앞에도 하나를 놓았다. 그것은 눈길을 끄는 매력적인 작품이었다. 하지만 추운 겨울이 와서 전시장을 만드는 작업을 중단해야 했다. 그때 벤과 안젤로는 다시 새 테이블을 만들기 시작했다. 그들은 또 참나무와 벚나무로 양념을 놓는 선반, 흥미롭게 생긴 화분 받침, 퀼트 걸이를 디자인하고 만들기 시작했다.

벤과 안젤로는 전시장이 완성되면 개업식을 하기로 했다. 우리는 친구들과 친척들에게 안내문을 보내기로 했다. 첫 손님 목록에는 15년 전에 벤의 계획 파티에 왔던 사람들이 올랐다. 그들 중 많은 사람들과 수년에 걸쳐 연락을 하고 지내기는 했지만, 그들은 이제 벤이 그동안 얼마나 먼 길을 왔는지 보게 될 것이다. 벤과 안젤로, 예술가 친구들이 작품을 전시하고 판매도 하기로 했다. 그들은 또한 작품을 보여 주고 자신에 대해 설명하며, 가능하면 작품 판매도 할 수 있는 웹사이트를 만들었다.

안젤로는 벤과 그의 작업에 대한 짧은 동영상을 유튜브에 올렸다. 벤과 안젤로는 장애인의 기업 활동에 대해 공부하는 시러큐스대학교의 학생들을 매주 만나고 있었다. 벤의 인생과 일이 서서히 남편과 나로부터 멀어져 가고 있었다. 그것은 바로 우리가 원하던 바였다. 우리는 벤이 우리 없이도 잘 살 수 있다는 것을 알고 싶었다. 우리는 영원히 살 수 없으니까 말이다.

최근에 안젤로는 은퇴에 대해 이야기하기 시작했다. 처음에는 두려웠고, 나는 속으로 '아이고, 벤과 함께 일할 사람을 다시 구해야 하는군.' 하고 생각했다. 하지만 안젤로는 은퇴하더라도 매일 벤의 작업장에 와서 일도 하고 전시장도 돕고 벤이 잘하고 있는지 살펴보겠다고 했다. "나는 그 녀석이 좋아요." 하며 그가 미소 지었다.

페니가 벤과 함께 다시 일하고 싶어 하기도 했다. 페니와 벤은 아주 사이가 좋았고, 또 페니는 벤의 공방에서 일하는 것을 좋아했다. 페니는 벤과 많은 시간을 보냈고 새로운 프로젝트에 관해 상당히 창조적인 아이디어도 가지고 있었다. 페니는 기술이 좋고 능력이 있었다.

매우 훌륭한 조합이 이루어졌다. 더구나 이제 벤에게는 공방에 찾아
와 함께 노는 친구들이 있었다. 우리 모두는 벤을 위해 새로운 기회를
찾고 있었다. 최근의 새로운 사건은 장애인의 기업 활동을 공부하는
시러큐스대학교 학생 세 명이 끼게 되었다는 것이다. 그들은 벤, 안젤
로와 함께 일하면서 새롭게 웹사이트를 디자인하고, 재고와 가격 정리
를 위해 도표도 만들고, 보다 효율적인 가게의 평면 계획을 세우기도
했다. 마침내 그들은 우리가 벤의 생산품을 팔 수 있는 새로운 방식을
생각하도록 도와주었다. 누가 생각이나 했겠는가?

제 16 장

나를 내쫓아야 해요

벤이 "**나를 내쫓아야 해요**(YOU NEED TO KICK ME OUT)"라고 썼을 때 나는 몹시 놀랐다. 바람이 거세게 부는 겨울날이었는데 우리는 모두 날카로운 듯했다. 2년 가까이 시아버지가 함께 살고 계셨는데, 할아버지와 벤은 지속적으로 거의 반전투 상태였다.

"할아버지가 무서워요. 나를 아프게 할까 봐 무서워요."

시아버지는 좋아하는 안락의자에 앉아 창밖으로 꽁꽁 언 호수를 바라보고 있었다. 벤에 대해 말하고 있었는데 새로운 이야기는 아니었다. 그 이야기를 반복적으로 했는데 종종 벤이 있는 앞에서도 말했다.

벤은 한 번도 할아버지를 다치게 한 적이 없었지만 그의 덩치와 인종이 할아버지를 위협했다. 벤은 키가 180센티미터가 훨씬 넘는 데다 덩치가 크고 근육질이며, 분명히 흑인이었다. 한편 92세의 할아버지는 153센티미터의 작은 키에 왜소하고 귀가 잘 안 들렸다. 90세 때 몇 번의 중풍으로 고생하시다가 우리와 함께 살게 되셨다. 시아버지는 몇 년 전 시어머니가 돌아가신 후 홀로 사셨지만 더 이상 혼자서 살기 힘들어 보였다. 시아버지는 우리와 함께 살아야 한다는 데 화가 나 있었다. 자신의 집에 있고 싶어 하셨지만 남편과 두 시누이는 그게 불가능하다는 것을 잘 알고 있었다. 근처에 가족이 아무도 없는 데다 동네가 변하고 있었다. 낯선 사람들이 이사 오고 이웃에 시아버지를 아는 사람이 거의 없었다. 심지어 다니시던 교회도 변하고 있었다. 나이 든 분들은 양로원이나 실버타운 등으로 들어갔다. 시아버지는 목욕이나 식사 준비, 안전한 이동 등의 일상생활에 도움이 필요했다.

시누이는 둘 다 아버지와 함께 살 수 없다고 생각했다. 그들은 생활이 바빴고, 솔직히 아버지가 필요로 하는 것을 잘 해 드릴 수 없다고 생각했다.

손아래 시누이인 지니가 말했다.

"게다가 오빠는 이런 일들을 오랫동안 해 왔잖아요. 벤을 오랫동안 키웠으니까."

남편은 직감적으로 언젠가는 아버지가 함께 살게 될 것을 알고 있었던 것 같다. 남편은 어렸을 때 할아버지가 편찮아지셔서 할아버지를 돌보기 위해 온 가족이 이사를 갔던 것을 기억하고 있었다.

남편은 필라델피아에 있는 병원으로부터 전화를 받았다. 이웃이 쓰러진 시아버지를 발견하고 구급차를 불렀다는 것이었다. 의사는 시아버지가 응급처치를 받았다고 설명한 후, 남편이 가능한 한 빨리 병원으로 와서 다음 치료를 어떻게 할 것인지 결정해야 한다고 했다. 남편은 전화를 받고 곧바로 출발했다. 대학에다가는 수업을 보강해 주도록 준비를 해 두었다. 남편은 시아버지가 정신이 돌아오고 좀 회복되실 때까지 며칠 동안 병원에서 지냈다. 의사는 남편에게 시아버지가 인정될 때까지 며칠 거기에 더 있은 후, 우리가 허가한다면 필요한 물리치료를 받기 위해 재활 센터로 옮겨 가시게 될 것이라고 설명했다. 괜찮은 계획인 것 같았다. 무슨 일이 일어날지 그 당시에 확신이 없었지만 우리가 생각하고 계획할 시간이 있다는 데 안심했다.

남편과 나는 매일 밤 통화를 했다. 그날 밤도 남편은 의사의 말을 전하고 지친 목소리로 이렇게 말했다.

"아버지를 아침에 보고 집으로 가서 하루나 이틀 있다가 다시 와야할 것 같아. 학생들이 어떻게 하고 있나 봐야 하고. 빌이 내 수업을 계속 대신 할 수는 없지."

다음 날 아침 9시경에 남편은 다시 전화를 했다.

"침대를 준비해 줘. 아버지를 집으로 모시고 가기로 했어."

남편의 목소리는 아주 지쳐 있었고 절망적이었다.

"무슨 일이에요? 나는 아버님이 거기에 며칠 더 계시는 줄 알았는데. 내 생각에는…."

남편이 말을 끊었다.

"의사가 아버지를 몇 시간 후에 퇴원시킨대. 나는 옷을 좀 챙기고 문을 잠그러 아버지 집에 가 봐야겠어. 침대를 좀 준비해 줘. 오늘 밤에 당신을 만날 수 있겠군. 사랑해."

나는 남편 생각에 가슴이 무너져 내렸다. 시아버지는 다른 사람들이 좋아할 만한 사람이 아니었다. 나는 분노의 파도가 나를 엄습하는 것을 느꼈다. 시아버지는 벤이 이 집안에서 환영받지 못한다고 말하는 분이다. 그런데 이제 우리는 우리 집에 오는 시아버지를 환영해야 하는 것이다. 하지만 이런 생각에 붙들려 있을 시간이 없었다. 시아버지를 위해 준비를 해야 했다.

그 당시 맏딸인 셰리가 대학원을 결정하는 동안 우리와 함께 살고 있었다. 셰리와 나는 아래층 서재를 침실로 바꿀 계획을 간단히 했다. 그 서재는 욕실 바로 옆이어서 더 좋았다. 우리는 서재의 가구를 거실로 꺼내고 위층에서 침대를 옮겨 왔다. 시아버지에게 임시로라도 프라이버시를 지켜 주기 위해 문은 침대 커버로 덮었다. 우리는 닦고 털어서 청소를 하고 수건과 침대 커버를 준비했다. 남편과 시아버지가 도착했을 때는 방이 모두 준비되었으며, 셰리와 나는 완전히 파김치가 되었다. 남편은 창백하고 지쳐 보였고, 시아버지는 공허하고 혼란스러워 보였다. 시아버지는 계속 저항을 하셨다.

"밥, 나는 집에 가고 싶다. 나를 집에 데려다 줘. 여기 있기 싫다니까. 집에 데려다 달라고."

시아버지의 목소리는 떨리고 약했다. 하지만 그의 의도는 분명했다. 우리는 괜찮을 거라고 안심시켜 드리려고 애썼다. 하지만 시아버지는 우리가 하는 모든 것에 저항했다.

"나를 버려라. 죽게 내버려 둬. 나를 죽게 둬라, 아들아. 나는 여기 있기 싫다."

시아버지는 먹는 것도 거부했다. 남편은 시아버지가 다섯 시간의 자동차 여행으로 많이 지쳤다는 것을 알고 있었기 때문에 더 이상 밀어붙이지 않았다.

"여기요, 아버지. 이게 아버지 침대예요. 잠옷을 입고 이제 쉬세요."

"나는 무슨 일이 일어나도 상관없다. 죽고 싶어. 나를 내버려 둬라. 죽게 내버려 둬."

시아버지는 나를 쳐다보셨다.

"쟤도 가 버리라고 해라. 쟤가 여기 있는 게 싫어. 나 좀 내버려 둬."

시아버지는 남편이 셔츠를 벗겨 주려고 하자 남편의 손을 뿌리치려고 엉성한 시도를 하셨다. 남편이 잠자리 준비를 해 드리는 동안 나는 조용히 방에서 물러나왔다. 언제나 긍정적이었듯이 나는 모든 게 좋아질 것이라고 생각했다. 셰리와 벤, 나는 어떻게 해야 할지 몰라 서로를 쳐다보았다. "와인 한 잔 어때요, 엄마?" 하면서 셰리가 부엌으로 들어갔다.

"아침에 어떠실지 보자. 아마 잘 주무시고 나면 기분이 좋아지실 거야."

하지만 내가 틀렸다. 절대로 좋아지지 않았다. 시아버지는 94세를 일기로 돌아가시기 전까지 4년 동안 늘 우울하고 독설적이었다. 자신을 집에 데려다 주지 않았다고 남편에게 분노해 있었다. 시아버지는 내가 게으르다고 생각하고 내가 만든 음식이 싫다시면서 내가 음식도 할 줄 모른다고 하셨다. 시아버지는 벤은 두려워하셨다. 자주 아이들을 못 알아보시기도 했지만 셰리와 페니에게 유일하게 반응하는 것 같았다.

시아버지가 돌아가실 무렵, 페니가 할아버지를 돌보려고 휴직을 했다. 시아버지는 매일 애가 누구냐고 물으셨다.

"페니예요. 할아버지 손녀."

"아니야, 너는 내 손녀가 아니야."

하루는 페니가 할아버지에게 손녀에 대해 이야기해 보라고 요청했다. 페니는 할아버지가 무슨 생각을 하는지, 그리고 왜 자신을 부정하는지 알고 싶었다.

"아, 페니는 작은 계집애야. 너는 페니라고 하기엔 너무 커."

페니는 소리 내어 웃었다. 그리고 쭈그려 앉아서 휠체어에 앉아 있는 할아버지의 무릎에 얼굴을 댔다.

"할아버지, 안녕하세요? 저예요, 페니, 할아버지의 손녀딸."

페니는 할아버지를 상냥하게 올려다보았다.

"페니야, 페니야."

할아버지는 알아보고 웃었다. 페니가 키득댔다.

시아버지와 함께 사는 삶은 힘들었다. 건강이 좀 좋아지셨을 때 우리는 예전에 즐기던 활동에 관심을 갖게 해 드리려 애썼다. 시아버지에게 교회에 모시고 가겠다고 했지만 거절하셨다. 우리는 지역 노인정의 노인들을 만나러 가 보자고도 제안했다.

"나는 안 갈 거고, 너는 나를 가게 할 수 없을 거다."

시아버지는 팔짱을 낀 채 눈을 꽉 감고는 말하기를 거부하셨다. 우리는 시아버지를 차에 태우고 나갔지만 창밖을 내다보지도 않으셨다. 시아버지가 시누이 중 누구와도 함께 살지 못할 것이라, 우리는 또래 노인이 살고 있는 실버타운에 들어가시는 건 어떤지 제안해 보았다.

"싫다!"

우리는 그 시설이 얼마나 좋은지 보여 드리려고 우리 지역에 있는 실버타운에 모시고 갔다. 실버타운 입구로 차를 몰고 들어가자 시아버지는 눈을 감아 버렸다. 주무시는 게 아니었다. 시아버지는 그 정도로 고집스러웠다.

하지만 가장 괴로웠던 것은 벤에 대한 시아버지의 태도였다. 남편과 나는 종종 우리가 운동 경기의 심판이 된 것 같다고 조심스레 이야기 하곤 했다. 시아버지는 예의에 어긋나거나 혹독한 악담을 하곤 했고, 그러면 벤은 보복으로 시아버지를 위에서 감싸듯 위협했다.

"됐어, 내가 벤을 잡았어. 당신이 아버님을 잡아."

우리는 그저 평화를 지키기 위해 그들을 떼어 놓으려고 노력했다. 몇 년 동안 사람들은 "벤이 왜 저러는 거야?" 혹은 "뭐라고 하는 거야?" 하고 벤의 행동이나 말을 이해하기 위해 되묻곤 했다. 하지만 시아버지는 그러지 않으셨다. 시아버지는 벤에 대해 아무것도 묻지 않으셨고, 벤에게 이야기한 적이 거의 없었지만 벤에 대해서는 이야기하셨다.

"왜 쟤를 계속 데리고 있는지 모르겠다."

그 말은 정말 내 심기를 건드렸지만 나는 입을 꾹 다물었다.

'내가 만약 시아버지와 벤 둘 중에 하나를 택해야 한다면, 흠….'

나는 속으로 이런 생각을 했다.

왜 집을 나가고 싶니?

자신을 내쫓아야 한다고 말했을 때, 벤은 독립해 나가 살고 싶다고 나중에 설명을 했다. 나는 드디어 이 아이가 시아버지 때문에 이런 결정을 내리고 도망가려고 한다고 단정해 버렸다. 왜 벤이 나가야 한단 말인가? 집 안의 긴장감이 한몫하기는 했겠지만, 벤이 생각한 건 그게 아니었다. 벤이 왜 나가 살고 싶어 하는지 알 수가 없었다. 때때로 벤의 행동은 집에서 나가는 게 좋은 생각처럼 보이게끔 하기도 했다. 물론 절대로 벤을 내쫓거나 하지는 않겠지만, 남편과 나는 결국 벤이 독립해야 할 것이라고 이야기하곤 했었다. 벤이 어른이 되면 다른 곳에 가서 살게 될 것이라고 우리는 늘 생각했다. 하지만 지금 우리는 이런 생각을 할 준비가 되어 있지 않았다. 벤은 겨우 열아홉 살 고등학생이었다. 벤이 다른 계획을 가지고 있을지도 모른다는 생각은 한 번도 해본 적이 없었다. 하지만 촉진적 의사소통을 하면서 배운 한 가지 교훈은 넘겨짚지 말라는 것이었다. 몇 년 후에 우리는 벤에게 물어보았다.

"벤, 언제 그리고 왜 독립해 살기로 결정했니?"

남자답게 혼자 살려고 노력했고 누나들처럼 나도 혼자 살 준비가 되어 있었어요. (TRY TO LIVE ON MY OWN LIKE A MAN AND I WAS READY TO LIVE ON MY OWN JUST LIKE MY TWO SISTERS.)

"글쎄, 우리도 항상 계획은 하고 있었지. 그럼 한번 생각해 보자."

남편과 나는 처음부터 벤이 공동 주거 시설에서 사는 것을 원하지 않았다. 벤이 어렸을 때, 우리는 아무도 벤을 시설에 넣지 못하도록 유언에 명시했다. 우리는 심지어 우리가 '선택된 가족'이라고 부르는 사람들의 무리를 만들었다. 만약 우리가 죽었을 때 벤이 시설에 가는 것을 막아 주기로 약속한 사람들의 이름을 유언장에 명시했다.

독립에 대한 대화를 하고 있을 때 벤은 열아홉 살이었으며, 그런 시설들이 문을 닫고 공동 주거 가정과 보호 주택이 긍정적인 대안으로 떠오르고 있었다. 하지만 우리에게는 그렇지 않았다. 우리는 상당히 많은 개인적·전문적 시간을 지역의 장애인 주거 시설을 폐쇄하도록 주장하는 데 쓰고 있었다. 남편은 20년 이상 시설 기관장 위원회를 운영하는 봉사를 하고 있었고, 복잡한 장애를 가진 사람도 적절히 도와주기만 한다면 지역 동네에서 잘 살아갈 수 있다고 믿고 있었다. 벤이 열아홉 살이 되었을 즈음 우리는 여러 장애인 친구를 사귀고 있었는데, 몇몇은 수년간 장애인 주거 시설에 살고 있었다. 우리는 그들의 이야기를 주의 깊게 들었다. 분명한 것은 그들에게는 선택권이 없었다는 것이다. 우리는 벤이 선택할 수 있기를, 자신의 인생에 대해 목소리를 낼 수 있기를 바랐다.

남편은 또한 성인 장애인의 주거와 직업을 돕는 지역 인권 봉사 단체의 위원회에서 봉사를 하기도 했다. 그곳은 "개인들을… 듣고, 집중하고, 돕고, 탐구하고, 발달시키는…" 것을 강령의 목적으로 명확히 하고 있는 작은 기관이었다. 그 기관의 이사로 있는 팻 프라탄젤로는 1970년대 중반에 남편의 학생이었다. 남편은 그녀를 좋아했고 장애인에 대한, 심지어 가장 심각한 장애인에 대한 그녀의 관점을 존중했는데, 이는 남편이 그 위원회 일을 맡게 된 주요한 이유였다. 남편은 그녀가 지역의 정신지체인을 위한 주거 공간 코디네이터로 일할 때 그녀와 함께 일하기도 했다.

남편은 팻에게 지역의 장애인 주거 시설이 벤에게 절대로 맞지 않을 것 같다고 말했다. 여러 해에 걸쳐서 남편은 그녀에게 벤에 대해 이야기했다. 벤이 집을 나가 살고 싶다고 언급했을 때, 남편은 이것을 팻에게 이야기했다. 그녀는 남편에게 '인간 중심의 계획'이라는 새로운 접근법에 대해 들어 봤냐고 물었다. 우리는 그것에 대해 읽어 본 적이 있었고, 국제 장애인 권리 기구의 학회에서 발표하는 것을 들은 적도 있었다. 좋은 생각인 것 같았고 무엇이 벤을 위한 최선의 대안인지 알아내는 데 도움이 될 것도 같았다.

우리는 즉시 아무것도 하지 않았다. 우리는 여전히 시아버지 때문에 고생하고 있었고, 나는 박사 논문을 쓰기 위해 노력하고 있었다. 컴퓨터를 본 적도 없는 시아버지는 내가 몇 시간을 컴퓨터 앞에 앉아 있는 것을 보고 남편에게 내가 하는 일이라곤 텔레비전을 보는 것뿐이라고 불평을 했다. 나는 웃을 수밖에 없었지만 마음이 아프기도 했다. 시아버지는 좋아하시던 의자에 앉은 채로 햇살을 몸에 받으며 1994년 여름에 돌아가셨다. 페니와 내가 하루 종일 할아버지와 함께 있었는데 그냥 조용히 잠드셨다. 시아버지는 마침내 자신의 소원을 이루신 것이다.

벤의 계획 파티

시아버지의 장례를 치르고 나서 우리는 본격적으로 벤의 아이디어에 대해 탐구하기 시작했다. 오래지 않아 우리는 벤을 위한 '계획 파티'를 열기로 결정했다. 그즈음 우리는 이미 우리가 해야 할 일에 대해 많은 것을 읽었고, 팻이 이런 종류의 토론을 많이 이끌어 본 친구를 소개해 주었다. 우리는 정보를 수집하고 초대할 사람들의 명단을 만들었다. 벤은 자신에 대한 관심과 집중을 상당히 즐거워하는 것 같았다. 마침내 우리는 지인 중에서 벤에 대해 걱정하거나 행정 체계를 잘 아는 사람들, 그리고 우리에게 즉각적인 조언을 해 줄 수 있는 사람들을 초대했다.

1995년 1월 10일

친구들에게

우리는 벤이 학교를 나와 새로운 미래로 향하게 되는 전환을 계획하는 과정을 시작합니다. 그래서 우리 가족의 삶과 인연이 있는 당신을 이 과정에 초대하려고 합니다.

1월 29일 토요일, 10시 30분부터 저희 집에 모여서 늦은 오후쯤 끝마치게 될 것입니다. 저희는 점심과 커피, 다과도 준비할 예정입니다. 조언을 주시기 위해 아이디어와 관심만 가져오시면 됩니다.

우리 모두가 자신의 미래에 대한 벤의 결정을 도울 수 있는 방법을 찾아내도록 우리 친구가 이 모임을 이끌어 줄 것입니다. 우리는 당신이 이 과정에 참여해 주시기를 진심으로 바랍니다. 시간이 여의치 않아 잠깐만 참여하실 수 있더라도 당신의 참여와 조언을 절실히 바라고 있습니다.

오실 수 있는지 전화로 알려 주시기 바랍니다. 상상이 가시겠지만 우리는 벤이 자신의 미래를 계획하도록 돕게 되어 무척이나 기쁩니다. 한편으론 약간 겁이 나기도 합니다. 우리 모두에게는 당신의 지지가 매우 중요합니다.

파티 당일에 열네 명이 도착했다. 약간 춥고 눈이 많이 오고 있었다. 3미터짜리 식탁에 베이글, 크림치즈, 도넛, 빵, 커피, 차를 가득 차렸다. 그다음에는 이것을 치우고 집에서 만든 수프와 칠리, 샐러드, 빵을 대접할 예정이었다. 음식은 언제나 우리 가족의 중요한 구심점이었으므로 모든 사람들을 위해 많은 음식을 준비하는 것은 당연한 일이었다.

남편이 참석한 사람들에게 감사 인사를 하는 것으로 아침을 시작했다. 그리고 그는 촉진적 의사소통을 도와주려고 했던 셰릴이 날씨 때문에 오지 못하게 되었다고 설명했다. 가족으로서 우리는 이 모임을 진행시킬 수밖에 없었다. 이 계획 파티는 벤과 우리 가족에게 매우 중요했기 때문이다. 큰딸인 셰리가 토론 리더가 되기로 했다. 신문지를 거실 벽에 잔뜩 붙여 놓았고, 셰리는 양손에 매직펜을 들고 시작할 준비가 되어 있었다.

"우리는 당신의 도움이 필요합니다."

나는 남편이 이 말을 하기가 힘들다는 것을 알고 있었다.

"과거에 우리가 도움을 청한다는 것은 거의 불가능하거나 아주 어려운 일이었습니다. 하지만 많은 분이 나서서 우리를 도와주셨습니다. 이제 우리는 벤이 자신의 미래를 성공적으로 살아가기 위해, 그리고 벤이 어디서 살고 일하고 놀고 기쁨을 느끼고 할지를 결정하는 데 여러분의 도움이 필요하다는 것을 잘 알고 있습니다."

남편은 깊은 숨을 쉬었다. 모든 사람이 다음을 기다리고 있었다.

셰리가 이어받아, 이 과정을 통해 우리는 사람들이 벤에 대해 더 잘 알게 되고 궁극적으로 다음 단계가 무엇인지 결정하는 데 도움을 얻기를 바란다고 설명했다. 그리고 이렇게 설명했다.

1. 벤이 보다 독립적이 되고 자기 집에서 독립적으로 살 수 있도록 지금의 일과와 그 일과에 무엇을 더 첨가할 수 있는지 토론한다.

2. 벤의 일과 자유 시간이 생산적이고 즐거울 수 있도록 벤의 흥미와 그 밖에 그가 무엇을 즐길 수 있을지 토론한다.

3. 벤이 어떤 목표를 세우기를 원하는지, 그리고 그 목표를 달성하

기 위해 무엇이 필요한지 토론한다.

세리는 이 주제에 대해 생각해 보도록 10분을 주었고, 우리는 10분 후 다시 모여서 활기차고 생산적인 토론을 했다. 남편과 나는 사람들 가운데 앉아 있었고 벤은 친구 하나와 가장자리에 앉아 있었다. 우리가 벤의 일과와 밤에 잠을 잘 자지 못하는 문제에 대해 이야기할 때 벤은 **"초조하고, 화가 남, 조절이 안 되는 것에 대해**(JITTERY, UPSET, ABOUT BEING OUT OF CONTROL)"라고 타이핑을 했다. 이것이 벤이 반복적으로 다시 돌아오곤 하는 화제였다.

그날을 정리할 때쯤 우리는 벤에 대해 다음과 같은 것을 알게 되었다.

벤이 싫어하는 것

- 가지고 놀 식기 세제나 플라스틱 병, 물이 모자란 것
- 더럽거나 미끌미끌한 것
- 통제할 수 없는 것
- 거칠거나 울퉁불퉁한 언덕길을 내려가는 것
- 통제나 억압을 당하는 것, 명령을 받는 것
- 돈이 충분히 없는 것
- 지루한 일
- 고등학교
- 지루한 주제에 대한 긴 강의

벤이 절망하게 되는 것

- 어린아이처럼 취급받는 것
- 돈이 없는 것
- 자신을 통제할 수 없는 것
- 다른 사람들이 그들 자신을 통제하려고 노력하지 않는 경우
- 독립적인 것

벤이 무서워하는 것

- 자기 통제가 안 되는 것
- 나무 타기
- 오래된 생각
- 오래된 나쁜 기억
- 할아버지가 양로원에 가는 것
- 죽음
- 바보처럼 보이는 것
- 시러큐스발달센터 – 지역 주거 시설
- 덩치가 큰 흑인(학대를 당한 기억이 떠오르게 함)
- 사람들이 어디에 있는지 모르는 것(자신을 도와주는 사람을 말함)
- 사람들이 언제 다시 돌아오는지 모르는 것

이러한 주제는 몇 년을 두고 반복되어 나타난 것이었다. 몇 가지는 변하기도 했지만 기본적으로 이것은 벤이 누구였는지, 누구인지를 진정으로 반영하는 것이었다. 결론적으로 그날 모인 사람들은 가장 핵심

적인 주제를 다음과 같이 선택했다.

- 벤은 자기 자신을 통제하지 못할까 봐 두려워한다.
- 벤은 친구들, 특히 자기 또래의 사람들과 어울리는 것을 좋아한다.
- 벤은 스스로 선택하는 것을 좋아한다.
- 벤은 자신의 일을 체계적으로 정리하는 것을 좋아한다.
- 벤은 스스로 차분하게 만드는 방법을 알고 있다.
- 벤은 도구를 사용하여 일을 할 때 자신의 몸을 조절하는 방법을 알고 있다.
- 벤은 지역의 도서관에서 계속 일하기를 바란다.

　자신의 미래를 위해 벤은 자기 자신의 집에서 살기를 바라고 있었다. 벤은 일을 하고 싶어 하기는 했지만 아직은 하고 싶은 일이 무엇인지 확신이 없었다. 몇 가지 아이디어가 있기는 했지만 대부분이 그저 친구를 갖고 싶다는 것이었다. 벤은 친구들이 자신을 위해 함께 있어 주고 자신을 도와줄 것이라고 생각하고 있었다. 우리는 자연스럽게 결말에 도달했다. 벌써 4시가 넘었고 피곤했지만 오늘 있었던 일에 대해 기쁜 마음이었다. 후에 벤은 그 자리에 와 준 사람들에게 다음과 같은 편지를 썼다.

파티에 와 주셔서 감사합니다. 이 끔찍하고 지독한 자폐증으로부터 빠져나가는 길을 도와 주셔서 기쁩니다. 벤. (THANK YOU FOR COM,ING TO MY PARTY. FEEL GREAT BECAUSE YOU HELPED MY WAY UP OUT OF THE TERRIBLE DREADFUL

파티가 끝나고 일이 시작되다

벤을 위한 첫 번째 질문은, 만약 벤이 우리와 함께 살지 않는다면 어디에서 살 수 있을까 하는 것이었다. 남편과 나는 벤이 결국 우리 옆집이나 근처에 살고 우리가 들여다보게 될 것이라고 생각해 왔다. 우리는 실제로 두 집 건너 이웃집을 세 얻거나 구입하는 것에 대해 이야기하고 있었다. 그 집의 부부는 나이가 들어서 플로리다로 이주할까 생각하고 있었다. 우리에게는 이상적인 것 같았다. 하지만 벤은 다른 생각을 가지고 있었다. 그는 그 생각을 천천히 타이핑해서 밝혔는데 생각이 아주 분명했다.

우리가 물었을 때 벤은 이렇게 대답했다.

"어디에서 살고 싶니?"

시러큐스(SYRACXUS)

"시러큐스 어디쯤 살고 싶지?"

대학교 근처 지역(IN THE UNIVERSITY AREA)

"어떤 종류의 집에 살고 싶어?"

집(HOUDS E)

벤은 우리 집 주변에서 살고 싶지 않았다. 벤은 자신이 다녔던 고등학교가 있는 지역에 살고 싶어 했다. 벤은 그 지역에 익숙했고 그 근처에 살고 있는 사람들을 많이 알고 있었다. 벤은 또한 아파트에서 살고 싶지 않다고 명확히 알려 주었다. 벤은 워싱턴디시 근처에 살고 있는 셰리와 크리스티안 부부의 집에 가 봤는데 그들은 아파트에 살고 있었다.

셰리가 크리스티안과 함께 이사 갈 때 워싱턴을 가 봤잖아요. 나는 조용하고 평화로운 게 아주 중요하니까 아파트에 살기 싫어요. (CAME TOGETHER WHEN SHERRY MOVED WITH CHRISTIAN TO WASHINGTON. NOT WANT NEW APARTMENT BECAUSE GREAT NEED FOR PEACE AND QUIET.)

분명히 말이 되는 소리였다. 벤은 여태까지 집에서만 살아왔다. 그 다음의 대화에서 벤은 만약 자신이 예전에 그랬던 것처럼 집을 망가뜨리는 행동을 하면 그 집에서 쫓겨나리라는 것을 잘 알고 있다고 명확히 했다. 벤은 그런 일이 일어나지 않기를 바라고 있었다. 그리고 만약 자기 자신의 집에서 살게 된다면 좀 더 책임감 있게 살 수 있을 거라고 했다. 흠… 과연 정말 그럴까?

수년 동안 벤은 우리 집을 망가뜨리는 행동을 했다. 머리를 창문에 부딪쳐 박살을 내기도 하고, 날카로운 칼로 문설주나 식탁을 쪼아 놓기도 했다. 가위로 전기선을 끊고 벽이나 천장에 들어 있는 단열재를 뜯어 놓기도 했다. 자기 자신의 집에서는 무슨 짓을 할까? 우리가 물으면 벤은 단순히 자기 침실과 일을 할 공방을 차릴 수 있도록 넓은 공간이 필요하다고만 했다.

이게 가능하다고 생각하다니 우리가 미친 건가? 우리도 알 수가 없었지만 일을 진행해 나갔다. 가까운 친구가 부동산 중개인을 소개해 주어 그를 만나게 되었다. 남편과 나는 벤이 듀플렉스[1]에 살 수 있을 거라고 상상하고 있었다. 벤과 룸메이트가 한쪽에 살고 다른 쪽에는 도우미가 살면 좋겠다고 생각했다. 이번에도 벤은 자기 자신의 생각을 가지고 있었다. 벤은 자기 혼자 살고 싶다고 했다. 혼자!

뭐라고? 나는 내 눈과 귀를 믿을 수가 없었다 — 벤은 타이핑을 했다. 나는 심호흡을 하고 벤이 진정으로 원하는 것이 무엇인지 이해하려고 노력을 했다.

"그러니까, 벤. 우리 이것에 대해 조금만 더 생각해 보자. 우리는 생각할 시간이 있어. 그러니까 더 생각해 보자."

내 심장은 빠르게 뛰고 있었고, 또 머리가 재빨리 돌아가고 있었다. 나는 벤을 잃고 싶지 않았고, 그가 혼자 잘 해낼 수 있다는 것을 우리가 믿지 않는다거나 존중하지 않는다고 벤이 생각하게 하고 싶지도 않았다. 나는 또한 벤이 혼자 사는 것은 선택할 일이 아니라고 알고 있었다.

"흠, 혼자서 산다. 글쎄, 그건 상당히 큰 단계로구나. 너는 아주 오랫동안 우리와 함께 살아왔어. 혼자서 사는 것은 굉장히 다른 거야."

내 마음은 곧 일어날지도 모르는 일로 인해 회오리치고 있었다. 나는 아이를 실망시키고 싶지 않았지만 정직해야 한다는 것도 알고 있었다.

"그럼 너에게 도움이 필요한 경우를 목록으로 만들어 보는 건 어떨까? 알지? 요리나 빨래 같은 거 말이야. 네가 혼자서 할 수 있는 일을 적어 볼 수도 있지. 샤워, 양치질, 적당한 음식이 있다면 전자레인지

1　역자 주 : 두 세대가 살 수 있도록 지어진 집으로 두 개의 독립된 집이 붙어 있는 형태이다.

사용하기 등등. 그런 다음 네가 필요한 일을 어떻게 하는지 배워 볼 수 있겠지. 이 생각 어때? 아, 그렇지. 그러는 동안 집을 찾아보면 좋겠다. 어떻게 생각해?"

좋다고 생각해요. (THINK YES.)

그렇게 그 모든 일이 시작되었다. 우리는 냉장고에 목록을 붙여 놓고 벤이 무엇을 하는 것을 누군가 도울 때마다 거기에 '도움을 받아서'라고 썼다. 하지만 벤이 무언가를 혼자서 해내면 '혼자 힘으로'라고 썼다. 이것은 벤의 현재 능력을 결정할 수 있는 좋은 방법이었다. 우리는 벤에게 혼자 있기와 혼자 있는 느낌을 알려 주기 시작했다.

"그런데 벤, 네가 외로움에 대해 생각해 본 적이 있는지 궁금하구나. 너는 사람들과 여러 가지 활동으로 늘 북적북적한 우리 집에서 살아왔잖아. 혼자 사는 게 힘들 수도 있어."

나는 좀 더 많은 말을 하고 싶었지만 그만두었다. 나는 벤이 이것에 대해 생각해 보리라는 것을 알고 있었고, 벤은 생각해 보았다.

집 구하기

벤과 나는 집을 보러 다니기 시작했다. 사실 이것은 굉장히 재미있는 경험이었다. 보통 판매자 측의 부동산 중개인이 왜 이 집이 '당신이 찾던 바로 그 집'인지 열을 올려 설명하게 마련인데, 내가 벤이 결정할 것이고 벤이 이 집에 살 사람이라고 하면 부동산 중개인의 반응이 매우 복합적이었다. 나는 종종 각각의 사람들이 무엇에 반응하는지 생각해 보곤 했다. 벤의 검은 피부색, 벤이 어리다는 것, 엄마가 백인이라는 것, 벤이 말을 잘하지 못하는 점 등등… 하지만 누가 알겠는가.

벤과 나는 시러큐스대학교 근처의 집을 스물네 채도 넘게 보았다. 언제나 우리는 집으로 들어가서 벤이 직선으로 걸어 들어가 창문을 열어 보고 내부를 둘러본 다음 "됐어요. 이제 이곳의 나머지 부분을 둘러봐요." 하듯이 나를 돌아보았다. 어떤 때 벤은 한번 둘러보고는 바로 앞문으로 나와 버리기도 했다. 하지만 벤은 우리가 본 집을 거의 모두 좋아했다. 나는 수리해야 할 곳이 있다든지, 버스 정류장에서 멀다든지, 너무 비싸다든지 등 그 집의 단점을 보곤 했다. 시간이 지나면서 벤도 점점 안목이 생겼다.

한편 남편과 나는 어떻게 이 모든 것의 돈을 댈 수 있는지 알아보고 있었다. 우리 집의 대출금을 거의 다 갚았기 때문에, 우리는 벤의 집을 위한 보증금을 마련하기 위해 우리 집의 재융자를 고려하고 있었다. 우리는 최선의 이자율을 확인하기 위해 은행에 연락해 보고, 벤이 집을 소유하는 것에 대해 알아보기 위해 변호사에게도 연락했다. 시간이 흘러가면서 벤과 나는 조금 실망하게 되었다. 적당한 집을 찾을 수가 없었던 것이다.

"아마도 이건 좋은 생각이 아니었나 봐요."

어느 날 저녁 나는 남편에게 말했다. 내가 물러서려 한다고 벤이 생각하게 하고 싶지는 않았지만 나는 점점 지쳐 가고 있었다. 나는 또한 벤도 마음이 변했을지 모른다고 생각하기 시작했다. 나는 마음이 복잡했다.

"벤은 뭘 원해?"

남편이 물었다. 물론 그것이 옳은 질문이었다. 벤이 실망했을 것이라는 생각이 들지는 않았다.

"벤, 이 모든 일에 대해 어떻게 생각하니? 계속 집을 보러 다녀야 할까? 그게 네가 원하는 거니? 너에게 맞는 집을 찾는 것?"

집, 맞아요. (HOUSE, YES.)

벤은 종종 마지막에 들은 단어를 반복해서 말했으므로 나는 확인하게 위해 다시 질문을 했다.

"벤, 이건 중요한 질문이야. 우리는 꽤 오랫동안 집을 보고 다녔잖니. 나는 그냥 우리가 옳은 일을 하고 있는 건지 확인하고 싶어. 우리가 잘하고 있는 거지? 어떻게 생각해?"

나는 벤이 '옳은 일' 혹은 '확인' 같은 말을 반복해서 대답할 것이라고 생각하고 있었다. 하지만 벤은 **"집 보는 것, 맞아(HOUSE LOOK YES)"**라고 대답했다. 나는 우리가 계속 집을 찾아봐야 한다는 것을 알았다.

이자율이 급락하여 나는 이자율이 다시 오르기 전에 집을 찾고 싶어서 안절부절못했다. 우연히 벤의 예전 선생님인 독 선생님이 곧 매물로 나올 집을 하나 알고 있었다. 그 집은 독 선생님의 집에서 가까웠다. 사실 독 선생님 부부가 눈독을 들이던 집이었다. 우리는 그 집을 둘러보기로 했다. 벤은 그 집을 보자마자 좋아했고 나도 마음에 들었다. 오래되기는 했지만 최근에 수리를 한 집이었다. 가격도 합리적이고 위치도 아주 좋았다. 게다가 작은 구멍가게가 골목 끝에 있었다. 우리는 집을 사기 전에 수차례 다시 둘러보았다.

몇 차례의 협상 끝에 그 집을 사게 되었고 대출금을 신청했다. 아이러니하게도 시아버지가 남긴 유산을 그 집의 보증금으로 쓰게 되었다.

"아버지가 무덤에서 벌떡 일어나실 것 같아."

남편이 묘한 웃음을 띠며 말했다. 나는 키득거렸다.

그 집은 시러큐스대학교와 주오니오학교에서 몇 블록 떨어진 꽤 큰 집이었다. 에드스미스초등학교가 두 블록 이내에 있었고, 벤이 다녔던 중학교와 고등학교도 걸어갈 만한 거리에 있었다. 집 앞쪽에는 아름다운 현관이 넓게 자리 잡고 있었다. 앞마당에는 벗나무가 한 그루 있었는데 이 나무는 수년 동안 벤이 올라가기 좋아하는 장소가 되었다. 아무 생각 없이 그 밑을 지나가던 이웃을 벤이 놀래 주기도 했지만, 이웃들은 벤을 알고 있었고 벤이 나무 타는 걸 구경하기를 좋아했다.

커다란 거실과 식당이 있고, 작은 입구는 이층으로 올라가는 계단과 연결되어 있었다. 또한 조그마한 아침 식사 장소가 딸린 작은 부엌과 방충망을 친 뒷베란다도 있고, 훌륭한 뒷마당과 차 두 대가 들어가는 차고도 있었다. 다락은 간이 화장실이 있는 분리된 주거 공간으로 수리되어 있었다. 벤의 침실은 뒷마당을 바라보고 있었다. 이 집의 가장 큰 단점은 정식 욕실이 하나뿐인 데다 이층에 있다는 것이었다. 벤은 아주아주 긴 목욕을 즐겼다. 그래서 하나뿐인 욕실이 문제가 될 여지가 있었다. 특히 여자가 이 집에 있게 되면 큰 문제였다. 대부분의 시간에는 괜찮은 것 같았다. 벤은 다른 사람의 목욕용품을 쓰기 좋아했는데, 그래서 다른 사람이 자신의 목용용품을 침실에 보관하거나 캐비닛에 잠가 두지 않으면 문제를 일으키곤 했다. 벤은 그 물건이 다른 사람의 것임을 잘 알고 있었지만 거품 목욕을 하고 싶을 때는 참을 수가 없었다.

도우미 구하기

일단 집을 구입하자 ― 벤은 그 집을 '랭커스터 하우스'라고 불렀다 ― 벤은 이사 갈 준비를 마쳤다. 이것은 재미있기도 하지만 두렵기도 한 일이었다. 벤과 나는 쉬운 과정이 지났다는 것을 알고 있었다. 이제 정말로 어려운 부분 ― 함께 살면서 벤을 도와줄 사람 찾기, 그리고 더 어려운 일은 벤을 보내 주는 것 ― 이 시작되는 것이다. 우리는 이 일을 어떻게 해결해야 할지 몰랐지만, 벤이 학창 시절 내내 통합교육을 받았으므로 벤을 아는 누군가가 벤과 함께 살고 싶어 할지도 모른다는 생각이 들었다. 하지만 우리의 예상은 빗나갔다. 벤의 학교 친구들은 대부분 대학에 다니거나, 군대에 갔거나, 이사를 하여 이 지역에 없었다.

벤은 "룸메이트는 착하고 이해해 주는 사람이어야 한다(ROOMATES SHOULD BE NICE AND UNDERSTANDING)"고 말했다. 진심으로 동감했지만 그런 사람을 어떻게 찾는단 말인가? 우리는 전단지를 만들어서 친구들에게 돌렸다. 우리는 이 이야기를 들어 줄 모든 사람들에게 말했다. 또한 벤의 계획 파티에 왔던 모든 사람들에게도 이야기했다. 우리는 사람을 구한다는 것을 널리 알리려고 최선을 다했지만 허사였다. 비록 인정하기는 싫지만, 어떤 면에서 나는 안심하기도 했다.

나는 정말 벤을 떠나보낼 준비가 되어 있지 않았다. 나는 우리가 주던 모든 도움에 대해 계속 생각하고 있었다. 벤이 필요로 했기 때문에, 그리고 우리가 벤을 사랑하기 때문에 여태까지 그렇게 한 것이었다. 아니면 내가 나 자신을 속이고 있는 걸까? 벤을 보내고 싶지 않아서 이런 핑계를 만드는 걸까? 이게 정말 벤에 관한 일이고 그 아이가 원하는 걸까? 아니면 이건 나에 관한 일이고 내가 두려워하는 걸까? 내가 너무 과잉보호를 하는 건가?

마침내 이런 감정들을 내 것으로 인정했을 때, 나는 우리가 열심히 해 온 모든 일에 대해 생각하기 시작했다. 남편과 나는 아이들이 각자 원하는 삶을 살도록 독립적이고 행복하기를 바랐다. 나는 셰리가 대학에 갔을 때 마음의 준비가 되어 있었음에도 불구하고, 셰리가 모로코, 유럽, 중국으로 여행을 간다고 했을 때는 두려웠다. 셰리가 독일로 이사 간다고 했을 때, 나는 그 아이를 잃은 듯한 느낌이 들었다. 한편으론 셰리를 잃은 게 맞지만 그것은 성장의 일부분이었다.

페니가 대학에 가려고 했을 때, 나는 페니가 떠나기 전부터 그 아이에게 맞지 않는 일이라는 것을 알았다. 나는 페니가 돌아오리라는 것을 알았지만 그 아이의 독립에 대해 준비되어 있었던 것은 아니다. 페니는 자신의 방식으로 성장할 준비가 되어 있었다. 페니는 언제나 자유로운 영혼으로 우리의 한계를 밀어내곤 했는데, 독립도 예외는 아니었다. 페니는 자신의 방식으로 삶을 살아갈 계획을 하고 그렇게 했다. 나는 셰리나 페니가 스스로 내리는 결정에 대해 언제나 행복했던 것은 아니지만, 그 아이들이 잘해 나가리라는 확신이 있었다. 하지만 벤에게는 모든 일이 너무 빠르게 일어나고 있었다. 아니면 내가 느끼기에만 너무 빠른 것인가?

깊이 생각해 보고, 이것이 나에 관한 것이 아니라 벤에 관한 것이며, 그 아이가 자신의 독립에 대해 표현하려는 요구임을 깨닫는 데는 한참이 걸렸다. 나는 그동안 만났던, 장애를 가진 자녀와 아직도 함께 살고 있는 많은 가족에 대해 생각해 보았다. 우리는 그들과 다를 것이라고 나는 다짐했었다. 그 아이를 어떻게 떠나보내야 할지 몰라서, 우리가 늘어서까지 벤의 손을 잡고 어린아이로 키우면서 살기를 바라지는 않았다. 나는 내 인생 전체의 의미가 오직 벤을 돕는 것이기 때문에 벤을 보낼 수 없어서는 안 된다고 생각한다. 나는 벤이 나 없이도 살 수 있다는 것을 알아야 했다. 내 부모님은 일찍 돌아가셨다. 나도 그렇게 세상을 떠날지 모른다. 만일 그렇게 된다면 벤에게 어떤 일이 일어날까? 나는 마침내 벤이 자기 자신의 삶을 살고, 자유를 느끼고, 성인으로서 친구도 갖기를 소망하게 되었다. 곳곳에 위험이 있을 테지만 그냥 받아들여야 했다.

벤은 우리에게 지역 신문 광고란에 "룸메이트를 구합니다"라는 광고를 내 달라고 했다. '어떻게 벤이 이런 게 있다는 걸 알았지?' 나는 궁금했다. 나는 처음에 아무도 연락을 하지 않을 것이라고 생각했다. 그러면 어떡하지? 우리는 여기에 대해 이야기했고 마침내 시도해 보기로 결정했다. 손해 볼 게 없을 것 같았다. 벤이 광고의 첫 부분을 썼다.

하우스 메이트를 구합니다 : 자폐를 가진 청년이 시러큐스대학교 근처 지역으로 옮기면서 동반자를 구합니다. 세를 보조해 드릴 수 있습니다. 더 많은 정보를 원하시면 수에게 전화해 주십시오. (HOUSE MATES/COMPANIONS WANTED: YOUNG MAN WITH AUTISM MOVING INTO UNIVERSITY AREA LOOKING FOR HOUSE MATES/COMPANIONS. SUBSIDIZED RENT MAY BE POSSIBLE. FOR MORE INFORMATION CALL SUE AT-)

그리고 우리 집 전화번호를 적었다. 벤이 '자폐를 가졌다'는 말을 쓸 때 나는 만감이 교차했다. 한편으로는 직설적인 것이 용감하다고 느끼면서도, 다른 한편으로는 광고를 보고 아무도 연락을 하지 않을 것이라는 두려움이 일었다. 아무도 연락하지 않으면 벤에게 어떻게 말해야 할지 연습도 했다. 남편과 나는 만약 한 사람이라도 연락해 오면 벤을 도와주는 대가로 집세를 줄여 주어야겠다고 생각하고 있었다. 벤을 매달 내야 하는 집의 할부금을 자신의 사회보장 연금으로 충당해야 했다. 만약 입주자를 더 구한다면 그들의 집세로 나머지 할부금과 공과금을 충당할 수 있었다. 이것이 계획이었지만 모두 '만약'이라는 조건이 붙었다. '만약' 입주자를 구할 수 있다면 말이다.

광고를 준비하면서 벤은 하우스 메이트에게 바라는 것과 그렇지 않는 것을 알려 주어서 전화 오는 사람들을 걸러 달라고 했다. 다음과 같은 기준이 벤에게 중요한 것이었다.

1. 나이가 동갑이거나 비슷한 사람
2. 여자는 안 됨. 여자는 벤을 아기 취급하는 경향이 있고, 벤은 누나 둘과 살아왔다.
3. 벤을 이상하게 보거나 괴물로 보지 않는 사람

놀랍게도 광고를 보고 다섯 사람이 전화를 했다. 나는 벤의 엄마라고 소개하고, 벤이 자폐증이 있어서 전화 통화를 하지 못한다고 설명했다. 전화를 한 사람이 그래도 관심 있어 하면 자폐증을 가진 사람을 만난 적이 있는지 물어보았다. 그러나 그들 중 자폐증에 대해 아는 사람이 없었다. 보통 그들은 집세를 덜 내기 위해 무엇을 해야 하는지 궁금해했다. 좋은 사람들인 것 같았지만 전화 통화로 더 깊이 알기는 어려운 일이었다.

'내가 무엇을 찾고 있는 거지?' 하고 나는 계속 생각했다. 어떻게 전화로 잠시 이야기해 보고 벤과 함께 지내기에 안전한 사람인지를 판단한단 말인가? 천성적으로 나는 남을 잘 믿는 사람이다. 하지만 이건 좀 너무 심하지 않나? 나는 많은 생각과 의문이 들었다. 그런데 한 젊은이가 남다른 감흥을 주었다.

제 17 장

벤의 독립

"저는 자폐에 관해서는 아무것도 모릅니다. 들어는 봤지만 정말로 몰라요. 하지만 배울 수 있다고 확신합니다. 솔직히 말해서 저는 지금 엄마와 함께 살고 있는데 제가 살 곳을 구해서 이사를 해야 합니다."

내가 뭐라고 말을 하기도 전에 청년은 말을 이었다.

"댁의 아드님과 제가 한번 만나 보는 건 어떨까요? 만약 아드님이 저를 싫어한다거나 제가 그 일을 할 수 없을 것 같다는 생각이 들면 어쩔 수 없는 일이고요. 어떻게 생각하세요?"

그 청년이 나만큼이나 긴장하고 있다는 것을 알 수 있었다. 나는 가슴이 뛰었다.

'이 청년은 착한 것 같고, 논리적이며 합리적인 것 같아. 착하다면 충분하지 않아? 어머니와 함께 살고 있다는 것도 좋고. 그의 첫 번째 관심은 자폐증에 대해 이야기하는 것이 아니라 벤을 만나 보는 것이었어.'

나는 벤과 이야기해 보고 전화해 주겠다고 했다. 나는 벤에게 대럴이라는 청년이 한 말을 전해 주고 그를 만나 보고 싶은지 물었다.

만나 보고 싶냐고요? 네. (WANT TO MEET HIM? YES.)

우리는 주말에 그를 만나기로 했다.

대럴은 다음 날 다시 전화를 했다. 마음이 변했다고, 다른 곳을 찾았다고 전화한 줄 알았는데 그게 아니었다. 그는 벤을 정말 만나고 싶다면서 다른 질문이 있다고 했다.

"제 친구도 살 곳을 찾고 있는데 혹시 두 사람이 벤과 함께 살아도 괜찮은가요? 그래도 된다면 제 친구를 소개하겠습니다."

며칠 후 벤과 나, 대럴, 제시가 함께 만났다. 초여름이었지만 날씨가 꽤 더워서 우리는 뒷베란다에 자리를 잡았다. 나는 무슨 말을 해야 할지, 무엇을 해야 할지 알 수 없었다. 그래서 나는 벤이 모임을 주도하도록 하고 그를 따르기로 했다. 우리는 자기소개를 하고 나는 단지 벤의 대화를 돕기 위해 그 자리에 있는 거라고 설명했다. 나는 뒤로 물러나 앉아서 지켜보았다. 두 젊은이는 스무 살로 벤과 같은 나이였다. 둘다 잘생긴 데다 옷을 말끔히 입고 예의가 발랐다. 그들은 벤에게 직접이야기를 하고 벤을 무척 좋아하는 것 같았다. 마찬가지로 벤도 행복하고 안정되어 보였다. 상당히 좋은 분위기였다. 그들은 자폐에 대해 묻거나 벤에게 자폐가 어떤 의미인지 묻지 않고 그냥 대화를 했다. 그러다 셋은 나에게 자리를 비켜 달라고 했다.

"다름이 아니라 우리 셋이 있는 게 잘될지 보려고요."

나는 집 안으로 들어갔다. 나는 정말 그들의 이야기를 듣고 싶었지만 자리를 피해 주었다. 그들은 한참 동안 이야기를 나누었다. 그들의 웃음소리에 나는 절로 미소가 지어졌다. 내가 밖으로 나갔을 때 대럴은 이렇게 말했다.

"우리는 시도해 보기로 했습니다. 그렇지, 벤?"

그는 벤을 쳐다보고 미소 지었고 벤이 미소 지어 답했다. 제시도 미소를 짓고 동의하듯 고개를 끄덕였다.

나중에 대럴은 왜 그 광고를 보고 전화를 했는지 설명해 주었다.

"집에 있는 게 심심했어요. 나는 임시직 취업 알선소에 등록했지요. 나는 광고를 보다가 그 광고를 보았어요. 그 아이디어에 강한 인상을 받았어요. 동반자, 친구가 된다는 아이디어가 정말 좋았어요. 나는 그게 학교에도 다니고, 또 진짜 직업이 아닌 일도 할 수 있는 좋은 기회라고 생각했어요. 일을 그리 많이 하지 않아도 되는 직업처럼 보였거든요. 나는 학교에 전념할 수 있을 것 같았어요. 그래서 전화를 걸어 자동 응답기에 메시지를 남겼죠. 연락이 안 올 줄 알았는데 전화를 주셨더라고요. 나는 즐거웠고 오랜 친구 제시에게 연락해서 이 기회에 대해 이야기했죠. 나는 사람들과 함께 있는 걸 좋아하고, 이게 뭔가 배우고 많은 것을 얻을 수 있는 기회라고 생각했어요. 우리 둘 다 성장할 수 있을 거라고 생각했죠."

제시는 "처음에는 돈과 살 곳에 관한 약속이었죠. 하지만 일단 하기로 했다면 포기하지 않을 작정이었어요."라고 말했다.

이사하기

몇 주 후 대럴과 제시는 이사 올 준비가 되었다. 8월 초였다. 남편과 나는 일단 그들이 자리를 잡으면 벤이 잠깐씩 방문하게 해서 서로 친해질 수 있도록 하기로 했다. 우리는 6개월 정도를 적응 기간으로 잡고, 벤의 방문 기간을 늘리거나 해서 마침내 그들이 친숙해지면 벤이 이사 갈 준비가 된 것이라고 생각했다. 하지만 벤의 생각은 달랐다. 그들이 이사하고 이틀 뒤에 벤도 이사를 갔다.

우리는 이틀 동안 벤의 짐을 싸고 준비를 도왔다. 벤은 상당히 흥분하고 행복해했다. 남편과 나는 우리 자신에게 계속 질문을 하고 있었다. "우리가 지금 무슨 짓을 하는지 알고는 있는 거야?" 하고 말이다. 일관적인 대답은 "아니."였다.

우리는 정말 그 두 청년에 대해 아는 게 별로 없었다. 우리는 추천서를 요구하지도 않았고 신원 조회를 하지도 않았다. 우리는 그들을 믿었지만, 그들에 대한 벤의 반응을 더 신뢰하고 있었다. 수년에 걸쳐 우리는 벤이 '허튼짓'을 감지하는 훌륭한 레이다를 가지고 있다는 것을 발견했다. 벤은 진심을 가진 사람을 구분해 냈다. 우리는 벤이 사람들과 소통하는 것을 보면서 그것을 알게 되었다. 만약 벤이 누군가를 만지거나 팔에 매달리거나 어깨동무를 한다면 그것은 벤이 그를 믿는다는 뜻이었다. 우리가 헤아릴 수 없는 이유로, 벤은 다른 사람들을 대할 때 딴 곳으로 가 버리거나 그 사람을 완전히 무시하는 반응을 보였다. 만약 어떤 사람이 자신을 비하하거나 자폐아로 취급하는 것을 느끼면 벤은 불안해하거나 통제를 잃곤 했다. 대럴과 제시는 벤을 또래 친구로 대해 주었다.

처음 며칠은 혼란스러웠다. 집을 정돈하는 것만도 벅찼다. 남편과 나는 가구나 부엌 용품을 찾기 위해 우리 집 다락을 뒤졌다. 다행히도 시아버지 댁에서 가져온 물건이 쌓여 있었고, 우리 집에 수년 동안 이사 오고 나간 사람들이 두고 간 물건도 많았다. 대럴은 자신의 물건을 좀 들고 오긴 했는데, 제시는 둘둘 만 고무판 한 조각과 담요, 베개, 그리고 갈색 종이 봉지에 담은 옷가지가 전부였다.

벤은 처음 며칠을 이렇게 묘사했다.

아주 정신없음. 서로 정신없게 함. 제니가 좋은 것들을 생각한다고 대럴이 말함. 내 친구가 나에 대해 좋은 느낌을 가지고 있다는 것을 아는 것만으로도 낫다. (VERY CRAZY. DRIVING EACH OTHER CRAZY. DARRELL SAID ZANY THINKS, FUNNY THINGS. MUCH BETTER JUST KNOWING MY FRIENDS HAD GREAT FEELINGS FOR ME.)

서로에게 적응하는 데는 한참이 걸렸다. 하지만 마침내 조금은 정신없는 일과 규칙이 생겼다. 우리는 여전히 비용을 나눠 내는 데 도움이 될 하우스 메이트를 찾고 있었다. 대럴과 제시의 고등학교 친구가 함께 살아 보려고 시도했지만 잘 맞지 않았다. 그 청년은 처음부터 미성숙했고 대럴이 느끼기에 그는 벤을 존중하며 대하지 않는 것 같았다. 나는 그 청년에게 우리가 기대하는 것을 설명해 주려고 노력했지만, 그는 이런 종류의 의무에 준비가 되어 있지 않았다. 그는 집에서 처음 나와 살아 보는 데다가 여자 친구를 불러들였다. 벤은 이것을 싫어했다. 마침내 우리 모두는 그가 이사를 가는 게 좋겠다고 의견을 모았다.

많은 사람들이 랭커스터 하우스를 거쳐 갔다. 고전음악을 공부하는 훌륭한 캐나다 대학원생도 있었다. 그는 벤을 좋아하고 멋있다고 생각했다. 그는 벤에게 컴퓨터로 그림 그리는 법을 가르쳐 주는 것을 좋아했다. 그들은 함께 음악을 들었다. 스리랑카에서 온 외국인 학생도 있었다. 그도 벤이 멋지다고 생각했고, 벤이 자신을 친구로 받아들여 주는 방식을 좋아했다. 평화봉사단에서 막 돌아와 앞으로 인생을 어떻게 살아갈지 결정하려는 사람도 살다 갔다.

대럴의 여자 친구도 랭커스터 하우스에서 살았었다. 몇 달 후 그녀가 졸업을 하자 대럴은 그녀와 함께 서부로 이사 가기로 했다고 알려 주었다. 그녀가 직장을 잡았고 그다음 해에 둘이 결혼할 예정이라고 했다. 아주 행복한 1년이었고 벤은 대럴을 떠나보내는 것을 힘들어했다. 그들은 좋은 친구가 되었던 것이다. 제시는 계속 살기로 했고 벤도 동의했다. 제시는 그 후로 10년을 더 살다가 떠났는데 그 헤어짐은 좀 달랐다.

기관의 도움과 의료 보장

이 복잡한 과정에 몰두해 있을 동안, 남편과 나는 다시 한 번 도움을 요청해야 한다는 것을 깨달았다. 예전처럼은 어렵겠지만, 우리는 벤에게 좀 더 나은 그리고 좀 더 일관된 도움이 필요하다는 것을 알고 있었다. 제시는 이 직장 저 직장을 옮겨 다녔고, 랭커스터 하우스에 이사 왔던 사람들은 그가 함께 살기 어려운 사람이라고 생각했다. 보통 그들은 벤과 사이좋게 지냈지만, 제시와 다른 사람들 간에는 언제나 긴장감이 감돌았다. 제시는 벤을 상당히 보호하려고 했는데 때로는 이것이 문제를 일으키기도 했다. 우리는 이것을 감당할 수 있다고 생각했지만, 실제로 우리에게 필요한 것은 이 모든 것을 통괄할 금전적이고 체계적인 도움이었다.

남편은 계속 오논다가 공동 주거 시설의 이사회에서 일하고 있어서 그 기관장인 팻에게 조언을 구했다 그때까지도 우리는 벤이 그 기관의 도움을 받을 자격이 된다고 생각지 않았다. 우리는 벤에게 많은 도움이 필요하다고 생각했던 것 같고, 또 남편은 친구인 팻을 힘들게 하고 싶지 않았던 것 같다. 우리는 깊이 생각해 보지도 않고 우리가 모든 것을 다 해야 한다고 여겼던 것이다. 팻은 남편의 말을 경청하고 자신이 무엇을 할 수 있는지 알아보겠다고 했다.

팻은 우리에게 뉴욕 주의 정신지체와 발달장애 사무소가 연방 정부에 의료 보장을 요청했다는 이야기를 해 주었다. 우리는 그것을 들어본 적이 있었지만 벤에게 어떻게 적용되는지는 모르고 있었다. 팻은 우리에게 주 정부가 벤과 같은 사람들에게 도움을 주기 위해 의료보장 기금을 요청할 수 있다는 것을 간략히 설명해 주었다. 역사적으로 이 기금은 단위가 큰 수용 기관을 운영하는 데 쓰이곤 했는데, 그런 시설들을 없애기 시작하면서, 그리고 점점 더 많은 주가 어떻게 더 적은 돈으로 장애인을 도와줄 수 있는지를 보여 주면서 많은 주에서 이 기금을 신청하고 있다는 것이었다. 가능성이 있는 소리 같았다. 한편 팻은 그 돈을 받기가 쉬운 일이 아니라고 알려 주었다.

"신청 절차가 상당히 길고 복잡해요. 기본적으로 두 단계의 승인이 필요한데, 첫 번째 단계는 지역이고 다음 단계는 주 정부의 승인이죠. 우리가 벤의 총경비를 지역 경비 한계 아래로 유지할 수 있다면 가능성은 더 높아지겠지만 장담할 수는 없어요."

남편이 껄껄 웃었다. 몇 년 동안 남편은 만약 지역 수용 기관에 벤이 들어갈 경우 그에게 드는 돈을 우리에게 달라고 수용 기관장에게 요구했기 때문이다.

"나는 반이라도 받으려고 했지."

남편이 농담을 했다. 팻이 이야기하고 있는 것은 그보다도 적은 돈이었지만 우리는 시도해 볼 가치가 있다고 생각했다.

팻은 구체적으로 벤이 무엇을 원하고 무엇이 필요한지, 그리고 우리가 무엇을 원하는지도 물었다. 그녀는 그것을 신청서에 끼워 맞추라거나 벤의 요구를 재활이나 주거 목표로 적용하는 방법을 알아내라고 하지도 않았다. 그녀는 간단히 "벤, 무엇을 원하니? 무엇이 필요하지?" 하고 물었다. 그런 다음 그녀는 벤을 위해 의료보장 서류를 작성하기 시작했다. 우리는 팻이 벤을 어떤 모델 프로그램에 끼워 맞추려고 하지 않으리라는 것을 확신했다. 또한 그녀는 벤이 자신에게 도움이 되지도 않지만 돈은 받을 수 있는 프로그램을 선택하도록 종용하지도 않을 것이었다.

우리의 우선 목표 중 하나는 벤의 집이 주 정부의 기준에 의거한 주거 장소나 공인된 집이 되지 않도록 하는 것이었다. 우리는 벤과 제시, 그리고 다른 하우스 메이트들이 그 집이 자신들의 집이라고 생각하기를 바랐다. 그 집은 주 정부의 소유가 아니고 외부 사람들에 의해 운영되지도 않을 것이었다. 그들은 거기에서 도우미가 아닌 벤의 친구로서 사는 것이다. 우리는 하우스 메이트들이 불필요한 교육을 받아야 하거나, 벤이 하루를 어떻게 보냈는지, 무슨 문제가 일어났는지, 또는 그들이 어떤 목표를 위해 일하고 있는지 일지를 쓰게 되는 것을 원치 않았다. 물론 우리는 법을 준수하고 안전 수칙을 지켜야 한다는 것을 잘 알고 있었다. 하지만 우리는 어느 누구도 이것이 벤의 집이고 그의 삶이라는 관점을 잃지 않기를 바랐다.

팻은 우리의 이야기를 주의 깊게 듣고 계획을 세우기 시작했다. 필요한 각 서비스의 비용을 계산하고 거기에 맞춰 예산을 결정했다. 지역의 경비 한도를 염두에 두고 거기에 맞추기 위해 고심했다. 마침내 신청서가 완성되었다. 팻은 그것을 지역의 장애인 봉사 기관에 가져가서 각각의 항목에 대해 예산 관련 직원과 의논하고, 우리가 하고자 하는 것을 사람들에게 일일이 설명했다. 그녀는 세세한 일로 우리를 귀찮게 하지 않았다. 그녀는 그저 벤과 우리가 필요하고 원한다고 말한 것에 비추어 벤에게 옳다고 생각하는 것을 했다. 벤의 신청서는 승인되었다.

강연을 위한 일문일답

랭커스터 하우스, 친구들과 함께 사는 것에 대한 강연을 준비하면서 벤은 다음과 같은 질문을 받았다.

질문 : 당신과 대럴, 제시는 서로 관계가 아주 좋은 것처럼 보입니다. 어떻게 가능한 일이지요?
답 : **우리는 서로를 보살핍니다.** (WE TAKE CARE OF EACH OTHER.)
질문 : 아이가 사람들을 만나고, 친구를 사귀고, 독립적이 되도록 돕는 것에 대해 장애 아동을 가진 부모들에게 어떤 말을 해 주고 싶습니까?
답 : **아이들끼리만 함께 있도록 해 주세요.** (HAVE JUST KIDS BE TOGEHER.)
질문 : 부모님이 아이들끼리 시간을 함께 보낼 수 있는 기회를 마련해 주어야 한다는 뜻입니까?
답 : **네.** (YES.)

질문 : 어떤 부모님은 자기 아이가 다른 사람들을 괴롭히거나, 아이가 장애아이기 때문에 다른 사람들이 함께 있기를 꺼릴까 봐 걱정합니다. 그분들에게는 어떤 말을 해 주고 싶습니까?

답 : **아이가 다른 사람들의 감정을 낭비하게 한다고 생각하지 말고 아이의 꿈을 세워 주세요.** (STOP THINKING YOUR KIDS WASTE OTHER PEOPLES FEEINGS AND ESTABLISH KIDS WISHES.)

질문 : '꿈을 세워 준다'는 것은 무슨 뜻입니까?

답 : **그들이 원하는 것이 무엇인지 물어보세요.** (ASK KIDS WHAT THEY WANT.)

질문 : 아이들이 원하는 것은 무엇이라고 생각합니까?

답 : **좋아해 주는 것.** (TO BE LIKED.)

질문 : 아이들을 좋아하는 데 장애가 방해가 되나요?

답 : **장애를 가진 친구들이 아닌 다른 사람들과 친구가 되세요.** (GET FRIENDS WITH PEOPLE OTHER THAN DISABLED FRIENDS.)

다음은 제시가 답한 질문이다.

질문 : 당신은 벤과 많은 시간을 공공장소에서 보냈습니다. 벤이 문제를 일으켰을 때는 당황스러운 순간도 있었는데요, 무엇이 당신을 벤과 함께 지내게 했습니까? 왜 당신은 벤과 함께 새로운 위험에 도전하게 되었습니까?

답 : 나는 벤을 다르게 보지 않습니다. 단지 그 상황을 다르게 볼 뿐입니다. 만약 사람들이 우리를 이상하게 쳐다본다면 나는 그들을 그냥 무시합니다. 나는 그 사람들이 무지하다고 생각합니다. 벤과 나는 이제 친구입니다. 우리는 형제와 같은 관계를 맺은 것 같아요. 제가 벤에 대해 좋아하는 점은 벤이 나를 나 자신일 수 있게 한다는 것입니다. 내가 다른 사람인 척할 필요가 없다는 거죠. 나는 전혀 심심하지 않아요. 나는 어떤 역할을 할 필요가 없습니다. 벤이 나를 있는 그대로 받아들여 주죠. 그동안 그가 어디에 있는지, 누구의 화장실에 있는지 등을 모르는 것 등의 탐험은 있었죠. 나는 벤이 머리가 아프거나 잠을 잘 못 잤을 때 어떻게 해야 하는지 알아 두어야 했어요. 나는 유머 감각을 유지하는 법을 배웠습니다. 심심할 틈이 없어요. 우리는 친구예요.

여러 가지 사건

아무런 문제가 없을 수는 없었다. 처음에는 우리도 어떻게 해결해야 할지 몰랐지만, 우리는 서로 계속 이야기하기로 했고, 어떤 해결책을 세우거나 결정을 내렸을 때 서로 돕기로 했다. 우리는 또한 대릴과 제시에게 밤이든 낮이든 도움이 필요하면 언제든지 전화해도 좋다고 말해 주었다.

초반에 대릴, 제시, 벤이 겪은 한 가지 큰 문제는 다른 사람들이 다자는 한밤중에 벤이 집을 나가고 싶은 충동을 느끼는 것이었다. 벤이 아무도 깨우지 않고 나가 버리기 때문에, 그리고 벤이 돌아다니는 것이 여러 번 문제가 되어 경찰이 개입되었기 때문에, 우리는 벤이 안전하게 집에 있게 하는 방법을 찾아야 했다. 결론적으로 우리는 창문이나 문을 열 때 울리는 알람을 설치하기로 했다.

부서진 창문

"수 아줌마, 문제가 생겼어요."

제시가 전화를 했다.

"벤은 괜찮아요."

내가 너무 걱정하지 않도록 그는 이 말부터 얼른 해야 했다.

"얘가 언제 그랬는지 모르겠지만 밤에 나갔던 게 분명해요. 그리고 벤이 망치를 가지고 있어요. 길 건너 집 유리창을 박살 내서 그 집 주인 아줌마가 정말 화가 났다고요! 그 아줌마가 벤을 체포시키려고 해요. 제가 벤에 대해 설명하려고 했지만 그 아줌마는 너무 화가 나 있어요. 그 아줌마와 통화해 보시든지 어떻게 해야 할 것 같아요."

나는 곧 집을 나섰다. 그 아줌마가 화가 났다고 묘사한 것은 완곡한 표현이었다.

"그런 사람들은 갇혀 있어야 한다고!"

그녀는 내게 소리를 쳤다. 내가 벤의 엄마라고 소개한 참이었다. 나는 그녀의 충격을 느꼈고 무언의 비난을 들었다 ─"당신은 대체 누구와 자고 있었던 거야?"

"이런 일이 일어나게 되어서 정말 죄송합니다. 유리창은 최대한 빨리 수리하도록 하겠습니다. 벤이 자폐증이 있어요. 애가 왜 이런 짓을 했는지 저도 모르겠습니다."

나는 재빨리 말했지만 내 말은 도움이 되지 않았다.

"우리 세입자가 겁에 질렸다고. 그 사람은 자기가 죽는 줄 알았대요. 그는 살인을 당하는 줄 알았다니까요!"

그녀는 계속 소리를 쳤다.

"여기 다시 들어와 살까 했는데 그럴 수가 없겠어요. 이상한 사람이 너무 가까이 살고 있다는 걸 알게 되었으니까."

내가 할 수 있는 일은 거기 서서 그녀가 분통을 터뜨리는 것을 보는 것뿐이었다. 마침내 그녀가 자신의 분노에 스스로 지쳤을 때, 나는 벤이 누구도 해친 적이 없다는 것을 반복해서 말했다. 벤이 왜 그 집 창문을 깨뜨렸는지 모르겠지만, 그 아이는 이상한 사람도 위험한 사람도 아니다. 나는 목소리를 차분하게 유지하고 확신을 주려고 애썼다. 하지만 심장이 뛰고 눈물이 솟아오르는 것을 느낄 수 있었다.

"허락하신다면 지금 당장 유리 조각을 치워 드리겠습니다. 그리고 당장 수리하는 사람에게 전화해서 얼마나 빨리 고칠 수 있는지 알아보겠습니다."

나는 내 목소리가 애걸하는 것처럼 들린다는 것을 알고 있었다. 아마 나는 애걸하고 있었나 보다. 그녀가 그러라고 했고 나는 재빨리 빗자루와 쓰레받이를 가져와서 내 눈에 띄는 유리 조각을 모두 치웠다. 만감이 교차했다. 나는 부서진 창문을 바라보았고 갑자기 이 모든 것이 엄청난 일임을 깨달았다.

"젠장, 그 애가 깎아서 무늬를 새긴 유리창만 골라서 깬 걸 모르겠어요? 이거 정말 돈이 많이 들겠는걸."

나는 의기소침했지만 입을 다물고 조용히 청소를 했다. 그녀의 절망이나 분노가 사그라지지 않았다. 내가 무릎을 꿇고 마룻바닥을 청소하는 동안 그녀는 계속 '그 아이 같은 사람들'은 감시 없이 동네에 나와 다녀서는 안 된다고 주장했다.

나는 벤이 이곳에 1년 넘게 사는 동안 아무 일도 없었다고 말하고 싶었지만 그만 두었다. 나는 그저 일을 마치고 빨리 자리를 뜨고 싶었다. 상처받은 나는 분노하고 있었고, 그녀가 고등학교 선생님이라는 말을 듣고는 아예 할 말을 잃었다.

"이런 아이들, 알잖아요, 사람들이 내 교실에서 함께 가르치라고 하는 이런 아이들은 거기에 있을 자격이 없어요. 배울 능력이 없어요. 그 애들은 어디 멀리 보내서 거기서만 살게 해야 돼요."

마루 청소를 하던 나는 그녀의 발목을 물어뜯고 싶은 것을 애써 참았다.

벤은 왜 그런 짓을 한 걸까? 누가 알겠는가. 벤은 설명할 수가 없었다. 그것은 벤이 어찌할 수 없는 충동이었다. 이것이 끝일까? 그렇지 않았다.

나는 창문을 수리해 주었고 그녀는 집을 팔았다. 나는 기뻤다. 벤은 우리에게 무슨 일이 일어난 것인지, 무슨 생각을 하고 있었는지, 왜 그런 행동을 하고자 하는 충동이 생겼는지 말해 줄 수 없었다. 그런데 다시 이런 일이 발생했다. 하지만 이번에는 결과가 달랐다. 또다시 벤은 집을 나가서 골목 아래에 있는 집으로 들어갔다. 나이 지긋한 동양인 부부가 살고 있는 집이었다. 그 집 안주인은 겁을 먹었지만 나중에 말하기를 벤이 누군지 알아챘다고 했다. 그녀는 벤이 자신을 해칠 생각이 없다는 것을 알고 있었다. 그녀는 다른 방에 있던 남편을 불렀고 그가 벤에게 나가라고 했다.

"집에 가. 집에 가."

벤은 그 집을 나와서 집으로 돌아왔다. '이상한' 행동이라는 비난은 없었다. 경찰에 신고도 하지 않았다. 그 이웃은 단지 벤이 다르다는 것을 이해하고 있는 것 같았다. 그 일이 있은 후 그들은 자기 집 문을 잠 갔다. 제시는 이런 일이 있고 나서 한참 후에야 우리에게 이 이야기를 전해 주었다.

이번에는 칼이다

대럴은 또 다른 이야기를 했다.

"어젯밤 모두가 자고 있을 때 벤이 일어나서 아래층으로 내려가더니 집 밖으로 나갔어요. 식당이나 부엌의 창을 통해 나간 것 같아요. 두 곳이 다 열려 있더라고요. 새벽 4시경에 네 명의 경찰이 문을 두드리는 소리에 잠에서 깼어요. 문을 열었더니 벤이 현관 바닥에 앉아 있고 경찰들이 둘러서 있더라고요. 벤이 저를 보자마자 일어서서 집 안으로 들어오더니 바로 이층으로 달려 올라갔어요. 저는 경찰들에게 집에 들어오라고 했어요. 그 사람들이 우리 집에 도착하기 직전에 일어났던 일에 대해 이야기해 주었어요. 벤이 골목 저 아래 작은 가게에서 칼을 가지고 있었대요. 벤이 칼로 자물쇠를 자르려고 하더라는 거예요. 어떤 사람이 벤을 보고 경찰에 전화를 했대요. 그들이 도착했을 때 한 젊은이가 칼을 가지고 있는 것을 보았고 경찰과 마주치자 벤이 도망친 거죠. 그들은 벤에게 총을 겨누고 집으로 도망 온 벤을 따라왔어요. 경찰들에게 벤의 장애에 대해 설명했더니 이해하는 것 같았지만 화가 덜 풀렸더라고요."

나중에 대럴은 벤이 신발도 안 신고 셔츠도 입지 않은 채 트레이닝 바지만 입고 있었던 것을 알아챘다. 겨울이라 땅이 눈으로 덮여 있었다.

"뭘 하려고 했어?"

벤은 드라마 신문을 다시 돌려놓으려고 했어. (BEN WANTED T PUT BACK TGHYE SOAP NEWSPAPER.)

말이 안 되는 소리였다. 하지만 벤이니까 가능한 일이지 않은가.

슬픔 용감한 제시가 나에게 느낌을 주다 - 무서운 시간에 도움. (SAD DARING JESSE TIOIGIVE ME CENTS DURING CCREAPY TIMES.)

"언제가 무서운 시간이야?"

밤. (NIGBHTIMF.)

"그때가 왜 무섭지?"

왜냐하면 안전하지 못한 것에 대해 무섭기 때문이야. (BECAUSE I AM SCARED OF BAD NOTIONS ABOUT NOT VFEEHKK,ING SAERE.)

"안전 말이야?"

응. (YES.)

"밤에는 네가 뭔가 위험한 짓을 저지를까 봐 두려워서, 아니면 너에게 무슨 일이 생길까 봐 두려운 거야?"

위험한 일. (DANGERIOUS.)

"네가 어떤 위험한 짓을 저지를 것 같아?"

전기선을 자르는 것. (CUT CORDS.)

"어떻게 하면 그걸 멈출 수 있을까?"

제시의 침대에서 자면 안 그럴 것 같아. (RESIST CUTTJJING BYSLEEPING XC KINSESSEW BEN.)

• •

벤은 보안이 더 필요했다. 하지만 우리는 그가 왜 그러는지 아직 이해할 수 없었다. 우리는 무엇이 벤으로 하여금 그런 이상한 행동을 하게 하는지 밝혀내려고 노력했다. 시간이 걸리긴 했지만 우리는 벤이 혼자 있다고 느낄 때 그런 행동을 한다는 것을 깨닫기 시작했다. 밤에 자기 옆에 아무도 없다는 것을 느낄 때.

"네가 집을 나가는 것에 대해 우리가 무엇을 해야 할까?"

나를 때려. (HIT ME.)

"안 돼. 그건 도움이 안 되지. 그것 말고 다른 건?"

나를 도와줘. (GIVE ME ESUPPORT.)

"한밤중에? 어떻게 그렇게 하지?"

엄격하게. 알람도 고치고. (BE TOUGH FIX THE ALARM.)

"알겠어. 그런데 너는 이게 모두에게 얼마나 힘든 일인지 알고 있니?"

미안. (SORRY.)

우리는 아직도 이것이 벤에게 얼마나 힘든 일이었는지를 생각하고 있다. 우리는 경고 장치를 했다. 시작은 좋은 것 같았다. 마지막도 그랬다. 벤이 다시는 집을 나가지 않았다. 그리고 알람도 전혀 울리지 않았다.

샤워 사건

이번에는 정말 재미있는 이야기이다. 하지만 이 일이 발생했을 당시에는 재미있는 이야기가 아니었다. 사실 이 일이 있고 난 후에도 이것은 재미있는 이야기가 아니었다. 하지만 시간이 흐를수록 우리는 얼마나 재미있는 일인지 알게 되었다. 그리고 궁극적으로 이 사건은 벤의 시선을 통해 사물을 보는 법에 대해 많은 것을 가르쳐 주었다.

새벽 6~7시경에 걸려 온 전화와 함께 이 사건이 시작되었다. 전화가 왔을 때 우리는 아직 자고 있었다.

"여보, 제시에게 전화가 왔어. 벤이 없어졌대."

나는 숨을 삼켰다.

"아, 아, 벤이 없어졌다는 게 무슨 말이야?"

나는 말을 더듬었다.

"저는 몇 분 전에 깼어요."

제시의 목소리는 차분하고 낮았다.

"앞문이 열려 있고 벤이 없었어요. 저는 독 선생님에게 전화했어요."

독 선생님은 한 블록 반 정도 떨어진 골목 아래쪽에 살고 있었다. 그는 벤의 예전 선생님이자 벤과 우리 가족의 좋은 친구였다. 독 선생님은 벤을 보지 못했다면서 제시에게 새 직장에 처음 출근하는 날이라고 말했다. 출근 첫날을 망칠 수는 없는 노릇이었다. "경찰에 전화해서 실종 신고를 해. 벤의 부모님에게 전화했니? 뭐라고? 얼른 전화해!"

그는 전화에 대고 고함을 쳤다.

"내가 치로 동네를 돌아 볼게. 하지만 나는 새 직장에 출근해야 한다고. 첫 출근을 망칠 수는 없어."

전화를 끊고 제시는 우리에게 전화를 걸었다.

보통 우리 집에서 벤의 집까지 고속도로를 타고 가면 적어도 30분이 걸린다. 우리는 나는 듯이 달려갔다. 우리는 침묵하고 있었다. 우리는 벤에게 무슨 일이 생긴 걸까 각자의 생각에 잠겨 있었다. 남편의 생각은 알 수 없었지만, 나는 벤이 고등학교에서 성추행을 당했던 것을 생각하고 있었다. 어떤 남자가 벤을 납치해서 데려갔나? 자폐증 때문에 다시 희생자가 되는 걸까? 벤이 말을 못하기 때문에 폭력에 저항하지 못하는 걸까? 상처가 나거나 다치거나 괴롭힘을 당하고 있는 걸까? 이런 극단적인 생각이 들었다.

우리는 필사적이고 외로운 마음으로 벤의 집에 도착했다. 제시가 우리를 맞았다. 그도 많이 놀랐다는 것을 그의 눈이 말해 주었다.

"대럴과 제가 깼을 때 문이 열려 있고 벤이 없었어요. 동네를 돌아 봤지만 벤을 찾을 수 없었어요. 독 선생님에게도 전화했어요. 얘가 어디 갔는지 모르겠어요."

나는 제시가 절박하게 말한다는 것을 느낄 수 있었고, 그의 잘못이 아니라는 것을 알 수 있도록 안정시켜 주어야 한다는 것을 알고 있었다. 우리는 절박하고 무서웠다.

"좋아. 동네를 한 번 더 확인해 보자. 그래도 벤을 찾지 못한다면 경찰에 전화하자."

우리를 이끄는, 그리고 우리에게 희망을 주는 남편의 목소리였다.

"제시, 너는 이 블록을 한 번 더 돌아 보거라. 수와 나는 차로 바깥쪽을 돌아 볼게. 다시 여기에서 만나자. 만약 벤을 찾지 못하면 그때 경찰에 전화해서 실종 신고를 하는 거야."

우리는 긱자 벤이 어디에 있는지 이 잡듯이 뒤졌다. 나는 각 집의 뒷마당을 들여다보면서 입술을 깨물었다. 얘가 여기에 있을까? 벤이 유괴되었을까 봐 두려워하고 있다는 것을 알면서도 나 자신에게 묻고 있었다. 벤은 너무도 나약해서 아무나 따라갈 것이다. 이렇게 찾는 동안 신체적으로나 성적으로 학대당하고 있는 건 아닐까? 도대체 얘는 어디 있는 거야?

우리는 다시 집으로 돌아왔다. 아무도 없었다. 우리는 무엇을 해야 할지 몰랐다. 일단 제시를 기다리기로 했다. 몇 분 후에 우리는 제시가 벤과 함께 길을 걸어오는 것을 보았다. 그들은 마치 아무 일도 없었던 것처럼 보였다. 제시가 우리에게 해 준 이야기는 거짓말처럼 들렸다.

"벤이 길 건너 저기에 있었어요."

그는 길 건너 몇 집 아래에 있는 갈색 집을 가리켰다.

"얘가 샤워를 하고 있더라고요!"

제시는 웃지 않으려고 애쓰고 있었다. 벤은 집으로 들어가 버렸다. 제시가 말을 이었다.

"제가 집으로 돌아오고 있는데 걔가 타월만 두르고 현관으로 나오더라고요."

제시는 벤이 계단을 내려오는 것을 발견했다. 그 집 사람은 벤이 하우스 메이트의 친구인 줄 알았는데, 벤이 '이상하다(그의 표현으로)'는 것을 알아채고는 두려웠다고 설명했다. 하우스 메이트가 집에 없었기 때문에 그는 어떻게 해야 할지 몰랐다. 그는 하우스 메이트가 밖에 있을지도 모른다는 생각에 현관에 나와 봤는데 대신에 제시를 발견한 것이다. 벤은 괜찮아 보였고 아주 말끔했다.

● ●

각 문제 상황이 생겼을 때 무엇을 해야 하는지, 누가 해결해야 하는지 우리는 다 함께 이야기를 나누었다. 우리는 그 과정을 통해 서로를, 특히 벤을 도와주려고 노력했다. 우리는 한 번도 벤을 원망한 적이 없었다. 우리는 단지 벤이 느끼고 생각하는 것을 이해하려고 노력했다. 물론 우리는 절망도 하고 화도 났다. 하지만 이런 일이 일어났을 때 우리는 벤이 자신을 완벽하게 조절할 수 없다는 것을 직감적으로 알고 있었다. 한번은 벤이 "**어떤 때는 우리 몸속의 신호가 막 엉킨다(HAYWIRE)**"고 타이핑했다. 우리는 이것이 그런 예의 하나라는 데 동의했다.

기울어지기

벤이 열여섯, 열일곱 살 때쯤 우리에게 자신의 행동 문제에 대해 귀중한 교훈을 주었다. 벤이 촉진적 의사소통을 한 지 1년이 채 안 되었고, 우리는 어떻게 그 아이를 대화에 끼게 하는지 배우는 중이었다. 그날 우리는 큰 백화점에서 쇼핑을 하고 있었다. 주말이어서인지 백화점은 상당히 붐볐다. 우리는 언제나 벤이 압도되는 징조를 눈여겨보았지만 보통 그는 소음과 사람들을 잘 견딜 수 있었다. 벤은 화가 나면 자신을 다치게 한 적이 있었는데, 당시에는 벤의 자폐증 때문이라고 생각했다.

백화점을 둘러보는 동안 모든 일이 순조로운 것 같았다. 우리는 벤이 좋아하는 라디오 셰크Radio Shack에 가기 위해 에스컬레이터를 타고 아래층으로 내려가기로 했다. 가게는 에스컬레이터 바로 아래에 있었다. 우리는 에스컬레이터에서 내려서 라디오 셰크로 향했는데, 갑자기 벤이 바닥에 주저앉더니 자기 목덜미를 거칠게 때리기 시작했다. 불꽃놀이 같은 소리가 났다. 그는 "안 돼! 안 돼!" 하고 소리도 질렀다.

이 모든 일이 순식간에 일어났다. 남편과 나는 무슨 일이 생긴 건지 의아해하면서 바보들처럼 서로를 쳐다보았다. 우리는 일단 벤을 일으켜서 백화점을 나가야겠다고 생각했다. 하지만 키가 180센티미터가 넘고 몸무게도 86킬로그램이 넘는 벤을 쉽게 데리고 나갈 수가 없었다. '그래, 다음 계획대로 하자.' 하고 나는 생각했다. 그것은 벤이 자신을 통제할 수 있도록 돕는 것이었다. 나는 벤이 자기 통제를 한 번 잃으면 도움 없이는 조절이 잘 안 된다는 것을 경험으로 알고 있었다.

나는 재빨리 벤의 옆에 앉았다. 나는 그 아이를 만지거나 잡으려고 하지도 않았다. 이미 악화된 상황에서는 그런 행동이 더 나쁘게만 한다는 것을 알고 있었다.

"와, 벤, 네가 나를 놀라게 하는구나. 뭔가가 너를 아주 화나게 하는 것 같은데 그 얘기는 나중에 해도 될 것 같아."

나는 조용히 이야기하고 남편을 올려다보았다. 벌써 호기심 많은 구경꾼들이 몰려들기 시작했다. 나는 '이런 젠장, 다음에 무슨 일이 일어날지 알 것 같군.' 하고 생각했다. 마치 신호를 한 것처럼 안전요원이 재빨리 다가오는 것을 볼 수 있었다. 그는 손으로 권총집을 만지고 있었다.

"여보, 내가 벤을 맡을 테니 당신이 저 사람을 맡아요."

그리고 나는 그 안전요원에게 머리를 재빨리 흔들고는 벤 쪽으로 돌렸다.

"좋아, 예쁜 녀석아. 네 도움이 필요해. 내가 지금 너를 어떻게 도와줄 수 있을지 모르겠다."

나는 이렇게 말하면서 벤의 의사소통 기계를 꺼냈다. 그것은 작은 전자 기록 장치로 라디오 셰크에 가지고 가려던 것이었다. 나는 순간적으로 우스운 생각이 들었다. '사람들이 이 장면을 광고에 쓰지는 않을 것 같네.' 하고 말이다. 나는 웃어야 했지만 실제로는 땀을 흘리며 긴장하고 있었다. 나는 나 자신을 잘 통제하고 있어야 했다. 그래서 벤에게 도와 달라고 부탁했다.

이런 생각은 겨우 몇 초 사이에 떠오른 것이지만 그 사이에도 벤은 계속 자신의 목을 철썩철썩 때리면서 "안 돼! 안 돼!" 하고 소리를 지르고 있었다. 나는 안전요원에게 조용히 이야기하고 있는 남편을 바라보았는데 안전요원의 얼굴 표정이 좋지 않았다. 사람들이 점점 우리 주위로 몰려들었다. 나는 이마와 등에 땀이 흘러내리는 것을 느낄 수 있었다. 나는 벤에게 '예, 아니요'로만 대답할 수 있는 질문을 해 보기로 했다. '단순하게 하자.' 하고 나는 생각했다.

"벤, 내가 너에게 그만하라고 말해야 되니?"

벤이 검지를 편 채로 오른손을 뻗어 재빨리 키보드에 N을 쳤다. 그의 왼손은 계속 때리느라 바빴다. 벤은 숨을 빨리 쉬기 시작했고 눈에 눈물이 차올랐다. 나는 '빨리 해야 돼.' 하고 생각했다.

"내가 조용히 말해야 돼?"

벤이 다시 손을 뻗어 Y를 눌렀다.

"우리는 의사소통을 하고 있어. 이게 시작이야."

"일어서서 할까?"

아니요(N).

"네가 통제할 수 있을까?"

아니요(N).

"네가 너를 때리는 걸 그만둘 수 있어?"

아니요(N).

"질문을 그만해야 할까?"

예(Y).

"이게 도움이 되니?"

예(Y).

그런데 왜 너는 아직도 자신을 때리면서 안 된다고 소리를 지르고 있지? 나는 이렇게 물어보고 싶었지만 그러면 안 된다는 것을 알고 있었다. 벤은 울기 시작했다. 나도 울고 싶었다.

"아빠랑 이야기하고 싶니?"

아니요(N).

"내가 어떻게 해야 할지 모르겠다. 무엇이 필요한지 내게 이야기해 줄 수 있겠니?"

예(Y).

"좋아! 내가 무엇을 할까?"

나는 다소 안심이 되었다. 하지만 그것도 잠시였다. 남편을 보니 그는 이제 안전요원과 우리 사이에 서 있었다. 그는 발을 땅에 단단히 붙이고 팔을 약간 벌리고 있었다. 마치 "내가 뭘 더 할 수 있을까?" 하고 묻는 것 같았다. 남편은 안전요원이 벤에게 가까이 다가가지 않도록 막고 있었다. 우리는 그런 일이 일어나면 끝이 안 좋다는 것을 잘 알고 있었다. 그리고 나는 체포되고 싶지도 않았다.

나는 다시 말을 바꿔 질문을 했다.

"내가 무엇을 해야 할까?"

벤은 잠시 주저하더니 빠른 행동으로 "**나를 때려**(HIT ME)."라고 타이핑했다. 벤이 자신을 때리는 강도가 점점 강해지고 있었다. 벤의 눈물이 턱에서 뚝뚝 떨어지고 있었다. 벤은 오른손으로 자신의 옆구리를 꼬집기 시작했다. 나는 애걸을 했다.

"벤, 나는 너를 때릴 수 없어. 그럴 수는 없어. 게다가 이렇게 많은 사람들이 보는 가운데, 저 경찰이 보는 앞에서 때릴 수는 없어. 현실적이 되라고."

나는 공포를 느끼기 시작했다. 나는 갑자기 아무도, 적어도 경찰 중에 아무도 벤이 우리 아들이라는 것을 이해하는 사람이 없으리라는 것을 깨달았다. 벤은 흑인이고 우리는 백인이었다. 하지만 지금 이 자리에서는 아무것도 중요하지 않았다.

"그것 말고 내가 무엇을 할 수 있을까?"

나는 미친 듯이 질문을 생각하고 있었다. 만약 내가 대화를 계속 이어 간다면 어쩌면 벤이 녹초가 되어 그만둘지도 몰랐다. 갑자기 벤이 아주 빠른 동작으로 타이핑을 했다. "**전축처럼(LIKE A RECORD PLAYER).**"

"전축처럼?"

나는 반복해서 말했다. 너무 놀라 말이 나오지 않았지만 불현듯 벤이 나에게 해 달라는 것이 무엇인지 깨달았다.

"좋아, 예쁜 녀석아. 여기 있다."

나는 벤의 손을 놓고 내 오른손 손바닥 끝으로 벤의 왼쪽 어깨를 치면서 말했다.

"기울어져라."

눈 깜짝할 사이에 벤의 손이 옆으로 떨어지더니 일어섰다. 벤은 벌떡 일어서서 나나 남편을 돌아보지도 않고 백화점 저쪽으로 가 버렸다. 나는 바닥에 앉아서 손을 공중에 쳐들고 있는 상태였다. 나는 무슨 일이 있었는지 생각할 겨를이 없었다.

"여보, 벤이 저리 가고 있어요."

나는 서둘러 일어나서 벤을 따라가고 있는 남편을 따라갔다. 나는 손을 허리에 얹고 갈피를 못 잡고 당황하고 있는 안전요원을 바라보았다. 그 자리를 벗어나면서 나는 그가 "자, 여러분, 이제 다 끝났습니다. 이제 볼일 보러 가세요." 하고 말하는 것을 들었다. 그는 뭔가 공식적인 말을 해야 했나 보다. 나는 백화점을 나서고 있는 남편과 벤을 따라잡았다. 우리는 차를 타고 침묵 속에 집으로 돌아왔다. 우리는 각자 방금 무슨 일이 있었는지를 생각하고 있었지만, 그것에 대해 이야기하기 전에 시간이 필요했다.

며칠 후에 나는 벤에게 무슨 일이 있었는지 말해 달라고 했다.

라디오 셰크에 가고 싶지 않아요. 통제를 잃지 않으려고. 엉망이 되었어요.
(NOT WANT TO GOTO RADIO SHACK. RESIST LOSING CONTROL. FUCKED UP.)

"너는 엉망으로 만들지 않았어, 벤. 그리고 네가 엉망이 되지도 않았고. 통제를 잃어버리기는 했지만 또 극복하기도 했잖아. 너는 내가 어떻게 도와줄 수 있는지 말해 주었어. 그게 가장 중요한 일이야. 네가 나에게 무엇을 해야 되는지 말해 준 것에 대해 자랑스럽게 생각해. 그건 분명히 내가 통제할 수 있도록 도와주었어. 네가 한 거야. 통제를 잃지 않도록 네가 나를 도와준 거야. 그런데 어떻게 내가 너를 치고 '기울어져'라고 말한 게 도움이 되었지?"

> 계속 때리고 있었어요. 그만둘 수가 없었어요. (STUCK HITTING. COULD NOT STOP.)
>
> "네가 그랬다고 말하는 거야? 너는 때리는 행동에 갇혀서 너를 계속 때리고 있었고 멈출 수가 없었다는 거야?"
>
> 예(Y).
>
> "내가 네 어깨를 치면서 '기울어져' 하고 말한 게 갇힌 데서 너를 나오게 한 거야?"
>
> 예(Y).
>
> 이렇게 우리 대화는 끝났지만 나는 이를 통해 많은 것을 배웠다.

이 사건을 돌이켜 보고, 그리고 벤이 나중에 타이핑한 것에 비추어 나는 몇 가지 결론에 도달했다. 첫째, 벤이 자신을 때리고 자신에게 소리를 지르는 행동은 자폐증 때문이 아니었다. 자신이 원하고 필요로 하는 것을 의사소통할 수 없기 때문이었다. 내 추측으로 우리는 라디오 셰크에 가는 것에 대해 이야기하지 않았던 것 같다. 우리는 그냥 벤이 가고 싶어 한다고 생각하고 있었던 것이다. 우리는 벤에게 라디오 셰크에 가고 싶냐고 묻지 않았었다. 벤이 왜 가고 싶지 않았는지는 모르겠지만, 우리는 벤을 어린아이처럼 취급하고 그가 선택할 수 있다는 것을 존중하지 않았던 것이다.

또 하나는 벤이 나에게 자신을 때리라고 요구한 것에 관해서이다. 벤이 묘사한 대로, 전축처럼 그가 갇힐 수도 있다는 생각이 든 적은 없었다.[1] 그때 이후로 우리는 벤에게 갇혔냐고 물어보고 벤이 그렇다고

---

1 역자 주 : 전축의 바늘이 트랙을 넘어가지 못하고 한자리를 계속 도는 현상에 빗대어 벤이 한 가지 행동을 계속할 수밖에 없는 상태를 설명한 것이다.

하면 그날 어깨를 치고 "기울어져라." 하고 말했던 것처럼 부드럽게 그의 어깨를 쳐 주었다. 이것이 항상 효과가 있었던 것은 아니지만, 벤에게 물어보는 행동, 벤이 자신의 행동을 스스로 통제하도록 하는 것 등이 우리 모두를 보다 순탄한 길 위에서 시작하도록 했다.

벤의 행동은 수년에 걸쳐 근심과 대화, 관심의 원천이 되었다. 그는 심리학자들이 말하는 '자해 행동'으로 피가 날 때까지 자신의 옆구리와 얼굴을 꼬집고, 칼로 자신을 베고, 살이 부풀어 오르고 멍이 들 때까지 자신의 얼굴과 목을 때리는 행동으로 스스로를 다치게 했다. 벤은 집을 망가뜨리기도 하고, 갑자기 사라지기도 하고, 울고, 펄쩍펄쩍 뛰고, 반복적으로 몸을 앞뒤로 흔들고, 손가락을 흔들고, '자기 자극' 행동을 하기도 했다. 다행히도 벤은 자신의 얼굴을 망가뜨린 적은 없었다—작은 축복이긴 하지만 나는 감사히 받겠다. 왜 이런 짓을 하는 것일까? 나도 모르겠다. 하지만 몇 가지 가설과 가정이 있다.

깨닫기까지 꽤 오랜 시간이 걸린 첫 번째 가정은 다른 사람이 통제하거나 규제하는 것을 벤이 원치 않는다는 것이다. 그는 자신을 압박하는 사람과 싸우고, 또 자기 자신과 싸웠다. 규제받고 있다는 느낌, 신체적인 접촉 그 자체가 크게 상처가 되고 혐오스러운 것이어서 벤이 반응을 보이는 것이었다. 그는 자신이 아는 유일한 방법으로 싸웠다. 자기 자신을 해치는 것 말이다. 그는 맞서 싸우지 못했다는 이유로 자기 자신을 때렸다.

내 분노는 정말 미워. (MY UPSETS ARE JHUST HATEFUL.)

"정말 끔찍한 느낌인 걸 알겠어. 어떻게 하면 네가 고요하고 행복해지는 걸 도울 수 있을까?"

나를 사랑하기. (LOVE ME.)

"그건 내게 쉬운 일이지. 하지만 너를 아직 잘 알지 못하는 다른 사람들을 위한 방법은 뭘까?"

내 친구들은 각자 나와 함께 생각하지. (MY FRIENDS PLPPLOT EACH THINKG WITH ME.)

벤은 사람들이 자신을 자극하는 상황을 피할 수 있도록 조심스럽게 자신을 돕는 것을 계획하는 것이 중요하다고 설명했다. 그리고 만약 그들이 자신을 진심으로 배려한다면, 각 상황에서 자신에게 필요한 종류의 도움을 그들이 가능한 한 제공할 수 있을 것이라고 했다.

둘째, 벤의 신체가 다른 사람처럼 소리나 빛, 시각, 촉각, 후각 등에 반응하지 않는다는 것이다. 벤은 자신의 생각이 **엉망진창(HAYWIRE)**이 되었을 때 몸이 자기가 뜻하지 않은 방식으로 반응한다고 타이핑으로 설명했다. 라디오 셰크 사건이 단적으로 이것을 보여 주었다. 우리가 에스컬레이터를 타고 내려갈 때 바로 정면에 거울이 있었다. 조명이 밝게 반짝이며 반사되고 있었는데 벤은 이것을 견딜 수가 없었다. 반사광이 벤을 자극하여 그는 자기 통제를 잃었다. 벤은 어쩔 수가 없었다. 우리가 좀 더 세심하게 관찰했다면 그 거울이 벤의 화가 나는 감정을 자극할 수 있다는 것을 알아챌 수 있었을 것이다. 어쩌면 우리는 그 사건 전체를 피할 수도 있었을 것이다.

세 번째는 사람들이 때때로 벤을 불쾌하게 하는 특정한 말이나 행동을 하는 경우이다. 화가 나고 실망하고 분노했지만 벤은 전형적인 방식으로 이러한 감정을 말하거나 의사소통할 수 없기 때문에 통제를 잃어버리는 것이다. 그는 "야, 이 나쁜 놈아! 이 바보!"라고 소리치고 싶었을 것이다. 어떤 사람이 당신을 저능아나 괴짜, 미친 사람이라고 부른다면 어떻게 그를 좋아할 수 있겠는가. 하지만 벤은 그런 의사소통을 할 수가 없어서 통제를 잃어버린 자신을 비난하고 그것이 상황을 더욱 나쁘게 만들었다.

한번은 벤이 정말 바보처럼 행동했을 때 제시가 "너에 대한 그 사람의 기대에 맞게 살아가는가?" 하고 비난한 적이 있었다. 물론 그가 옳았다. 하지만 벤은 사람들이 자신을 '자폐아'라고 생각하는 것을 혐오했다.

화가 났어요 왜냐하면 …그런 취급은 역겨워. (GOE ME UPS4T BECAUWE ...THE TREATING IS YUCH.)

우리는 정말로 다른 사람들의 감정을 조심해야 돼요. 거부하는 것 슬퍼. (WE JUST REALLY GOT ON EWACH TOHRS NERVS. SAD ABOUYHGB (about) REFUSING.)

넷째, 벤은 자신의 행동 중에서 어떤 것은 조절할 수 있었고, 자신이 할 수 있다는 것을 알고 싶어 했다. 이것이 벤의 조절에 대한 선언이었다.

"벤, 왜 자꾸 '그리고 너는 울어도 된다, 그리고 너는 울어도 된다'라고 말하는 거야?"

벤은 엄마를 자극하고 싶어요. (BEN LIKES IRRITATING MOM.)

벤은 그렇게 잘기도 했다.

다섯째는 가장 중요한 것으로, 벤은 자신의 몸을 — 남들이 말하는 그의 '행동'을 — 통제할 수 있기를 간절히 바랐다.

어설픈 느낌이 싫어요. (HQATE HFEEKLIHG NJTYRHY JE4R JERKY.)

내가 그동안 벤에게 잘못된 질문을 계속하고 있었다는 것을 깨닫는 데는 아주 한참이 걸렸다. 왜 벤이 어떤 일을 했는가는 정말로 그렇게 중요한 문제가 아니었다─아마 벤도 모를 것이다. 물어봐야 할 중요한 질문은 바로 "벤, 네가 안전하고 사랑받는다고 느끼기 위해, 괜찮다고 느끼기 위해 무엇이 필요하니?"였다. 이것은 중요한 질문이고 또 벤이 대답할 수 있는 질문이었다. 그렇게 함으로써 우리가 필요한 것, 해야 할 올바른 일을 벤이 알려 주는 것이다.

그게 무엇이든 간에 '정상'이라는 것은 우리에게 더 이상 존재하지 않는 것이었다. 어쨌든 대럴과 제시는 벤의 특이함에도 불구하고 벤과 좋은 관계, 우정을 만들 수 있었다. 그들은 그냥 이 모든 일이 잘되는 방법을 알아내는 능력이 있는 것처럼 보였다. 우리가 문제 해결을 위해 많은 시간을 보내고 벤과 또 그들과 무엇이 최선인지 많은 이야기를 나누기는 했지만, 그들은 진정으로 벤과 그의 안녕을 염려하고 있었다. 이것이 진정한 차이를 만드는 것이었다.

제시와의 추억

첫해의 끝 무렵에 대럴이 떠나게 되었을 때 그를 떠나보내기가 서운했지만 제시가 남기로 해서 무척 기뻤다. 제시는 그 이후로 10년 동안 벤과 함께 살았다. 그들은 가장 친한 친구가 되었고 남편과 나는 제시와 굉장히 돈독한 관계를 맺었다. 그는 우리 가족의 일부가 되었다. 실제로 우리는 종종 그를 '얻은 자식'이라고 불렀다. 제시의 가족은 제 기능을 못하고 있었고 그는 가족과 거의 연락을 안 하고 지냈다. 누이들이 가끔 찾아왔고, 형 한 명이 잠시 제시, 벤과 함께 살기도 했다.

제시는 실로 매력적이었다. 만나는 사람마다, 아니 거의 모든 사람이 그를 좋아했다. 그는 잘생겼으며, 재미있는 것을 좋아하고 새로운 것을 시도하고 싶어 했다. 그는 벤을 가슴 깊이 염려했고, 벤도 이 감정과 존중에 대해 비슷한 마음으로 화답했다. 하지만 제시는 직업을 구하고 유지하는 데에는 능력이 없었다. 그는 지역의 전문대학에 다니려고 했지만 그것도 잘 안되었다. 그는 자신이 원하는 걸 찾지 못하는 것 같았다. 그의 여자 친구도 마찬가지였다. 수년간 그는 여러 여자 친구를 사귀었는데 몇 명은 우리도 만난 적이 있었다. 한두 명은 확실히 결혼에 관심이 있었지만 제시는 그렇지 않았다. 그는 언제나 벤과 자신이 한 묶음이라는 것을 분명히 했다. 그가 젠과 데이트를 시작했을 때 그녀는 벤과 함께하는 것도 좋아했다. 그녀는 자유로운 영혼을 가졌는데 그녀 역시 안정적이지는 않았다. 제시는 그녀가 자기 자신에 대해 더 긍정적으로 생각하도록 도와주었고, 그녀는 그가 집중하도록 도와주었다.

젠, 캠핑, 그리고 나쁜 환각 체험

젠은 아마도 제시와 벤에게 생겼던 최고의 일 중 하나일 것이다. 제시와 젠은 허름한 술집에서 만났는데 그 둘은 첫눈에 반했다. 그 당시에 그녀는 MJ(마리화나의 약자)로 통하고 있었다. 얼마 되지 않아 젠은 벤과 제시가 사는 집에 들어와 함께 살게 되었다. 이 이야기는 그녀가 이사 온 후 여름에 그들이 갔던 캠핑 여행에 관한 것이다.

젠이 캠핑 여행을 준비했다. 벤, 제시와 함께 살기 몇 년 전에 그녀는 무지개연합Rainbow Coalition2에 들어가 연중 캠핑 여행에 참여했다. 그해의 캠핑 여행은 펜

2 역자 주 : 소수 정당들의 연합

실베이니아 북쪽에서 열렸는데 그녀는 제시와 벤에게 함께 가자고 설득했다.

이 이야기는 거기에서 벌어진 일에 관한 것이나. 내 입상의 이야기는 어쩌면 정확하지 않을지도 모른다. 하지만 그들이 나에게 해 준 말이 모두 사실이라면 그때 일어난 일의 줄거리를 전하는 데는 문제가 없을 것이다.

그들은 캠핑 장소에 도착해서 캠프를 설치했다. 용인된 규칙은 모든 것이 평화로워야 하며 느긋해야 한다는 것이었다. 아마 마리화나를 피우기도 했을 것이다. 하지만 주요한 것은 휴식을 취하고 재미있게 지내고 즐기는 것이었다. 무례하게 굴고자 한다면 그것도 허용되었다. 아무도 그것을 크게 문제 삼지 않았다. 벤은 무례하게 굴기로 했지만 젠과 제시는 그러지 않기로 했다. 그래도 괜찮았다.

하지만 둘째 날 밤에 무언가가 벤을 무척 화나게 했다. 그게 무엇인지 누가 알겠는가. 벤은 자신의 얼굴과 목, 머리를 때리기 시작했다. 제시와 젠은 벤을 안정시키려고 노력했지만 실패하고 말았다. 벤은 점점 더 신경질을 부리고 화를 낼 뿐이었다. 옆 캠프에서 두 남자가 달려왔다.

"이봐, 무슨 일이지?"

그중 한 사람이 물었다. 제시는 벤이 화가 났는데 왜 그런지 모르겠다고 설명하고 젠과 함께 벤을 안정시키려고 노력하고 있다고 말했다. 그 두 남자는 벤과 함께 앉았다. 그들은 많은 말을 하지 않고 그냥 벤과 함께 앉아 있었다. 젠과 제시는 휴식 시간을 갖게 된 것을 기뻐하면서 어디론가 가 버렸다. 젠과 제시는 이 남자들을 잘 몰랐지만 무지개 연합의 일원이기 때문에 벤과 함께 잘 있을 것이라고 믿었다.

잠시 뒤에 젠과 제시가 돌아왔다. 벤이 자고 있었고 두 남자는 그 옆에 조용히 앉아 있었다. "어이 친구, 고마워요." 하고 제시가 말했다. 그는 악수를 했다. "별일 아니야, 친구. 지독한 환각 체험을 하는 게 어떤 건지 우리도 잘 알아. 해 본 적이 있으니까. 그냥 돕고 싶었을 뿐이야." 하고 한 남자가 말했다.

환각 체험? 벤은 환각 체험을 하고 있었던 게 아니라 자폐 체험을 하고 있었다. 하지만 그는 괜찮았다. 안전했다. 그는 도움을 받았고 그것을 받아들였다. 이 것은 벤을 어떻게 보는가 하는 당신의 시각에 관한 문제인 것이다.

젠이 이사를 왔고 곧 쌍둥이를 임신하게 되었다. 젠과 제시가 우리에게 할머니, 할아버지가 되어 주겠냐고 해서 우리는 몹시 기뻤다. 벤도 젠을 좋아했다. 이따금 벤이 제시를 질투하여 젠을 보호하려고 하기도 했지만, 그들이 쌍둥이 중 한 명의 이름을 지어 달라고 부탁하자 벤은 기뻐서 몹시 흥분하기도 했다. 사내아이 둘이 달을 다 채우고 태어났지만 한 아기는 태어나자마자 몸이 아팠다. 우리 모두에게 걱정을 안겨 주었지만 다행히 병원에서 집으로 오게 되었고 삶이 다시 안정되기 시작했다. 아니, 우리는 그렇다고 생각했다.

나는 무슨 일이 있었는지 확실히는 모른다. 그런데 어느 날 밤에 젠이 전화를 해서 아기들과 함께 이사를 간다고 말했다. 그녀는 제시의 행동 방식을 견딜 수 없다고 했다. 그녀는 특히 벤을 몹시 염려하기 때문에, 그리고 제시를 사랑하기 때문에 가슴 아파했지만 떠나야 한다고 생각했다. 그녀는 자기 어머니가 사는 집으로 이사를 갔다.

제시는 젠이 떠난 후 어쩔 줄을 모르는 것 같았다. 그는 직장을 계속 다니지도 못하고 점점 우울해지는 것 같았다. 우리가 이것에 대해 이야기하려고 하면 그는 거부했다. "난 괜찮아요. 우울하지 않다고요!" 그는 이런 말을 소리쳐 말하지는 않았지만 전혀 의논하려고 하지 않았다. 우리는 상담이나 도움이 될 만한 것을 제안해 보았지만 그는 계속 거부했다. 찰스 디킨스가 말한 대로 "가장 좋은 시절이자 최악의 시절이기도 했다."

제시는 서서히 마음의 문을 닫는 것 같았다. 지금이라면 그가 조울증이었나 보다 하겠지만 그 당시에는 그가 얼마나 상처를 받았는지만 보였다. 우리는 돕고 싶었지만 제시는 늘 우리를 꾸짖었다. 벤도 괴로워하고 있었다. 하지만 벤은 제시와 함께 살고 싶어 했다. 하루는 제시가 전화를 해서 우리 집에 오고 싶다고 했다.

"수 아줌마, 할 말이 있어요."

나는 모든 것이 변화했으면 하고 바랐다. 제시와 나는 아주 특별한 우정을 맺고 있었는데, 마침내 그가 나를 자신의 고뇌 속에 들어오도록 허락해 주는 것이기를 바랐다. 하지만 내가 틀렸다. 우리는 현관에 앉아서 벤이 수영하는 모습을 바라보고 있었다. 따뜻하고 햇살이 밝은 날이었다. 나는 기다렸다. 이것은 제시의 계획이었다.

"수 아줌마, 나는 떠나야 돼요."

그의 목소리는 낮았다. 나는 들이마신 숨을 참고 있었다. 이건 내가 기대하던 바가 아니었다. 나는 아무 말도 하지 않았다. 할 수가 없었다.

"나 혼자서도 살 수 있는지 알아야겠어요. 벤과 함께 거의 10년을 살았잖아요. 한 번도 혼자 살아 본 적이 없어요. 내가 할 수 있는지 알아봐야겠어요."

차가운 그의 목소리에서 이것이 마지막 선언임을 알 수 있었다.

"그 결정에 대해 함께 이야기해 볼 수 있을까? 벤하고는 이야기해 봤니? 어디로 갈 거야?" 내 머릿속은 질문으로 넘쳐났다. 자제하려고 애썼지만 내 심장과 마음은 흥분으로 펄떡펄떡 뛰고 있었다. 나는 갑자기 등골이 서늘해짐을 느꼈다. 나는 벤을 쳐다보았고 그가 어떻게 나올지 궁금해졌다. 어떻게 하지? 무슨 일이 일어날까?

"형이 있는 서부로 가려고요."

제시는 아주 간단히 들리게 말했지만 확고하다는 것을 알 수 있었다. 나는 말을 할 수가 없었다. 나는 가슴속으로부터 솟아오르는 눈물,

소리 없는 비명과 싸우는 중이었다. 어떻게 벤과 우리를 이런 식으로 떠날 수 있니? 우리는 가족이잖아. 우리는 너를 사랑해. 나는 이런 말들을 할 필요가 없었다. 제시는 이미 알고 있으니까.

우리는 거기에 한동안 말없이 앉아 있었다. 마침내 목이 잠겨서 겨우 나오는 목소리로 내가 말했다.

"네가 계속 머물 수 있도록, 마음을 바꾸도록 내가 할 수 있는 일이 뭐라도 있을까?"

나는 내 목소리에서 다급함을 느꼈다. 제시는 바로 대답하지 않았다. 침묵은 무거웠고 나는 땀을 흘리기 시작했다. 결국 낮고 조용한 목소리로 그가 말했다.

"아니요. 저는 떠나야 돼요."

시간이 흘렀고 마침내 나는 그에게 가라고 했다. 나는 정말로 무슨 말이나 행동을 해야 할지 몰랐다. 나는 생각할 시간이 필요했다. 그는 떠났고, 2주도 안 되어 짐을 싸서 나갔다. 그는 어디로 가는지, 무엇을 할 작정인지 알려 주지도 않고 그냥 사라져 버렸다. 우리는 그 후로 7, 8년 동안 그의 소식을 듣지 못했다. 한번은 그가 돈을 얻으려고 전화를 했다. 나는 그가 어디 사는지도 몰랐지만 바보처럼 그에게 100달러를 송금해 주면서 돈만 요구하려거든 다시는 전화하지 말라고 했다. 물론 그는 다시 연락하지 않았다.

벤도 마찬가지로 그의 소식을 듣지 못했다. 벤은 충격을 받고 상처를 입었으며 분노했다. 그는 제시가 떠난다고 말해 주었지만 그것이 자신에게 어떤 의미인지, 혹은 어떤 마음인지는 말해 주지 않았다고 타이핑으로 말했다. 그는 제시를 그리워했다. 우리 모두 그를 그리워했다.

천구들 생각이 나요. (I PULLK UP THJOUGGHTAS PALV[I pull up thoughts of pals].)

"천구?"

친구들(PALS).

"어떤 친구들?"

제시(JESSE).

"옛 생각이지. 제시는 떠나서 다시는 돌아오지 않아."

그는 가끔 여기 있어요. 그는 내 마음속에 있어요. (HE IS HERE AT TIMES. HE UIS IN MY MIND.)

하우스 메이트 구하기

커다란 집을 가지고 있었지만 벤은 그곳에 혼자 머무를 수 없었다. 우리는 벤을 집으로 데리고 왔다.

내가 어디서 살게 될지 의문이에요. (I QUESTION WHERE I AM GOING TO LIVE.)

그는 자기 집에 있고 싶어 했지만 도와주는 사람 없이 어떻게 혼자 살 수 있겠는가. 그리고 나도 벤이 우리와 함께 있기를 바랐다. 나는 그의 상처를 다독여 주고, 안정감을 주고, 그를 돕고 싶었다. 나는 그러고 싶었다. 세시는 남편과 나에게도 깊은 상처를 주었다.

우리는 기관에 있는 사람들을 만났다. 우리는 무엇을 선택할 수 있을까? 우리가 무엇을 할 수 있을까? 그들은 우리가 하우스 메이트를 찾는 과정을 다시 시작할 수 있도록 거주 코디네이터와 약속을 잡아 주었다.

매우 행정적인 절차인 듯했지만 이것이 우리가 해야 하는 일임을 알고 있었다. 우리는 다음 단계로 넘어가야 했지만 몹시 힘들었다.

주거 코디네이터인 배리는 우리의 이야기와 벤이 원하는 것을 경청했다. 아슬아슬했지만 우리는 앞으로 나아가야 한다는 것을 알고 있었다. 배리는 지역 신문에 광고를 내야 한다는 데 동의했고, 예전에 기관에 등록한 사람 중에서 가능한 룸메이트를 찾아보기로 했다. 우리는 벤이 안정감을 느끼고 우리 집의 일부로 느낄 수 있도록 정상적인 일과를 만들어 가려고 노력했다. 하지만 이는 부자연스러운 일이었다. 벤은 잠을 잘 자지 못했고 우리도 그랬다. 그는 낮에 할 일이 필요했다.

우리는 벤의 집 지하실에 작은 공방을 마련해 주었는데, 제시가 떠날 당시에 벤은 새집과 식탁 만드는 일을 하고 있었다. 기관에서는 벤과 함께 일을 하도록 사람을 고용했는데 대개 한 달이나 두 달 정도 있다가 떠났다. 어떤 사람들은 제시가 벤과 집을 통제하는 것을 견디지 못하고 떠났다. 또 어떤 사람들은 벤과 일하기가 어려워서 떠났다. 그 사람들은 벤이 전기 도구를 사용하는 것이 안전하지 않다고 생각하고 벤이 다칠까 봐 걱정했다. 또한 벤이 자신을 다치게 할까 봐 걱정하기도 했다. 필요한 기술을 갖추지 못한 사람들도 있었다. 남편과 나는 벤이 일을 계속해야 한다고 생각했다. 벤은 자신의 일을 좋아하고 계속하고 싶어 했다. 그래서 우리는 벤이 일을 할 수 있도록 매일 아침 그의 집에 데려다 주고 오후 늦게 다시 데려왔다. 이상적인 방법은 아니었지만 우리는 이렇게 하는 게 옳다고 믿었다.

기관과 또 한 번의 회의가 잡혔다. 배리는 하우스 메이트 지원자 몇 명을 면접했지만 한 가지 문제가 있다고 말하면서 회의를 시작했다.

'젠장, 또 시작이구나.' 하고 생각하며 내가 물었다.

"무슨 문제인가요?"

배리는 천천히 말하기 시작했다.

"예닐곱 명의 지원자를 면접했는데 이해관계가 정말 엇갈린다고 느꼈습니다. 보세요, 벤의 하우스 메이트가 되고 싶습니다."

그는 우리를 바라보고 기다렸다. '내가 뭐라고 해야 하지?' 하고 나는 생각했다. 나는 이 사람을 몰랐고 벤이 그를 아는지도 모르고 있었다. 정말 혼란스러웠다. 남편도 나와 같은 생각을 하고 있었다. 내가 어떤 말을 하기도 전에 배리가 말을 이어 갔다.

"내 여자 친구와 나는 누군가와 함께 사는 것에 대해 이야기하곤 했습니다. 우리는 그러고 싶었죠. 하지만 적당한 사람을 아직 찾지 못했습니다. 내가 벤에 대해 그녀에게 이야기를 했지요. 나는 이 기관을 통해 벤과 서로 알고 있었습니다. 내 여자 친구는 벤을 만나고 싶어 합니다. 그리고 두 분이 괜찮다고 하신다면 우리가 함께 살 수 있는지 벤과 시간을 좀 보내 볼까 합니다."

그는 우리가 이 새로운 아이디어에 대해 생각할 시간을 갖도록 기다려 주었다. 우리는 무슨 말을 해야 할지 몰랐다. 나는 그가 진지하다는 것을 알 수 있었다. 하지만 나는 벤이 어떻게 생각할지 알 수가 없었다. 나는 그들이 무엇을 기대하는지도 알 수 없었다. 한편으로 나는 그가 이 기관에서 일하고 있다면 분명히 옳은 가치관을 가졌을 것이라고 생각했다. 우리는 천천히 진행하기로 하고 벤이 무엇을 원하는지 알아보기로 했다.

배리와 그의 여자 친구 브리앤은 시간을 들여 벤을 알아 갔다. 벤은 그들을 좋아하는 것 같았다. 그들은 벤과 비슷한 나이로 브리앤은 직업 훈련 교사로 장애 기관에서 일했다. 괜찮은 조합 같았고 벤도 시도하고 싶어 했다. 기관에서 우리에게 경고를 하거나 하지는 않았다. 그들의 집 계약이 끝났을 때, 우리는 그들이 벤과 함께 살기 위해 이사오는 데 동의했다.

우리는 바보였다. 좀 더 찬찬히 살펴보고 조심스러웠어야 했다. 오래지 않아 벤의 랭커스터 하우스는 벤이 손님인, 배리와 브리앤의 집이 되어 버렸다. 그들은 고양이와 개, 애완용 파충류를 데리고 들어왔다. 나는 뱀과 도마뱀 때문에 괴로웠던 적이 없어서 괜찮게 여겼다. 벤도 동물을 싫어하지 않았고 행복해 보였다. 적어도 동물 때문에 불평을 하지는 않았다.

6개월이 지났다. 남편과 나는 새 학기가 시작되었고 벤의 삶이 좀 더 나아지기를 바라고 있었다. 우리는 기관이 감독해 줄 것이라고 믿고 있었다. 휴대전화를 갖게 된 지 얼마 되지 않은 어느 날, 배리가 정신없고 놀란 목소리로 전화를 걸었다.

불이야, 불!

"수, 집에 불이 났어요. 우리 집이 타고 있다고요. 타고 있어요. 세상에!"

나는 그의 목소리에서 공포를 느낄 수 있었다.

"퇴근해서 지금 막 돌아왔는데 연기에 불길이 일고⋯ 나는 뒷문으로 들어갔어요. 벤은 괜찮아요. 벤은 여기 없었어요. 집이 타고 있어요. 세상에, 소방관들이 와 있어요. 아, 어쩌나, 나는, 나는… 기다려요, 기다려요. 금방 다시 전화드릴게요."

휴대전화가 꺼져 버렸다. 나도 꺼져 버렸다. 나는 어떻게 해야 할지 몰라 기다렸다. 전화가 다시 울렸다. 배리의 목소리는 여전히 공포에 질리고 당황해 있었다.

"수, 벤이 집에 왔어요. 그가 불을 봤어요. 내가 독 선생님에게 벤을 데리고 가라고 했어요. 그가 나중에 전화할 거예요."

배리는 울고 있었다. 나도 울었다.

"수, 수, 기다려요. 소방 대장이 당신에게 이야기해야 한대요."

그가 전화를 누군가에게 건네주면서 내가 이 집의 주인이라고 말하는 게 들렸다.

"리어 부인, 저는 시 소방 대장입니다. 불길은 잡혔습니다. 당분간 집을 나무판으로 막아 놓기 위해 한 업체가 나와 있습니다. 아무도 여기에 있을 수 없습니다. 안전하지 않아요. 내일 저에게 전화해 주시면 만나서 무슨 일을 해야 할지 의논하겠습니다."

그는 전화기를 제정신이 아닌 배리에게 넘겼다. 나는 비명을 지르고 싶었지만 이 상황에서 이성적이고 분별 있는 사람이 되어야 한다는 것을 알았다.

"배리, 내가 독 선생님에게 전화해서 벤을 데려와 달라고 할게요. 당신과 브리앤도 우리가 무엇을 해야 할지 판단이 설 때까지 와서 지내요."

"우리 고양이와 개가 어떤지 가 봐야겠어요. 뱀은 옆집 사람이 데려갔대요. 그를 찾아야 돼요. 다시 전화드릴게요."

그리고 그는 전화를 끊었다. 나는 마비가 된 것 같았지만 남편을 찾아야 했다. 벤을 데려와야 했다. 나는 남편이 수업하고 있는 건물로 가서 남편을 찾아다녔다. 내가 남편이 있는 강의실로 들어가자 많은 학생들이 나를 알아보았다. 그들은 미소를 지으며 나에게 인사를 했다.

"여보, 지금 당장 이야기 좀 해야겠어요. 응급 상황이에요."

내 목소리는 조용하고 부자연스러웠다. 나는 남편을 바라보며 문 쪽을 가리켰다. 그는 빙그레 웃고는 학생들에게 고개를 끄덕이며 "내 아내야. 우리 가족에게 무슨 일이 생겼는지 너희들은 절대 모를 거다." 하고는 나를 따라 나왔다. 나는 재빨리 화재에 대해 이야기했다. 남편은 강의실로 다시 들어가서 학생들에게 말했다.

"벤의 집에 불이 났어. 벤은 괜찮다는데 그래도 가 봐야겠다."

학생들은 놀랐다.

"정말 벤은 괜찮은 거예요? 우리가 뭐라도 할 수 있을까요? 뭐가 필요하세요?"

나는 울 것만 같았다. 그들은 진심으로 걱정하면서 도와주고 싶어 했다. 우리는 무슨 일이 생긴 건지 아는 대로 알려 주겠다고 하고 학교를 나왔다. 벤의 집으로 가는 길에 우리는 벤을 데리고 있는 독 선생님에게 전화를 했다. 그는 소방차가 도착하는 순간에 자신과 벤이 집에 도착했다고 말했다. 배리가 그에게 벤을 데려가라고 해서 벤을 자기 집으로 데려왔는데, 오는 길에 맥도널드에 들렀다고 했다. 독 선생님은 그렇게 하면 벤이 좀 안정될 거라고 생각한 것이다.

나는 많은 생각으로 혼란스러웠다. 누구라도 무슨 일이 일어난 건지 벤에게 설명해 주었나? 배리와 브리앤은 괜찮은 걸까? 집은 지금 어떤 꼴일까? 우리는 무엇을 해야 하지? 독 선생님의 집으로 갔을 때 벤은 차 안에 앉아서 우리를 기다리고 있었다. 벤은 상당히 흥분해 있었다. 배리가 전화를 걸어 소방 대장이 집을 나무판으로 다 막은 것을 승인했다고 말해 주었다. 이제 우리가 할 수 있는 일은 없는 것이다. 그는 브리앤이 자신의 이모나 조카와 함께 지낼 것이라고 말했다. 배리는 그날 밤에 우리 집에 와서 자겠다고 했고, 또 자기 개를 어머니 집에 맡겨야 한다고 했다. 그러고 나서 무슨 일이 있었는지 잘 기억나지 않는다. 그 순간은 황폐함의 거대한 소용돌이었다.

　남편은 불이 나기 2주 전에 알츠하이머병으로 진단을 받아서 그것 때문에도 힘든 상황이었다. 남편은 아무도 모르기를 바랐는데, 어쨌든 불은 우리를 더욱 혼란에 빠뜨렸다. 우리는 타 버린 집, 벤의 공포, 하우스 메이트로서 배리와 브리앤의 요구, 보험 문제, 일, 그 외의 많은 일을 급하게 해결해야 했다. 우리는 밤에 많은 문제를 해결해 나갔다. 낮에는 수업 시간에 학생들을 만나고, 보험 대리인과 의논하고, 남편의 진단과 그것의 의미에 적응하려고 노력했다.

은퇴할 때가 되다

또다시 우리는 벤에게 어떤 일이 일어날지 알아내야 했다. 우리는 연약하고, 불안하고, 겁에 질려 있었다. 우리는 무엇을 해야 할지 찬찬히 생각해 봐야 했다. 하지만 우리가 이렇게 하기도 전에 배리와 브리앤이 아파트로 이사 가겠다고 말했고, 벤이 와서 함께 살아도 된다고 했다. 수년 전에 벤은 아파트 주거에 대해 안 좋게 말했지만 그들과 살고 싶어 했다. 그는 우리를 돕고 싶어 하기도 했다. 우리는 벤의 결정을 존중해 주어야 한다고 생각했다.

배리와 브리앤은 예전에 살았던 아파트 단지를 선택했는데 그곳은 우리 집에서 꽤 멀었다. 그들은 고양이들을 계속 키울 수 있어서 그곳이 완벽하다고 생각했다. 개는 배리의 부모님 집에 두고 파충류는 애완동물 가게에 맡기기로 했다. 아파트는 일층에 방이 두 개였다. 보험 회사가 벤의 옷을 살 수 있도록 돈을 지급해서 우리는 옷을 사서 싸고 벤의 이사를 도왔다. 보험 회사는 또한 아파트의 세를 내는 데 도움을 주었다. 그런데 무엇이 잘못되었는지 모르겠지만 계획대로 잘 돌아가지 않았다. 우리는 한밤중이나 꼭두새벽에 배리에게 전화를 받곤 했다.

"벤이 아주 힘들어해요. 도움을 구하려고 전화를 한 건 아니지만 제가 경기를 일으킬 것 같아요."

그는 한 번도 벤을 데려가 달라고 요구하지는 않았지만 나는 그의 목소리에서 그 말을 들을 수 있었다. 남편과 나는 벤이 자신을 때리고 비명을 지르고 울면서 통제가 안 될 때는 도움이 필요하다는 것을, 즉시 도움이 필요하다는 것을 알고 있었다. 우리는 45분을 운전해서 아파트에 갔다. 두 번은 심한 눈보라를 뚫고 간 적도 있었다. 벤은 완전히 통제 불능 상태로 자신을 과격하게 때리면서 소리를 지르고 있었다.

"안 돼, 벤. 그만해! 그만해!"

배리는 이것이 얼마나 끔찍한 일이었는지 말해 주곤 했다. 우리는 그들의 기분이 좀 나아지도록 노력했다. 하지만 정말 걱정스러운 것은 벤이었다. 우리는 벤을 집으로 데리고 왔다. 우리에게는 생각이 필요했다.

불이 나기 겨우 2주 전에 남편이 알츠하이머병이라는 진단을 받았다. 우리는 남편의 검사 결과가 이렇게 무섭게 나오리라고는 꿈에도 생각지 못했었다. 우리는 너무 놀라서 꼼짝도 할 수 없었다.

"여보, 우리는 은퇴해야겠어요. 다른 사람들에게 왜 우리가 은퇴하는지 밝히지 못하더라도 우리는 은퇴해야 돼요."

그는 동의했다. 우리는 동료들에게 남편에게 심각한 건강 문제가 생겼다고 이야기했다. 고맙게도 모두 자세히 캐묻지 않았다. 그들은 우리의 사생활을 존중해 주었다.

벤은 가끔 아파트에 가기는 했지만 우리와 함께 지내고 있었다. 우리는 예전에 살았던 시골 동네 근처에 가지고 있던 땅에 새집을 짓는 것에 대해 이야기했다. 그 땅은 페니와 남자 친구 브라이언, 그들의 딸 대니얼이 살 집을 짓도록 사 둔 것이었다. 하지만 대니얼이 8개월 때 브라이언이 스노모빌³ 사고로 세상을 떠나는 바람에 대니얼과 페니는 우리와 함께 살게 되었다. 우리는 벤에게 집을 지어 주기에 완벽하다고 생각해서 그 땅을 가지고 있었다.

나는 미쳐 버릴 것만 같았다. 나는 제시에게 이야기하고 싶었다. 하지만 그는 떠나고 없었다. 이 문제를 우리끼리 해결해야만 했다. 당시는 정말 최악의 시간이었다.

---

3   역자 주 : 눈 위에서 달릴 수 있도록 스키가 장착된 자동차

카디프 하우스

그 땅은 카디프 마을에 있었다. 우리는 벤을 그곳에 데려가서 새로 지을 건물과 그가 가구를 만들 수 있는 공방에 대해 이야기해 주려고 했다. 우리에게는 희망이 필요했고 이것은 우리의 꿈이 되었다. 제시가 떠나기 전에 그와 벤은 시골에 조립식 집을 짓는 것에 대해 이야기하곤 했었다. 이제 그 시간이 된 것 같았다. 우리는 배리와 브리앤에게 이 아이디어에 대해 이야기했다. 그들은 좋은 생각이라면서 벤과 함께 계획을 시작했다. 그들은 도면을 보고 자신들 뜻대로 결정했다. 이는 벤, 제시, 남편과 내가 처음에 계획했던 것이 아니었지만 우리는 그게 벤이 원하는 것이라고 생각했다. 벤이 인테리어 장식, 벽면의 색, 카펫과 다른 소소한 것들을 결정했다. 우리는 랭커스터 하우스를 팔려고 내놓고 카디프 하우스를 위한 협상을 시작했다.

우리는 건축업을 하는 친구와 기초 공사 및 공사 감독을 맡기는 계약을 했다. 다행히도 주택 경기가 호조인 시기라 랭카스터 하우스를 좋은 가격에 팔 수 있었다. 하지만 집수리에 대한 껄끄러운 밀고 당기기는 있었다. 부동산 중개인은 우리의 친구였다(팻 플로이드의 남편이었다). 그는 우리가 손해를 보지 않도록 해 주었다. 집 계약의 마무리는 축하할 만한 일이었다. 그 집을 매매함으로써 새로운 조립식 주택을 지을 수 있었기 때문이다. 기초 위에 집을 얹는 날짜가 정해져 우리는 모두 들떴다. 남편과 나는 마침내 벤의 삶이 안정될 것이라는 희망을 갖게 되었다.

여름이 끝날 무렵에 벤의 카디프 하우스가 기초 공사 위에 자리를 잡았다. 외벽을 완성하고 지붕과 전기 공사 등을 하는 데 몇 주가 더 걸렸다. 하지만 집이 완성되어 가는 과정이 재미있었다. 다시 한 번 우리는 벤이 짐 싸는 것을 도왔다. 마침내 벤, 배리, 브리앤과 모든 애완 동물이 이사를 갔지만 얼마 지나지 않아 일이 꼬이기 시작했다. 그 집에 찾아갔을 때 남편과 나는 거실이 파충류 방으로 쓰이는 것을 보고 화가 났다. 그들의 뱀과 도마뱀 우리가 벽을 따라 줄지어 있고 고양이 집과 개집도 있었다. 벤의 물건은 하나도 없었다.

"어머나, 세상에. 이것 좀 봐."

나는 파충류 우리의 꼭대기에 있는 조명을 가리켰다.

"이게 고정되어 있지 않아서 떨어지기 쉽겠네. 다시는 이러면 안 돼."

나는 몸을 떨었다. 소방 대장은 랭커스터 하우스의 화재가 파충류 우리에 있던 적외선램프에서 시작된 것이라고 결론 내렸다. 적외선램프가 떨어져서 카펫이나 커튼 등에 불이 붙은 것 같다는 것이었다. 우리는 고양이가 램프를 넘어뜨렸을 것이라고 추측했다. 우리는 그들을 겨냥해서 비난하지 않으려고 노력했지만 그런 상황이 또다시 발생하게 놔둘 수는 없는 노릇이었다.

"배리, 저 램프를 잘 묶어 놓아야 해요. 이건 위험하잖아. 제발 이걸 고쳐 놓아요."

나는 애걸을 했다. 후에 배리는 우리에게 자기가 동물을 어떻게 보살피든 이래라저래라 할 권리가 없다고 말했다.

하루는 페니가 벤을 보러 갔는데, 페니는 배리가 벤의 주변에서 하는 행동에 기분이 상했다. 페니가 느끼기에는 벤이 긴장하고 행복해 보이지 않았다.

어느 날 페니가 그 집에 갔을 때, 배리와 브리앤은 일을 나가고 벤의 친구 데이브가 있었다. 벤의 친구가 벤이 이층 자기 방에 있다고 말해서 페니는 올라가 보았다. 페니는 말라 버린 개똥 무더기를 발견하고 기겁을 했다. 개똥이 벤의 침실 바닥에 있었던 것이다. 페니는 매일 오후에 벤을 도우러 오는 데이브에게 어떻게 된 일인지 물었다. 데이브는 배리가 자신과 다른 도우미들에게 이층에는 올라가지 말라고 지시했다는 것을 말해 주었다.

"거기는 우리의 사적인 생활 공간이니 들어가지 마세요."

분명히 우리는 그 말을 잘 지켰다. 페니만 빼고. 페니는 분노했다. 페니와 벤, 데이브는 바닥을 청소했는데 벤의 침실 바닥에서 고양이 오줌도 서너 군데 발견했다. 청소를 끝낼 즈음 페니는 폭발하기 일보 직전이었다. 페니는 복도 벽장에서 쥐를 번식시키는 우리도 발견했다. 그 쥐는 파충류의 먹잇감이었다. 페니가 벽장을 열었을 때 냄새가 진동하면서 쥐 털이 바닥에 널리고 벤의 코트에 지저분하게 붙어 있었다. 그녀는 이 사실을 기관에 보고하고 배리가 오기를 기다렸다. 그녀는 분명한 어조로 배리에게 쥐 부화장을 벽장에서 치우고, 파충류 우리의 램프를 고정시키고, 고양이들을 가두라고 말했다. 하지만 배리는 이것을 잘 받아들이지 않았다.

우리가 갔을 때 그의 개는 주로 개장 안에 있었지만 개장에서 나오기라도 하면 나에게 덤벼들었고, 나중에 안 일이지만 벤의 친구를 물기도 했다고 한다. 사실 벤은 동물을 좋아하지 않았지만 어쩔 수 없는 일이었다. 나도 기관과 배리에게 전화를 했는데 그는 우리의 간섭을 싫어했다.

게다가 벤은 가끔 그의 안전에 대해 염려하게 하는 말을 하곤 했다.

"거기 의자에 앉아. 너를 그 의자에 묶어 놓고 문을 잠글 기야."

무서운 일이었다. 나는 그들이 좋은 사람들이라고, 벤에게 잘해 줄 거라고 믿고 싶었지만 더 이상 그들을 신뢰할 수가 없었다. 결국 배리와 브리앤에게 나가 달라고 하고 3개월의 시간을 주었다. 그들은 나간다고 했지만 나가기로 한 날짜가 지나도 나가지 않고 있었다. 그들은 집을 계약하는 중이라고 했지만 나갈 생각을 하지 않았다. 나는 그들이 벤을 해칠 것이라고는 생각하지 않았고, 벤은 자기 집에 머무르고 싶어 했다. 끔찍한 일이었다. 집 계약 과정의 마지막 날이 지난 후에도 그들은 여전히 있었다. 그래서 우리는 이 집에서 나가지 않으면 쫓아내겠다고 말했다. 그들은 그다음 주에 나가겠다고 했다.

그러는 동안 기관에서 무슨 일이 있는지 감독을 했다. 우리는 그들이 벤을 보호하고 있다고 확신했지만 그들이 계속 지켜보고 있을 수는 없는 노릇이었다. 그들은 또한 벤의 새 하우스 메이트를 찾기 시작했다. 한편 남편과 페니, 나는 가능한 한 그 집에 계속 들렀다.

어느 날 남편과 내가 갔을 때, 벤은 공방에서 일을 하고 있었고 집에는 브리앤의 사촌과 배리가 있었다. 그들은 짐을 싸서 상자를 배리의 차로 옮기고 있었다.

"이번 주말까지는 여기서 나가겠습니다."

배리가 나를 쳐다보지도 않고 건조하게 말했다.

"우리는 몇 가지 짐을 보관하려고 싸는 중이에요."

남편과 나는 벤이 일을 끝내면 다시 돌아오겠다고 말하고 자리를 떴다. 그리고 몇 시간 후 돌아왔는데 집이 텅텅 비어 있었다. 거실의 가구와 램프, 컴퓨터, 텔레비전, 부엌 용품을 싹 털어 간 것이다. 우리는 충격에 빠졌다. 아니, 사실 공포에 질렸다. 우리는 바로 경찰에 전화해서 도둑이 들었다고 신고했다. 도착한 경찰관이 벤을 아는 사람이라 안심이 되었다. 다행히 벤의 도우미가 이사 트럭의 회사 이름을 기억하고 있었고, 몇 시간 후 도둑맞았던 물건이 거의 모두 제자리로 돌아왔다.

배리와 브리앤은 그 물건이 자기네 것이라고 따지고 결국 우리를 상대로 소액 청구 소송을 했다. 내가 화재 이후에 구입한 물건의 영수증을 가지고 있었기 때문에 돈을 좀 건져 보려던 그들의 노력은 수포로 돌아갔다. 우리는 이겼지만 신뢰에 대한 쓴 교훈을 얻었다. 오논다가 지역 주거 서비스 기관에서 벤과 함께 살 사람들을 찾아 배정해 주어 벤은 계속 자기 집에서 살 수 있었다.

새로운 친구, 조니

이제 누가 벤과 함께 살 것인가? 우리는 또다시 사람 찾는 과정을 시작했다. 기관은 신문에 광고를 냈는데, 이번에는 지원자가 선별 과정을 통과해야 한다고 명시했다. 우리는 기관을 믿었다. 그들은 벤을 알고 이해하고 있었다. 직원들이 벤과 많은 시간을 보내고, 그를 도와주고, 밤을 지내 주기도 하고, 그와 함께 있어 주었던 것이다. 이번에 그들은 벤에게 무엇이 필요한지 훨씬 잘 알고 있었다.

또한 남편과 나는 우리가 벤의 인생에 너무 개입되지 말아야 한다는 것을 깨닫기 시작했다. 우리는 늙어 가고 있었다. 남편은 상태가 좋은 날도 있었지만 나쁜 날도 있었다. 우리는 우리가 없어도 벤이 괜찮으리라는 것을 알아야만 했다. 우리는 페니가 언제나 벤과 함께 있어 주리라는 것을 잘 알고 있지만 페니도 자기 가족이 있다. 만약 우리가 죽더라도, 보험 회사 직원이 늘 말하듯이 버스에 치어 죽더라도 벤이 괜찮을 것이라는 확신이 필요했다.

벤과 함께 일하고 가구 사업을 도왔던 안젤로가 벤에게 자신의 친구 조니가 새로운 하우스 메이트로 좋을 것 같다고 제안했다. 벤은 안젤로를 통해 조니를 알고 있었다. 일생에서 처음으로 우리는 뒤로 물러섰다. 우리는 안젤로, 기관, 그리고 벤에게 말했다.

"네가 결정하렴. 우리는 이 일을 더는 못하겠구나. 벤에게 효과적인 것으로 결정해야지. 그리고 여러분 모두가 이것이 옳은 결정이 되도록 확실히 해야 합니다. 우리는 못하겠어요."

그들은 모두 우리가 벤을 포기하는 것이 아님을 잘 알고 있었다. 그들은 벤과 우리가 그들을 신뢰하고 있다는 것을 잘 이해하고 있었다. 그리고 벤은 자신이 신뢰할 수 있고 또 자신을 존중해 주는 사람들이 필요하다는 것도 잘 이해하고 있었다. 조니는 좋은 직업을 가지고 있었고 벤과 함께 있는 것을 좋아하는 것 같았다. 우리는 벤의 주거 서비스 코디네이터인 브라이언과 친구, 안젤로가 긴장을 늦추지 않고 벤을 보살필 것이라고 확신했다. 그들은 벤을 깊이 염려하면서 다시는 벤이 상처받는 것을 보고 싶어 하지 않았다.

처음에는 좀 어려웠지만 조니와 벤은 1년 넘게 하우스 메이트로 살았다. 그들은 우정을 쌓아 나갔고 모든 일이 순조로운 것 같았다. 조니에게는 몇 가지 가족 문제가 있었지만 그는 혼자 알아서 하는 편이었다. 기관은 계속해서 포괄적인 서비스와 감독을 제공했다. 남편과 나는 편안했다. 우리는 이제 벤의 인생에서 일어나는 권모술수에 발을 담그지 않아도 되었다. 우리는 가끔 들러 보고, 벤에게도 우리 집에 들르라고 했다. 벤은 한 달에 한 번 정도 주말에 오곤 했다. 우리는 벤의 인생이 앞으로 괜찮을 것 같다는 느낌을 갖기 시작했다. 만약 무슨 일이 잘못되면 벤의 주변 사람들이 우리에게 알려 줄 것이라고 믿고 있었다. 하지만 곧 무슨 일이 일어나리라는 것을 누군들 미리 알겠는가.

학대의 상처

따뜻하고 햇살이 밝은 어느 토요일, 나는 조니와 벤이 우리 집 차고 앞길로 들어서는 것을 보고 놀랐다. 예고 없는 방문이었기 때문이다. 벤이 차에서 내렸는데 첫눈에 벤이 겁먹었다는 게 보였다. 창백한 얼굴에 아주 머뭇거리고 있었다.

"잔디 깎는 기계를 빌리고 싶은데, 괜찮죠?"

조니는 서둘러 차 트렁크를 열었다.

"오늘 잔디를 깎아야겠어요."

"벤, 여기에 좀 있을래?"

털리[4]에 머무는 것 좋아요. (STAY IN TULLY, YES.)

나는 벤을 보았다. 그의 목소리는 작고 약하게 들렸다. 그는 마치 나에게 애원하는 것처럼 보였다. 직감적으로 나는 무언가 잘못되었다는 것을 알았다. 나는 조니가 잔디 깎는 기계를 자기 차의 트렁크에 싣는 모습을 바라보았다. 그도 겁에 질린 모습이었다. 무슨 일이 있는 걸까?

"조니, 잔디를 깎는 동안 벤이 여기에 있었으면 좋겠어요? 우리가 얘를 집에 데려다 줄게요."

그는 머리를 끄덕이고는 재빨리 차를 몰아 가 버렸다.

벤은 호수에 가서 수영을 하고 싶다면서 곧장 옷을 갈아입으러 갔다. 몇 분도

---

4 역자 주 : 벤의 부모님이 사는 지역을 말한다.

되지 않아 그는 호수에 들어가 있었다. 벤이 물에서 나왔을 때, 나는 잡담이나 할까 하는 생각으로 호숫가에 나갔다. 그러다 그의 어깨에서 크고 붉게 부풀어 오른 맞은 흔적을 보고 우뚝 서고 말았다. 자세히 보니 허리띠 버클 모양의 맞은 흔적이 여기저기에 있었다. 비슷한 멍이 왼쪽 옆구리에도 있었는데 염증까지 생겨 있었다. 안으로 들어가 벤의 수영복을 벗겼더니 베인 자국, 다른 맞은 흔적이 있었다. 허벅지 뒤의 멍 자국은 약 10센티미터 길이의 끈 자국 같은 모양이었다. 그 자국은 보라색으로 변해 가고 있었다. 벤은 화가 나 욕을 하면서 자신을 때리기 시작했다.

"벤, 무슨 일이야? 무슨 일이 있는 거야?"

물론 나는 멍 자국에 대해 물은 것이지만 벤은 다른 생각을 하고 있었다.

엄마한테 욕하는 것을 그만할 수 있었으면 좋겠어요. (WISH I COULD STOP SAYING FUCK TO Y OU.)

"네가 욕을 멈출 수 있도록 내가 어떻게 하면 될까?"

벤에게 그만하라고 명령해요. (ORDER BEN WIK WG TO STOP.)

나는 벤에게 "욕하는 걸 멈춰! 당장!" 하고 명령했다.

좋아요. (GOOD.)

나는 진정하려고 노력했다. 나는 벤에게 누가 때렸는지 물어보았다. 처음에는 대답하기를 거부하더니 나중에 조니가 벨트로 자신을 때렸다고 말했다. 우리는 이번이 처음이 아니라는 것도 알게 되었다. 나는 벤을 의사에게 데려갔고, 의사는 맞은 자국을 사진 찍고 학대를 신고했다. 나는 또한 기관에 전화해서 무슨 일이 있었는지 보고했다. 몇 시간 내에 조니는 그 집에서 쫓겨났다. 그는 자신이 스트레스를 받았다고 변명했다. 왜 그는 도움을 요청하지 않았을까? 브라이언과 안젤로가 매일 그 집에 갔는데 조니는 한마디도 의논하지 않았다.

⬤ ⬤

벤의 서비스 코디네이터인 로렌은 즉시 벤의 지원 팀 회의를 소집했다. 우리는 오랜 시간 의논하여 벤에게 회복할 시간, 자기 집에서 무슨 일이 일어날지 걱정하지 않고 지내는 시간이 필요하다는 데 다 같이 동의했다. 브라이언은 오후와 밤 시간에 벤과 함께 지내 줄 사람들을 배정했다. 벤도 아는 사람들이었고, 벤은 그들과 있을 때 안전하다는 것을 알고 있었다. 1년이 훨씬 넘은 지금 벤은 이전의 긴 시간보다 훨씬 행복해 보인다. 그는 마침내 혼자 살고자 하는 처음의 소망을 이루었다. 도움을 주는 여러 친구가 집에 있었지만, 그는 자신의 일정과 생활 리듬을 스스로 결정했다. 벤은 만족스럽게 여겼다.

페니와 디는 지난 가을 벤의 옆집이 부동산 시장에 나오자 그 집을 사기로 결정했다. 그들은 벤의 근처에 살고자 했다. 돈을 마련하기가 쉽지는 않았지만 그들은 자리를 잡았다. 벤은 그들이 가까이에 살게 된 것을 무척 좋아했다. 그들이 보고 싶으면 벤은 걸어서 갈 수 있었고, 또 매일 그들이 벤의 집에 왔다. 아이들은 삼촌 벤을 사랑했고, 벤도 조카들을 사랑했다. 적어도 지금은 인생이 아름답다. 하지만 남편은 늘 말하지 않았던가. "한 번에 하루씩만."5

---

5 역자 주 : 한 번에 하루씩만 생각하고 하루하루를 잘 살아가자는 의미이다.

제 18 장

아직 끝나지 않았다

남편과 나는 우리의 결말, 즉 죽음을 맞이했을 때, 벤의 미래를 보호하기 위해, 우리 자신의 생이 다할 때까지 우리의 인생을 위해, 그리고 페니와 셰리의 인생을 위해 우리가 무엇을 해야 하는지 생각했다. 남편의 알츠하이머병이 더욱 치명적으로 그의 뇌를 잠식하고 있어서 무슨 일이 닥칠지 몰랐다. 매일 오후 5시경에 우리는 와인 타임을 가졌다. 하루 동안의 일로 지친 몸과 뇌가 좀 쉬는 시간이다. 어떤 때는 몇 시간을 걷기도 하지만 보통은 한 시간이나 한 시간 반쯤 우리는 산책을 하고 와서 시원하게 해 둔 백포도주를 마신다. 우리는 너무 많은 일을 겪었지만, 그럼에도 불구하고 괜찮은 인생을 살았다. 우리는 한 번에 하루씩을 살아 내는 한편, 우리의 미래를 준비하기도 했다. 언젠가 우리가 죽으면 누가 벤과 함께 있어 줄 것인가?

우리가 죽는다면

누가 알겠는가? 누가 이해하겠는가? 누가 상관하겠는가? 이것은 벤과 우리의 인생에 무슨 일이 생길 때마다 나 자신에게 했던 질문이다.

벤이 신경질을 내거나 자신을 때릴 때, 이 아이가 아플 수도 있고, 두통이 있을 수도 있고, 스트레스를 받았을 수도 있고, 하고 싶은 말이 있을 수도 있다는 것을 이해하면서 누가 함께 있어 줄까? 무슨 일이 있는지 알아내려고 노력할 만큼 누가 이 아이를 걱정해 줄까? 몸을 제압하는 것이 가장 나쁜 결과를 초래한다는 것을 누가 알아줄까? 그가 뭔가 말하려고 한다는 것을 누가 신경 써 줄까?

그가 소리 내어 하는 말이 단지 그가 하고 싶은 말의 일부일 뿐이라는 것을 누가 알아줄까? 그가 촉진적 의사소통을 하고 싶을 때를 누가 알까? 이 아이와 어떻게 촉진적 의사소통을 하는지를 누가 알까? 누가 시간을 들여서 사려 깊고, 조심스럽고, 세심하게 이것을 해 보려고 노력할까?

누가 벤이 손톱깎이로 자신의 손톱과 발톱을 다치지 않게 잘 깎을 수 있다는 것을 이해할까? 누가 상관이나 할까? 누가 손톱깎이를 빼앗아 버리지는 않을까? 이것이 독립성과 존엄성의 문제인 것을 누가 이해할까?

이 아이가 면도하고 머리 미는 것을 누가 도와줄까? 자기 몸단장은 벤에게 중요한 일이다. 그는 자기 머리를 면도하는 것을 좋아한다. 그는 그게 멋져 보인다고 생각한다. 머리를 그렇게 깎아 놓으면 또한 그가 화났을 때 자기 머리를 잡아당기지 못할 것이다. 벤은 자신의 머리가 면도되어 있는 느낌을 좋아한다. 그리고 사람들에게 멋있어 보인다는 소리를 듣는 것을 좋아한다. 누가 그에게 자기 머리를 면도할 수 있도록 개인적인 주도권 — 얼굴과 머리를 먼저 하게 하고, 비하하지 않으면서 마지막 '작은 손질'을 해 주는 것 — 을 줄까? 누가 벤이 날개다랑어 흰 참치에 헬만 상표의 마요네즈, 잘게 다진 셀러리와 양파를 넣은 것을 좋아한다는 것을 알까? 이것을 그릇에 담아 줄지, 빵에 얹어 줄지 그에게 물어봐야 한다고 누가 생각할까?

벤이 유제품 알레르기 때문에 치즈나 초콜릿을 먹지 못하는 것은 아니라는 것을 누가 이해할까? 그는 자신의 몸이 견딜 수 있는 것을 알고 있고, 만약 기회가 주어진다면 보통 스스로 통제를 한다. 하지만 우리가 먹지 말아야 할 것을 알면서도 때로는 먹는 것과 마찬가지로 벤도 사람일 기회가 있어야 한다. 벤이 자신의 한계를 스스로 정할 수 있도록 해 줄 만큼 누가 그를 생각할까? 언제 간섭을 해야 하는지 누가 이해할까?

벤이 얼마나 키보드 치는 것을 좋아하는지, 자신의 블루맨을 얼마나 좋아하는지를 누가 알까? 벤이 자신을 통제할 수 없을 만큼 강박적인 지점에 도달했을 때를 누가 알까? 누가 그를 도와주기 위해 있어 줄까? 벤이 좋아하는 음악을 아이팟에 다운로드하는 것을 누가 도와주고, 원하는 음악을 찾기 위해 어떻게 스크롤하는지를 누가 상기시켜 줄까?

누가 벤을 위해 그를 존중하고 그의 독립성을 아껴 주며, 지배하거나 통제하지 않으면서 협동하기 위해 합리적인 한계를 정해 줄 수 있을까?

벤이 원하는 옷을 입도록 누가 허락해 줄까? 벤은 트레이닝 바지와 반팔 티셔츠를 좋아한다. 누가 이것을 이해해 줄까? 그는 옷을 잘 입는 것을 좋아한다. 하지만 선택은 그가 해야 한다. 벤은 쇼핑하는 것을 좋아하고 좋은 물건을 고를 것이다. 하지만 누가 그에게 이 자율을 줄 것인가?

벤이 가장 좋아하는 음식 중의 하나는 미디엄으로 구운 스테이크인데, 특히 그릴에 구운 것을 좋아한다. 누가 벤의 스테이크를 어떻게 구웠는지 신경 써 줄까? 누가 그에게 고기를 날카로운 스테이크 칼로 직접 자르는 특권을 허락해 줄까? 벤이 좋아하는 닭고기의 뼈를 발라내기가 어렵다는 것을 누가 이해해 줄까? 벤이 뼈를 발라내는 데 도움이 조금 필요하지만 그 과정에서 벤을 폄하하면 안 된다는 것을 누가 이해해 줄까?

벤이 찐 브로콜리, 브뤼셀 스프라우트, 신선한 토마토와 옥수수, 호두, 햄, 아주 얇게 썬 로스트비프를 좋아한다는 것을 누가 알까? 벤을 아는 모든 사람은 그가 쿠키를 좋아한다는 것을 잘 알고 있다. 벤이 또한 부드러운 프레첼에 그레이푸폰 상표의 겨자를 바른 것을 좋아한다는 것은 몇 명이나 알까? 굴든이나 프렌치스 상표의 겨자도 먹기는 하겠지만 벤이 좋아하는 것은 그레이푸폰 겨자이다.

벤이 뚱뚱한 흑인 남자를 보면 공포를 느낀다는 것을 누가 알까? 그의 공포는 진심이다. 그는 그 기억을 떨쳐 버릴 수가 없다. 벤은 그 말도 안 되는 학대를 스스로 하지 못하게 했어야 한다는 생각 때문에 자기 자신을 때렸다. 하지만 소용이 없었다.

그 뚱뚱한 남자가 벤을 쓰레기처럼 취급하고, 화장실과 변기를 청소하게 시키고, 벤이 하고 싶은 것을 하도록 돕지는 않고 대신에 긴 자동차 여행을 하게 했는지 아무도 모른다. 벤이 언제 겁먹는지를 누가 알거나 혹은 염려할까? 벤이 상처받기 쉽다는 것을 누가 인식할까? 벤은 말을 잘하지 못한다. 모든 사람이 이 아이를 통제하려고 한다. 그들은 이 아이를 물리적으로 압박하려고 한다. 이것이 벤에게 가장 나쁜 형태의 학대라는 것을 누가 이해할까? 그것은 그의 모든 존엄성을 빼앗는 것이다.

벤이 가위에 눌린다는 것을 누가 알까? 벤은 어둠 속에서 혼자 침실에 누워 있으면 가위에 눌리고 잠을 잘 수가 없다. 그는 자기 자신을 때린다. 왜 그런지 누가 알겠는가. 또한 벤은 비명을 지르고 울면서 위로해 주기를 바란다. 벤이 가위에 눌려 놀랐을 때 누가 그와 함께 있어 줄까? 누가 벤을 도와줄까? 남편과 내가 죽고 나면 누가 벤과 함께 있어 줄까? 대체 누가?

신탁 재산 마련하기

벤이 보살핌을 잘 받을 수 있도록 하는 이성적인 방법 중 하나는 우리가 유언장을 다시 쓰고, 좋은 변호사를 만나 우리가 해야 할 일이 무엇인지 상담하는 것이었다. 남편이 처음 알츠하이머병 진단을 받았을 때 우리는 미래를 준비하기 위해 그 병에 대한 글을 찾아 읽었다. 그런데 벤과 같은 아이들을 보호하는 것에 대해 우리가 읽었던 것과 많이 다르지 않았다. 우리는 그저 이런 것을 계획하게 될 줄은 몰랐을 뿐이었다.

변호사는 우리에게 세 가지 신탁 재산을 마련하라고 조언했다. 첫 번째는 남편과 그의 장기적인 관리에 관한 것이었다. 우리는 그녀에게 솔직하게 이야기했다. 남편이 시설이나 다른 주거형 관리 기관에 들어가지 않는 한 남편을 보살피기 위해 최선을 다할 것이라고 밝혔다. 남편은 자신이 그런 곳에 가야 될까 봐 몹시 두려워하고 있었다. 하지만 그는 살아 있는 한 자신이 있고 싶은 곳에 있을 수 있었다. 그의 은퇴 연금은 이 신탁을 만들 돈이 되었다.

우리는 구체적으로 부동산을 똑같이 나누어 세 아이에게 주도록 명시하여 유언장을 다시 썼다. 벤의 몫은 신탁으로 들어갈 것이다. 추가적인 요구 신탁은 그를 돌보는 데 쓰일 것이다. 이 돈은 벤이 원하거나 하고 싶은 것이 있지만 그의 사회보장 연금으로 해결이 안 될 때를 위해 쓰일 것이다. 지금 당장 그는 바닷가로 캠핑 여행을 가고 싶어 한다. 얼마나 단순한 소망인가. 하지만 그것은 지금 현재 그의 수입으로는 감당할 수 없는 소망이기도 하다. 우리가 죽은 이후에 벤이 원하거나 필요한 것이 있으면 그는 돈을 댈 수 있게 되었다. 그는 할 수 있다!

우리는 또한 '벤 리어 주거 신탁'을 만들었는데, 이것은 그의 집에 관한 세금이나 유지비, 수리비를 감당할 돈이다. 변호사의 조언에 따라 나는 내 생명보험 약관을 꺼내서 이 신탁을 생명보험의 수령인으로 지정했다. 만약 벤의 집을 수리해야 하면 이 돈으로 할 수 있게 되었다. 물론 이렇게 하는 데는 돈이 들었지만 나는 이것이 옳은 일이라고 믿는다.

그런데 누가 신탁을 관리할까? 지금 당장은 내가 이 세 가지 신탁의 신탁 관리자이지만 페니를 후임 신탁 관리자로 지정했다. 내가 죽으면 페니가 신탁 관리자가 되는 것이다. 우리는 페니에게 만약 그렇게 되면 은퇴한 회계사이자 재정 계획가인 내 남동생, 변호사와 함께하라고 조언했다. 페니에게는 이런 일이 무거운 짐이지만 애정을 가지고 벤과 우리를 위해 해 줄 것이라고 믿었다. 기본적으로 우리는 페니가 어떤 결정을 내리든지 옳은 결정일 것이라고 믿었다. 페니는 남편과 나, 벤을 사랑한다.

우리는 또한 법적 보호만으로는 충분하지 않다는 것을 알고 있었다. 그간의 경험에 비추어 우리는 우리 자신에게 "우리가 누구를 믿을 수 있는가?" 하고 묻곤 했다. 벤이 또래들, 비장애인들과 함께 있게 된다면 그들이 벤을 잘 알게 될 것이고 자연스러운 벤의 도우미가 될 것이라고 우리는 믿고 있었다. 우리는 학교에서 이런 일이 일어나는 것을 보았다. 우리는 또한 벤의 누나로서 셰리와 페니가 그와 함께 있어 줄 것이라고 생각했다. 하지만 벤이 어른이 되어 감에 따라 많은 일들이 자연적으로 변했다.

누가 함께해 줄까?

벤의 인생은 계속 진행되었다. 벤은 몇 번의 어려운 시기를 넘겼다. 하지만 더 많은 사람들이 그를 알게 되면서 그는 더 이상 혼자가 아니었다. 오늘날 벤은 그의 인생에 여러 방식으로 참여하는 친구들이 있다. 그들이 돈을 벌기 위해서건 아니건 그것은 나에게 중요한 일이 아니다. 벤도 그것을 상관하지 않는다. 그는 단지 자신을 존중해 주고, 자기 자신에게 충실할 수 있는 자유를 주는, 자신을 통제하거나 압박하지 않으며 자신을 친구로 여기는 그런 사람을 원했다.

벤과 함께 일했던 안젤로는 속이 꽉 차고 배려심이 깊은 사람이다. 그는 벤과 함께하는 것을 즐거워했다. 벤과 함께하는 것이 재미있지만 때로는 좌절감이 든다는 것도 알았다. 그는 도와주면서도 어떻게 끼어들지 않는지, 조언을 주면서도 어떻게 지시하거나 통제하지 않을 수 있는지, 자신의 리듬을 어떻게 벤의 에너지 흐름에 맞출 수 있는지, 어떻게 벤 위에서 일하지 않고 벤과 함께 일하는지를 벤으로부터 배웠다. 안젤로는 행동이나 작업의 일부로 목표를 세우고 거기에 지배되는 사람이 아니었다. 그는 벤이 그날 무엇을 할 수 있는지, 무엇을 견딜 수 있는지, 어떤 감정인지, 벤에게 필요한 것이 무엇인지에 따라 일을 주도했다. 그는 작업장에서의 일과 재료를 사러 나가거나, 점심을 먹으러 나가거나, 산책하러 나가는 것 등의 균형을 맞추는 법을 배웠다. 그는 벤을 잘 알고 있었고 인간으로서의 벤을 깊이 염려하여 벤에게 무엇이 필요한지 잘 알고 있었다. 벤은 안젤로를 껴안거나 미소 짓거나 혹은 껄껄 웃으며 안젤로에게 반응했다. 벤에게 안젤로 같은 친구가 있다는 것은 정말 축복이었다.

또 다른 친구는 브라이언인데, 그는 벤을 돕는 기관(오논다가 지역 주거 주식회사)의 주거 코디네이터였다. 그들은 친구가 되어서 브라이언은 벤과 시간을 보내는 것을 선택했다. 벤의 삶이 하우스 메이트의 행동으로 궤도를 벗어났을 때 브라이언이 나서서 도와주었다. 그는 밤샘 도우미를 배정해 주어 벤이 자기 집에서 머물 수 있도록 도와주었다. 그는 또한 매주 벤과 함께 시간을 보내기로 하여 놀러 다니거나 어디든 함께 가며 서로를 알아 갔다. 브라이언은 벤을 잘 돕기 위해서는 그에 대해 잘 알고 있어야 한다고 생각했다.

브라이언은 상냥하고 조용하며 배려심이 깊은 사람이었다. 그는 벤이 하는 일에 대해 자랑스러워했고, 벤이 계속 할 일을 확신히 갖도록 해 주었다. 그는 호들갑스럽지 않게 그런 일들을 처리했다. 그는 이것을 자신의 직업으로 생각지 않았다. 그는 진심으로 벤을 좋아했다. 그는 자신의 일이 벤에게 필요한 도움을 찾아내어 벤이 방해받지 않고 자신의 삶을 살 수 있도록 하고, 우리가 문서나 회의, 계획 시간, 다른 행정적인 쓰레기에 시간을 낭비하지 않도록 하는 것이라고 생각했다. 그는 조용하고 겸손하며, 그 기관 내에서 자신이 옳다고 생각하는 방식으로 자기 일을 할 수 있는 자유를 갖는 것에 대해 감사하는 사람이었다. 벤은 브라이언과 함께 있는 것을 좋아했다.

벤의 인생에는 벤이 좋아하고 벤의 안녕에 기여하는 또 다른 친구들도 있었다. 우리는 그들을 다 알지는 못하지만 안젤로, 브라이언, 팻(기관의 디렉터), 로렌(벤의 서비스 코디네이터), 그리고 다른 사람들이 벤을 보호해 줄 것이고, 누군가가 벤에게 다시 상처 입히지 않을 것이라고 믿는다. 누가 벤을 위해 있어 준다고? 바로 이 친구들이 함께 해 줄 것이다!

어떤 기관이나 서비스에 연관되지 않은 친구들도 있다. 벤이 페니와 디를 통해서 최근에 사귄 친구들인데, 그들은 함께 캠핑을 하고 여기저기 놀러도 다닌다. 그들은 서로를 돕는데 벤도 그 일부이다. 벤이 학교, 이웃, 그 외 다른 사람들과 우리를 통해 사귄 친구들도 있다. 이들은 벤을 돌봐 주는 모든 사회 계층의 사람들로, 벤과 함께 있는 것을 즐기고 그를 그 자체로 받아들여 준다.

우리는 한동네에서 30년을 살아왔기 때문에 이웃들은 종종 "벤은 어떻게 지내요? 최근에는 본 적이 없네요. 우리가 안부를 궁금해하더라고 전해 주세요." 하고 안부를 묻곤 했다. 한 이웃은 수영 뗏목이 제자리에 있는지 늘 확인하여 벤이 언제든 수영해서 거기에 갈 수 있도록 해 주었다. 빌은 자기 집에서 나설 때나 잔디를 깎다가 기계를 멈추고 이렇게 소리친다.

"안녕, 벤, 물이 어때?"

벤이 대답하지 않을 때도 있다. 사실 그는 전혀 반응하지 않는 경우가 종종 있다. 하지만 빌은 벤이 듣고 있다는 것을 안다.

"어이, 벤, 이번 주에는 큰 파티 보트를 조심해. 그들이 너를 못 볼 수도 있다고."

친구는 서로 걱정해 주는 법이다.

벤에게 여자 친구가 있을까? 우리는 벤이 여자 친구를 사귀기를 바랐다. 내 생각에는 그도 그러고 싶었을 것 같다. 하지만 벤은 데이트하고 싶은 사람을 아직 만나지 못했다. 그는 세라라는 여자 친구를 사귄 적이 있다. 그들은 함께 있는 것을 매우 좋아했고 그녀의 부모님도 상당히 지지적이었지만 거리와 도움이 문제가 되었다. 하루는 내가 벤에게 다시 세라와 데이트하고 싶냐고 물었더니 벤은 타이핑으로 아니라고 했다. 내가 이유를 설명하라고 재촉하자 그는 기본적으로 이제 자신이 그녀보다 성숙해졌다고 말했다. 그는 이제 더 이상 관심이 없었다.

나는 벤이 데이트를 하고, 결혼을 하고, 성관계를 하길 바란다. 그는 다른 사람들처럼 이런 경험을 할 똑같은 권리를 가질 자격이 있다. 그가 사랑할 수 있는 사람을 찾는다면 나는 정말 행복할 것 같다. 나는 벤과 애인이 손을 잡고, 키스하고, 포옹도 하고, 침대에서 서로 안는 로맨틱한 상상의 장면이 그려진다. 왜 안 되겠는가? 그들이 아이를 갖기를 바랄까? 나는 분명한 한 가지 의견이 있다. 하지만 이것은 내가 결정할 일이 아니다. 나는 벤과 옳은 결정을 할 수 있는 그의 능력을 믿는다.

셰리와 페니

수년 동안 우리는 셰리와 페니가 남동생과 그의 독특한 성취를 기념하도록 하기 위해 애썼다. 우리는 그들이 벤으로 인해 부담을 느끼지 않기를 바랐다. 성공한 것 같지는 않지만 우리는 나름 노력했다. 우리는 또한 셰리와 페니가 각자 자신만의 길을 개척하기를 바랐다. 셰리가 독일에서 공부하는 동안 만난 크리스티안과 결혼하게 되었을 때, 크리스티안은 벤에게 들러리가 되어 달라고 부탁했다. 신랑, 신부를 위한 벤의 건배는 우리 모두를 감동시켰다.

크리스티안이 있기 전에 셰리는 매우 훌륭한 사람이었습니다. 다른 사람들에게는 수줍었지만 배려심이 아주 많고 이해심이 있으며 상냥했습니다. 하지만 거기에는 언제나 잃어버린 한쪽이 있는 것 같았습니다. 거기에 크리스티안이 들어왔습니다. 그는 나를 배려해 주는 사람일 뿐만 아니라 누나를 더욱 행복하게 만들어 준 사람입니다. 이제 그들이 결혼을 하여 내가 아는, 세상에서 가장 배려심이 많은 커플이 되었습니다. 나는 이 두 사람과 가까울 수 있어서 정말 행운입니다. 축하드립니다. 그리고 당신들을 사랑합니다.
(BEFORE CHRISTIAN WAQS SHERRY-A REALLY GREAT PERSON. SHY TO OTHERS BUT VERY CARING UNDERSTANDING AND SWEEK. BUT THERE ALWAYS SEEMED TO BE A PART THT WAS MISSINJG. THEN CAME CHRISTIAN. HE NOT ONLY HAS HE BEEN A HCXARING PERSON TO ME B8YUT HE HAS MAQDE MY SISTER HAPOPIOER. NOW THAT THEY ARE MARRIED IT MAKE ONE OF THE MOST CARINGB COUPLES I KNOW. I AM VERY LUCKY TO BE CLOZSE TO THESE TWO PEOPLE. CONGRADULATIONS AND I LKOVE YOU BOTH.)

자유로운 영혼, 그것이 바로 페니였다. 셰리와 마찬가지로 이 아이도 '나 그대로의 작은 사람'이었다. 페니는 언제나 자신이 갈 길을 스스로 정했다. 딸들 모두 각자의 방식으로 독립적이었고 나는 그것을 존중했다. 페니는 어려운 삶을 살았지만 절망에 무릎을 꿇지는 않았다. 스물네 살 때 페니는 첫아이인 대니얼을 낳았다. 이이의 아빠인 브라이언은 대니얼이 8개월밖에 안 되었을 때 끔찍한 스노모빌 사고로 세상을 떠나고 말았다. 페니와 대니얼은 우리와 함께 살기 위해 왔다.

몇 년이 지난 후에 페니는 정말 훌륭한 청년인 디와 사귀게 되었다. 그들은 자기 아버지의 이름을 따서 디프로스트라고 이름 지은 아들을 낳았다. 하지만 그들의 인생에 고난이 시작되었다. 디프로스트가 아직 아기일 때 전기 누전으로 집에 불이 나서, 어떻게 해야 할지 알아보는 동안 우리와 함께 살게 되었다. 그로부터 3주도 되지 않아 엎친 데 덮친 격으로 디가 직장에서 사고를 당했는데, 다행히 목숨은 건졌지만 불구가 되었다. 그가 회복되고 집을 새로 짓는 동안 그들은 우리와 함께 살았다. 어려운 시간도 있었지만 우리는 늘 함께하며 서로를 다독였다. 벤도 함께였다. 그는 무슨 일이 생긴 건지 알고 있었다. 그는 누나들을 사랑하고 디와 대니얼, 디프로스트도 사랑했다. 어떤 면에서는 그들이 벤의 가족이 되었다. 페니와 디의 친구들도 벤과 함께 있는 것을 즐겼다. 그들은 벤과 어울리는 다른 사람들과 마찬가지로 벤의 친구가 되었다. 그들은 캠핑을 하며 밖에서 맛있는 것도 해 먹고 모닥불도 피우며 놀았다. 이것은 벤을 중심으로 한 가족 집단 같은 것이었다.

벤의 아름다운 인생

"엄마, 무슨 일이 일어나고 있는지 엄마는 절대 믿지 않으실 거예요."

나는 페니가 벤의 집에 갔었다는 것을 알고 있었다. 페니는 매주 월요일 오후한 시 반부터 벤의 집에 가 있었다. 대니얼과 디프로스트는 우리 집에 있었다. 오늘 우리는 숙제를 하고, 블루베리 컵케이크를 만들며 놀았다. 페니는 보통 내가언제 아이들을 집에 데려다 주어야 하는지, 아니면 디가 일을 끝내고 데리러 간다고 전화로 알려 주었다.

"엄마, 정말 멋진 일이 있었어요."

나는 페니의 목소리에서 기쁨에 찬 흥분을 느낄 수 있었다.

"디가 벤의 집 마당에서 벤을 사륜 오토바이에 태워 줬는데 벤이 아주 좋아하더라고요! 그런데 그때 무슨 일이 있었는지 맞혀 보세요. 디가 벤에게 사륜 오토바이를 몰아 보겠냐고 물었어요. 믿을 수 있어요, 엄마? 벤은 디에게 자신의 음료수를 건네주고는 바로 운전석에 올라탔어요. 디는 벤에게 '좋아, 벤. 한번 해 보자.' 하고는 벤의 뒤에 올라탔어요."

사고가 나거나 무슨 일이 일어났다고 페니가 말할까 봐 내 심장은 빠르게 뛰었다.

"엄마, 벤은 정말 빨리 운전을 하더라고요. 나를 닮은 것 같아요."

페니는 웃었다. 나는 웃지 않았다.

"어쨌든 엄마, 디가 애들을 5시 정도에 데려갈 거예요. 우리가 벤을 집으로 데려가 함께 저녁을 먹을게요. 조가 좀 늦게 올 거예요. 우리는 미식축구를 하려고요. 이따가 얘기해요. 사랑해요, 엄마."

그리고 페니는 전화를 끊었다.

"할머니…."

조립장난감으로 높은 빌딩을 짓는 중이었다는 것을 디프로스트가 상기시켜 주었다.

"금방 갈게."

나는 대니얼이 내 컴퓨터에서 아이튠즈로 노래를 찾아보고 있는 것을 바라보았다. 대니얼은 내가 쳐다보고 있는 것을 느꼈던 모양이다.

"할머니, 이거 정말 재미있어요."

그리고 대니얼은 다시 뭔가를 찾기 시작했다. 나는 디프로스트가 '블레지어-리이 건축 회사'의 사부실 건물을 짓기 위해 지지대와 창문을 끼워 맞추고 있는 거실로 천천히 걸어갔다. 나는 디프로스트 옆에 앉으면서 생각했다.

'믿기 어려운 일이야. 벤이 사륜 오토바이를 몰았다고?! 벤이 그럴 수 있다고 누가 믿겠어!'

디프로스트와 다시 건물을 짓기 시작했지만 내 생각은 딴 데 가 있었다. 사륜 오토바이를 운전한다고? 벤이 운전을 하다니!

며칠 후에 디가 이 모험에 대해 이야기해 주었다. 그는 미소를 지었다.

"그런 다음 무슨 일이 있었는지 아세요? 벤이 내 뒤로 와서 나를 껴안더니 귀에 대고 '친구'라고 속삭였어요. 굉장하지 않아요? 벤을 알고 지낸 10년 동안 내가 본 모습 중에서 가장 행복하고 만족스러워 보였어요."

내 눈은 눈물로 가득 찼다.

"그래, 디. 정말 굉장해."

그 후 벤은?

벤은 카디프 하우스에서 혼자 살고 있다. 그는 혼자 살고 싶다는 오랜 소원을 마침내 이루었는지도 모른다. 오논다가 지역 거주 서비스를 통해 벤은 그를 걱정해 주는 사람들에게 필요한 도움을 얻고 있다. 벤은 의미 있는 직업을 가지고 있다. 벤은 그와 함께 있는 것을 즐기고 그를 존중하는 친구들을 두었다. 벤에게는 그를 사랑하는 페니, 디, 대니얼, 디프로스트가 있다. 최근에 그들은 벤의 바로 옆집을 샀다. 그곳에는 땅이 좀 있었기 때문에 유기농 농장을 하면서 닭과 오리도 키우기 시작했다. 그들은 벤이 일을 도와주기를 바랐는데, 물론 벤은 누나 부부를 도와주었다.

"정말 끝내주지 않니, 벤? 우리가 너희 집 바로 옆집에 살게 되다니. 언제든지 와도 돼. 네가 좋아하는 수영장도 있어."

페니의 목소리에 담긴 기쁨에 나도 모르게 눈물이 나왔다. 나는 내일 죽어도 여한이 없었다. 물론 그러기를 바라지는 않지만 말이다. 하지만 내가 죽는다 해도 벤은 괜찮을 것이고 자유로울 것이다.

우리의 인생은 매우 복잡하고 혼란스럽고 이런저런 일이 너무 많았지만 좋기도 했다. 나는 좀 덜 힘들게 살았더라면 하고 생각하기도 하지만 우리의 삶을 사랑한다. 우리는 벤 덕분에 세상에서 가장 좋은 사람들을 만날 수 있었다. 그들은 우리를 풍요롭게 했고 우리는 그들에게 영원히 감사할 것이다.

우리는 벤의 말을 경청하는 법과 존중하는 법도 배웠다. 우리는 벤의 장애, 자폐증이 벤이 누구인지, 벤이 무엇을 할 수 있는지 혹은 할 수 없는지를 정의하지 않도록 하는 법을 배웠다. 우리는 도움을 요청하는 것이 약점을 드러내는 것이 아님을 배웠다. 사람들은 돕고 싶어 하며 이것은 우리 모두를 기쁘게 한다. 우리는 좀 더 참을성 있고 사려 깊은 사람이 되었다. 사람들은 좋은 의도를 가지고 있지만 항상 잘할 수 있는 것은 아니다. 무엇보다도 우리는 우리 자신을 들볶지 않으면서 한 번에 하루씩 살아 내는 법, 우리의 가족과 인생을 즐기는 법을 배웠다.

우리가 벤과 함께한 첫날, 1974년

벤에게 필요한 것이 안경이라고 생각했다

열한 살 벤, 열일곱 살 셰리, 열세 살 페니

졸업 댄스파티 때의 벤과 앨리시아

셰리와 크리스티안의 결혼식에서 신랑 들러리였던 벤과 페니, 그리고 우리 부부

공방에서의 벤

I am a Perpendicular Angle

I am greater than right, greater than left. I am a perpendicular angle.

Clothes feel tight because they are greater than the height of my body.

Great right angles shop, but they never have luck finding many buys.

Perpendicular angles never get to feel round, but they go happily up and down.

Ben Lehr

벤은 이 시를 포엣푸리 주니어 컴스탁 작가 그룹 작문 대회를 준비하기 위해 썼다. 이 시는 1992년에 시러큐스 도심 학군에서 발표되기도 했다. 그의 가족으로서 우리는 벤이 자신이 얼마나 복잡하고 다면적인지를 사람들에게 말하려고 했다고 생각한다. 우리는 벤이 "위아래로는 기꺼이 움직일 것이다"라고 표현한 것을 좋아한다.

JUST MY TYPE

BEN LEHR

REFLECTIONS

Throughout my education, behavioral problems get me really into trouble, in and out of class. I had no way actually to talk and let people know about my intelligence. Then I started facilitating and doors to classes and friendships opened. The teachers and students realized I had intelligence, humor, respect for others, and feelings, too. I go to T.V. production, math, art, gym, English, and lunch like all students. I type with my teachers Robin and Floris and lots of good friends. I facilitate conversations, homework, group discussions. I even did a monologue in my drama class.

I hope that facilitation can really reach out to open doors for people who don't have a voice. I think F.C. (facilitated communication) gives a different message. There are smart, good people inside autistic people. Try F.C. and the inner people can come out.

이 글은 벤이 노팅햄고등학교 신문에 연재했던 글들 중 하나이다. 이 글은 그중에서 1992년 6월에 실렸던 글이다. 이 연재에 벤의 사진이 실림으로써 벤이 누구이고, 그가 매일 직면하게 되는 것이 무엇이고, 또 벤과 같은 사람들이 할 말이 많고 기여할 수 있는 것이 많음을 학교 안의 다른 많은 사람들이 알게 되었다.

> NOT BEING ABLE TO SPEAK IS NOT THE SAME AS NOT HAVING ANYTHING TO SAY.

Written on a tee-shirt worn by Ben's teacher, Mrs. Palmer.

나는 직각이다

나는 우각보다 크고, 좌각보다도 크다. 나는 직각이다.

옷들이 내 키보다 크니 가볍게 느껴진다.

훌륭한 직각 가게, 하지만 손님복은 없다.

직각은 절대로 둥근 느낌이 아니다. 하지만 위아래로는 기꺼이 움직일 것이다.

벤 리어

바로 내 타입

학창 시절

내내 나의 행동문제는 교실 안팎에서 나를 많은 곤란에 빠뜨렸다. 나는 사실 나의 지적 능력에 대해 말하거나 다른 사람들에게 알게 할 방도가 없었다. 그때 나는 촉진적 의사소통을 시작했고, 그로 인해 공부와 친구들로의 문이 열린 것이다. 선생님들과 친구들이 나에게도 지적 능력과 유머, 다른 사람에 대한 존중, 그리고 감정이 있다는 것을 깨닫게 되었다. 나는 다른 모든 아이들처럼 방송 제작, 수학, 미술, 체육, 영어 수업 그리고 점심시간에 참여했다. 나는 로빈 선생님과 플로리스 선생님, 그리고 많은 좋은 친구들과 타이핑으로 글을 쓴다. 나는 촉진적 의사소통으로 대화와 숙제와 그룹 토론을 한다.

나는 촉진적 의사소통이 목소리를 가지지 못한 사람들에게 문을 열어 주기를 희망한다. 나는 촉진적 의사소통이 다른 교훈을 주고 있다고 생각한다. 자폐를 가진 사람들 속에 똑똑하고 착한 사람들이 있다는 것. 촉진적 의사소통을 시도해 보세요. 그 안에 있는 사람이 나올 겁니다.

말을 할 수 없다는 것은 말을 할 게 없다는 것이 아니다.

벤의 언어치료사인 파머 선생님의 티셔츠에 쓰여 있던 문구.